浙江省哲学社会科学重点研究基地
浙江省中国特色社会主义理论研究中心
课题成果（编号15JDZT04YB）

当代大学生
道德社会化
问题研究

王伟忠 著

ZHEJIANG UNIVERSITY PRESS
浙江大学出版社

前　　言

　　道德因人而存在,是人类文明生活的永恒主题。道德社会化的本真使命在于促进人性的提升和完满。大学生道德社会化是指大学生在校期间,按照社会和学校对大学生社会角色的要求,大学生个体通过接受有效的道德教育和加强自身的道德修养,提高个体道德认知能力、选择能力和判断能力,不断接受社会主流道德评价标准,将特定时期的社会道德规范内化为个体道德意识,并外化为符合社会要求的道德行为的过程。

　　本研究主体内容由绪论和其他五章组成。

　　绪论:阐明开展大学生道德社会化问题研究的理论意义和现实意义,梳理了国内外学界对大学生道德社会化的研究状况,同时针对当代“90后”大学生开展大学生道德社会化问题研究提出了思路、方法、重点和难点等。

　　第一章:大学生道德社会化的基础理论与发展沿革。厘清道德社会化理论的产生与发展、特征与功能、领域与内容,借鉴国内外大学生道德社会化研究的最新成果,梳理大学生道德社会化理论研究的发展沿革,为进一步开展大学生道德社会化问题研究提供理论支撑和知识借鉴。

　　第二章:马克思主义人学视野下的大学生道德社会化。在系统梳理大学生道德社会化的理论体系后,本研究以马克思主义人学理论为指导,并将其作为核心理论贯穿研究的全过程,从人的本质论、人的实践论和人的发展论出发对大学生道德社会化进行人学解读,并以“人性自由”的逻辑起点、“人化需要”的实践方向和“人本回归”的价值追求作为大学生道德社会化的人学转向,建构彰显大学生主体性的道德社会化模式。从现实的社会生活

1

出发,反映时代特征,采取科学方法,真正促进大学生道德社会化,以人的方式发展人、建设人和完善人,以期实现大学生的自由全面发展。

第三章:大学生道德社会化的时代境遇与理想图景。针对新时期大学生道德社会化面临的复杂的时代背景和文化语境,尤其是面对全球化背景下不同道德观念的博弈、社会转型期多元道德的碰撞、高教改革深入对高校德育的影响,从宏观层面对大学生道德社会化的影响因素进行探讨;通过新中国成立以来我国高校德育目标的回顾,在马克思主义人学的指引下,提出大学生道德社会化目标的价值取向及其构建原则,并从"大学生身份认同"的基础目标、"社会公民认同"的主要目标、"社会主义核心价值观认同"的主导目标和"共产主义理想认同"的理想目标对大学生道德社会化的理想图景进行分层描述,确立大学生道德社会化的目标和方向。

第四章:大学生道德社会化的实证调研与影响因素。基于马克思主义人学的研究视野,借鉴哲学、伦理学、思想政治教育学、教育学、心理学、社会学等多门学科的理论知识,针对以"90 后"为主体的当代大学生的时代境遇和社会现实,运用宏观研究和微观研究相结合、定性研究与定量研究相结合以及系统综合分析等方法,通过设计调查问卷对浙江省 7 所高校千余名大学生的道德社会化现状进行实证调研和个案访谈。结合大学生的道德认知、道德情感、道德意志和道德行为等道德发展的逻辑结构维度,大学生的社会公德、家庭美德、职业道德和个人品德等道德领域的内容维度,以及大学生对传统道德和转型时期道德价值认同的时代维度,运用人口学等相关变量进行数据分析,对大学生道德社会化进行现状描述和特征分析。在此基础上,着手从家庭教育、高校德育、同辈群体和网络媒介等方面对大学生道德社会化的相关影响因素进行了理性分析和深入探讨。

第五章:大学生道德社会化的生成机制与路径选择。通过"道德内化"、"道德外化"和"道德内外化互动"的机理对大学生道德社会化的运行机制进行建构探索,并提出促进和优化当代大学生道德社会化的有效路径:一是优化大学生道德社会化的宏观环境;二是以社会主义核心价值观引领大学生道德社会化;三是建立大学生道德社会化的社会支持体系和教育引导体系;四是充分发挥大学生道德社会化的主体能动性。

目　　录

绪　论

一、问题的提出及研究意义

大学生是民族的希望,祖国的未来。大学生的道德价值取向决定了未来整个社会的道德价值取向,大学生仍然处在道德价值观形成和确立阶段,抓好大学生的道德养成和促进大学生道德社会化极为重要。"这就像穿衣服扣扣子一样,如果第一粒扣子扣错了,剩余的扣子都会扣错。人生的扣子从一开始就要扣好。"①

在时代变革、社会转型、经济发展的今天,大学生的道德水平和道德社会化程度势必会影响整个社会道德的建设进程和发展历程。大学生道德社会化是个历史的、发展的、动态的概念,在不同的社会历史时期有着不同的内容和要求。本研究基于当代大学生所处的时代背景和面临的社会现实,结合当下大学生群体的主要特点以及大学生道德社会化的事实反应,以马克思主义人学为研究视角,深入探讨和分析"90后"大学生道德社会化存在的问题,试图寻求促进和优化大学生道德社会化的有效路径,最终实现大学生的健康成长和全面发展。

（一）道德社会化问题的时代凸显

中国改革开放近 40 年来,经济发展加速,社会转型加剧,道德无序问题

---

① 习近平.青年要自觉践行社会主义核心价值观——在北京大学师生座谈会上的讲话.2014 年 5 月 4 日,http://news.xinhuanet.com/politics/2014-05/08/c_126477806.htm

日益凸显,温家宝总理曾经愤慨地指出:"诚信的缺失、道德的滑坡已经到了何等严重的地步!"①因此,要维持社会的正常发展和良性运行,就必须充分发挥道德这一重要的社会历史调节机制的作用。"道德作为一种文化,肇始于以往,却规范着现在乃至影响着未来。"②在我国构建社会主义和谐社会的进程中,"道德作为历史主、客体相互关系的协调机制,也是作为主体的人的实践活动的产物,道德通过人们对有益和有害、善和恶、正义与非正义的理解和把握,表现和反映着个人与他人、个人与社会的利益关系。"③也就是说,道德作为调节人与人、人与社会、人与自然之间关系的行为规范,既是社会历史调节的一种重要机制,又是个人实现自身内在统一和情感完善的一种特殊手段,它始终根植于人和社会不可分割的联系之中,已经成为国家进步、社会发展、人际和谐的重要精神力量。在多元文化背景下,传统道德价值取向存在分歧,主流的道德价值取向缺乏普遍认同,社会主义核心价值观尚待有效培育和自觉践行。因此,加强道德建设,提升道德社会化水平,便成了当今时代必须加以解决的重大现实课题。

1.道德社会化是社会和谐的时代课题

社会和谐是中国特色社会主义的本质属性之一。作为社会发展的时代课题,社会和谐是社会主义的本质要求和共产党人的奋斗目标。"一个社会是否和谐,一个国家能否实现长治久安,很大程度上取决于全体社会成员的思想道德素质。"④社会和谐的构建,需要有良好的社会道德环境作为其发展的保障。2012 年 11 月,中共十八大报告对社会主义核心价值观进行概括,明确提出"三个倡导",即"倡导富强、民主、文明、和谐,倡导自由、平等、公正、法治,倡导爱国、敬业、诚信、友善,积极培育社会主义核心价值观"⑤。2013 年 12 月,中共中央办公厅印发《关于培育和践行社会主义核心价值观的意见》,明确提出,以"三个倡导"为基本内容的社会主义核心价值观,与中

---

① 温家宝同国务院参事和中央文史研究馆馆员座谈时的讲话,2011-4-14.
② 万斌文集(第 3 卷):历史哲学[M].杭州:杭州出版社,2004:157.
③ 万斌文集(第 3 卷):历史哲学[M].杭州:杭州出版社,2004:155.
④ 胡锦涛.在省级主要领导干部提高构建社会主义和谐社会能力专题研讨班上的讲话.2005-2-19.
⑤ 刘云山.着力培育和践行社会主义核心价值观.人民网,2014-5-30.

国特色社会主义发展要求相契合,与中华优秀传统文化和人类文明优秀成果相承接,是我们党凝聚全党全社会价值共识做出的重要论断。① 社会主义核心价值观不仅从国家层面和社会层面明确了价值目标和价值取向,也对公民个人层面提出了价值准则。作为社会基本单位的公民,其个体道德素养决定着整体社会道德环境,与社会和谐的构建有着同步性和一致性。

以社会主义核心价值观的培育和实践作为公民道德社会化的基本途径,以塑造公民良好的道德观念和道德行为为建设目标,通过公民道德认知的提升、道德修养的实践和道德规范的内化,从而形成高于法律和制度层面的自我意识规范体系,形成以社会主流道德准则为衡量标准的社会调控机制,在道德这一社会调控机制的指引下,理性地解决转型时期的社会现实矛盾,是社会和谐时代命题下的理想图景。

2.道德社会化是改革发展的客观要求

基于社会主义和谐社会的前提,发展社会主义市场经济、社会主义民主政治和社会主义先进文化是我国改革开放和社会主义现代化建设的总体布局。建设中国特色社会主义和谐社会是中国未来改革的方向所在和规划发展的实践诉求。社会主义和谐社会的真正实现,有赖于公民道德的伦理构建。改革开放近40年来,我国经济持续快速增长,民主政治逐步完善,但作为软实力的文化和公民道德并没有随着社会经济和社会政治得以同步发展。"这个阶段,尽管社会道德发生着从依赖性道德向自主性道德、从封闭性道德向开放性道德、从一元道德向多元道德的深刻变化,但道德建设基本上还是以社会为切入点和落脚点的,高扬人的主体性价值仍不够充分,以至于道德生活领域也经历了一段时间的'道德空场'和一定程度的'道德失范'。"②在"道德空场"背景下,在改革开放的浪潮中,经济全球化、信息社会化和文化多元化导致社会分化、贫富差距、发展不平衡等深层次的社会问题日益凸显,现有的道德认知难以解释和解决现存的一系列问题。在新的发展格局中,有效促进个体道德社会化、提高公民道德素质是社会领域的应有

---

① 刘奇葆.在全社会大力培育和践行社会主义核心价值观.人民网,2014-5-30.

② 魏雷东.和谐社会视阈下的公民道德建设研究[M].北京:中国社会科学出版社,2011:112.

之义,是完善社会民主法治建设、促进经济良性发展、妥善协调各方利益以及进一步推进改革开放的客观要求。

(二)大学生道德偏离的事实反映

自 1999 年高校扩招以来,整个高等教育本专科在校生规模数从原来的不到 700 万人,增加到了 2013 年的 2468 万人①,高等教育已从精英式教育转变成大众化教育。在网络全球化、经济一体化和社会主义市场经济的时代背景下,个人主义、拜金主义等思想较快滋生并广泛传播,"90 后"的大学生正面临着社会转型期的各种社会思潮的冲击和碰撞,价值取向也趋于多元,这对大学生的道德认知和道德判断也提出了新的要求。但是,在当前环境下,现行的大学生道德伦理体系与实践模式却不能为大学生提供很好的道德支撑。大学生的道德社会化成效不足较为明显,工作成效呈现出道德社会化途径多元化、模式虚拟化、程度差异化等特征。同时,部分大学生的道德思想世俗化、道德责任薄弱化、道德行为失范化等诸多道德偏离的事实也不断出现,大学生的道德教育面临极大挑战。

1.部分大学生理想信念淡薄,信仰缺失

改革开放以来,中国社会各方面都得到了快速发展。社会对受过高等教育的大学生们寄予了厚望,希望他们为实现中华民族伟大复兴的"中国梦"而努力奋斗。但是,当代大学生在理想信念方面日益呈现出多元化倾向。一部分大学生,包括少数学生党员对社会主义信心不够坚定,对社会主义前途存在模糊认识,某些消极、落后的政治观点、价值观念和各种错误思潮在大学生中还有相当的影响力;一部分大学生理想信念淡薄、信仰缺失,在价值观方面,自我中心和功利主义倾向有所加剧,在学习、择业、工作生活中都有明显的功利取向;一部分大学生职业境界不高,受拜金主义影响严重,把获取财富当作成功的唯一标志,追求的偶像是"白骨精",一些人甚至对"月光族"、"百万负翁"、"啃老族"等现象十分认同。

随着"90 后"独生子女大学生的比例增加,很大一部分学生表现出强大的"唯我"惯性,他们以自我为中心,自我意识突出,喜欢把个人意志强加于他人,缺少对他人的尊重和关心,导致人际关系失衡。同时,他们从众心理

---

① 中华人民共和国 2013 年国民经济和社会发展统计公报.

和个性张扬并存,表现在遇到具体问题情境时,不是我行我素,就是随波逐流。在意识形态、社会环境复杂化的时代里,如何让中国社会的主流价值观真正融入大学生的身心,内化为情感态度和行为自觉,让德育与学生成长成才不再呈现为"两张皮",仍然是一个现实而严峻的课题。

2.部分大学生道德诚信缺失,行为失范

诚信是社会人的立身之本和处事准则,但受社会转型期的一些不良风气的影响,当代大学生中也出现了一些不容忽视的诚信缺失现象,如入学阶段的档案造假,冒名顶替别人上学;日常学习生活中编造迟到、请假、逃课理由,欺骗父母、老师和同学,不如实向家长汇报在校期间表现,给学校留假地址、假电话,为获取奖助学金,向学校提供虚假的家庭经济情况和贫困证明等;考试答辩阶段的考试舞弊,论文抄袭;毕业求职阶段的投递虚假简历,就业合同屡屡违约;毕业后有助学贷款的学生不按期还贷还息,甚至恶意欠贷欠息;网络诚信缺失,有部分大学生在网上充当"黑客",发布虚假信息,盗取他人信息材料,制造传播病毒,影响了正常的网络秩序等。

日常生活行为是道德水平的具体体现,但在大学校园中,大学生日常生活行为失范现象频频出现。在爱心和社会公德方面:破坏公物,卫生脏乱,乱涂乱画,随意插队,随意折花、乱踩草坪,随地吐痰、乱扔纸屑等;有的大学生言行粗鲁,缺乏礼貌和教养,不尊重老师,不爱护同学,甚至相互间打架斗殴;有的大学生追求奇装异服,行为不检;有的大学生铺张浪费,缺乏节约、环保观念。在男女交往和性道德方面:有的男女同学在公共场所举止过分亲昵,婚前性行为比例不断增加;有的大学生对自己和他人不负责任,盲目追求刺激、冒险,"只求曾经拥有,不求天长地久",更换异性伴侣频繁,甚至出现"一夜情"、性陪侍等,个别学生还因性知识缺乏导致未婚先孕、染上性病等。在遵纪守法方面:一些大学生杀人、抢劫、绑架、诈骗、偷盗等事件屡见报端,有的由大学生引发的大案、要案甚至震惊全国。

3.部分大学生缺乏生命敬畏,知行脱节

随着科技的不断进步、社会的快速发展,人们的生活质量得到了极大的提高,但是,部分大学生在追求高质量物质生活的同时,却迷失了追寻生命的价值和意义。部分大学生否定生命、漠视生命、游戏生命、践踏生命等生命异化现象时有发生,他们不仅不爱惜自己的身体和生命,动辄自残或自杀,而且还伤害他人,从北京大学生刘海洋硫酸泼熊事件到云南大学生马加爵杀人事件,从上海大学生杨元元自杀事件到西安大学生药家鑫杀人事件,从扬州大学秋水仙碱投毒事件、中国矿业大学铊盐投毒案再到复旦大学投毒案等等,大学生逐渐淡化的生命意识和道德认知不断挑战着社会的心理承受底线。这些事件的发生归根到底是大学生人格缺陷、道德缺失的具体表现。

（三）大学生道德重构的现实诉求

大学生作为一个特殊的社会群体,有着特殊的价值取向和行为规范,他们进入社会后,面临着价值观的转换和道德社会化的困惑,需要从以学习为主的共同体向以利益和规范为特征的共同体转换。在这个过程中,大学生还不能完全适应现实社会共同体生活,但同时,又有着较高的理论修养、对美好未来的憧憬、初入社会的激情以及对社会现实的反思,这为我们进行大学生道德社会化的研究提供了可能。

1.大学生道德社会化是高校"以生为本"的应然选择

高校"以生为本"是"以人为本"在高等教育场所的具体实践,是促进大学生全面发展的着眼点和落脚点。大学生的道德建设是高校"以生为本"的重要组成部分。当代大学生的思想道德长期受到学校、家庭、社会的道德教育和影响,在社会环境、教育控制和个人主观能动性三者的相互作用下不断发展。然而,目前大学生在道德社会化过程中,尚存主体缺位现象,忽视大学生作为主体的主观愿望和诉求,在道德教育过程中,采取单向的道德观念灌输,忽视了学生的实际感受,没有很好地把握人性所具有的特性和道德形成的规律要求。对于大学生道德的引导更多的是关注于"术"的研究,而少了"道"的认知,主流文化在大学生价值取向的应对方面缺乏吸引力和感召力。大学生在高校教育、社会环境的综合影响作用下,出现包括追求世俗功利化、社会生活刺激机械化等在内的精神文化失落现象,存在道德选择困惑、道德水准不平衡、道德规范被动接受、道德认知和道德实践的不平衡等一系列问题。基于当代大学生道德素养实际状况来促进大学生的有效社会化,是培养新时期合格大学生的必然要求。

2.大学生道德社会化是学生素质全面发展的内在要求

大学生的道德社会化总是在一定的道德环境或影响下进行的。当代大学生处在以经济发展为主要特征的社会环境中,易在道德层面产生道德缺失的精神空虚和精神危机,不利于大学生主体的身心和谐和全面发展。道德教育的边缘化和道德体系的碎片化,使大学生个体和他人的交流缺失了平等、诚信、互助、宽容的前提和保证。同时,在社会融合过程中,由于缺乏良好的互动机制,也为实现大学生的道德社会化造成诸多障碍。大学生道德社会化的提出,正是按照特定时期的社会道德准则来教化和要求大学生,使大学生按照业已形成的道德认知、道德选择和道德判断能力,对社会的道德规范和行为要求自觉自为,接受并内化,从而完善自己的道德人格,提升道德素养,形成独特的自我。

二、研究述评

面对社会转型期的宏观背景和以"90后"大学生为主体的研究对象,大学生道德社会化又被赋予了新的内涵。基于多方资料收集和整合,通过阅读、分析形成如下综述:

（一）国外的研究现状

国外关于道德社会化的研究已有百余年历史,并取得了颇有影响力的成果。

1.道德社会化的认知

一般认为,道德社会化是人的社会化问题的核心。而对于道德社会化的研究始于西方学者对道德理论的创始时期。法国社会学家涂尔干认为:"道德只有从在相互联合的人们之间所设立的关系中产生,它反映了集体或集体所关心的生活。"[①]19世纪末,德国社会学家温特建议"从广泛的社会网络中研究道德现象"。之后的代表人物有斯宾塞、韦伯、萨姆纳等。

由于道德社会化集合了社会学、心理学等在内的多门学科,国外对于道德社会化的研究呈现出两个特点:一是注重多学科角度研究的融合性。当代西方道德社会化理论与方法的研究,涉及哲学、心理学、文化学、社会学、宗教和历史等学科领域,从哲学和心理学相结合研究道德社会化的理论与

---

① 　Durkeim E. Moral Education: A Study in the Theory and Application of the Sociology of Education. ed. by E. K. Wilson and H. Schnurer. New York: Free Press, 1951: 61-86.

方法,成果最多。二是强调道德社会化研究的科学性和可操作性。在西方道德领域,研究者往往既是教育家,又是心理学家,研究成果涵盖了心理学、哲学、社会学、文化学等多个学科门类,呈现出较强的科学性。

对于青少年道德社会化,国外学者从"道德教育"着手开展研究。苏联教育家、作家马卡连柯提出了道德教育的"价值澄清学派",强调价值的个人特质。他认为,VC(Value Clarification)不是"道德教育",而是"价值教育",核心是让儿童学会评价过程,而非传递具体的价值观。

法国社会学家涂尔干认为人的道德社会化最终依靠人的社会生活和社会活动,道德必须要有内化过程。人参加集体生活,自己的心理过程会被团体同化,从而降低了个体的意义。但是,只有加入集体生活之中的人,才能将自己提升到更高的水平,成为一个完全的人。涂尔干在《道德教育》一书中把道德教育和道德教学区别开来,他认为,道德教育注重形成习惯,唤起情感和激发行为动机,或者是着重于理解和沟通,并不直接为行动做准备。而道德教学必须充分利用儿童的自由探究精神,也就是道德教学作为道德教育的一部分,应当运用启发的讨论使学生确信他所尊奉的道德行为规范的合理性,并发展学生的道德判断能力。他认为教育对于个体促进社会化有特殊作用,教育的目的在于将个人培养成为社会的一分子。①

2.大学生道德社会化的特点

对于大学生道德社会化的特点,西方学者认为主要是以下四点:一是阶段性。美国心理学家科尔伯格的道德认知发展理论认为,大学生的道德认知水平主要处于后习俗道德水平阶段。大学一年级的学生,容易接受和构建新的价值观;大学二、三年级的学生,能对新事物做出理性的分析,具有较强的判断能力;大学四年级学生,则具有更为强烈的理性分析力。二是矛盾性。道德社会化的实现来自于个体与社会的互动,个体对社会的道德规范和道德准则的认同到内化,会存在矛盾与冲突、阻碍与困惑,包括双重甚至多重的道德评价标准,片面注重自我价值的实现,对个人前途、命运、生活甚至人生价值会产生迷惘和焦虑等。三是多元性。大学生面对多元的社会文化、海量的生活信息以及社会发展多元化复杂的社会背景,大学生道德价值

---

① [法]爱弥尔·涂尔干.道德教育[M].上海:上海人民出版社,2006.

取向呈现多元化趋势和世俗化倾向。四是滞后性。由于家庭、社会环境等对大学生的影响,大学生道德认知水平会呈现年龄大的学生的道德认知水平反不及年龄小的学生,即大学生道德社会化存在滞后性。①

3.大学生道德社会化的影响因素

国外从社会心理学角度对于大学生道德社会化研究理论有三种:一是弗洛伊德的精神分析论,二是皮亚杰和科尔伯格的认知发展论,三是班杜拉的社会学习论。

在诸多影响因素中,弗洛伊德的精神分析论着重从人格结构出发,即本我、自我和超我的发展及其相互关系的角度,论述个体的道德社会化过程。埃里奥特·阿伦森和阿尔伯特·班杜拉就从众心理对大学生道德社会化的影响做出阐释。心理学家阿尔伯特·班杜拉认为:"一个人与什么人交往,不管是他自己所选择的还是被强迫的,都限定了他所能学到的行为类型,因为这些行为的类型被多次地观察。"②阿尔伯特·班杜拉还认为:"人们经验的相似性,使得一个人把别人的结果作为自己结果的预示,这是替代性学习中一个特别的影响因素。"③

美国儿童心理发展学家科尔伯格认为个体的社会化过程中,个人道德规范和价值观念的形成,只有在实际存在的人群中,才会最有效地实现。因此,他指出,教育发挥作用的有效单位不是个人而是集体。

4.大学生道德社会化的措施借鉴

20世纪60年代以来,国外特别是西方发达国家的学校德育发展存在着多元化趋势。由于不断加剧的社会矛盾,引发道德水平下降,出现青少年犯罪年龄低龄化、犯罪率增高等情形,引起了各国开始普遍重视学校道德教育,出现了道德教育回归学校的趋势。

在西方国家中,伦理道德课程成为各大学本科生课程体系的重要组成部分。此外,学校还制定和实施大学生道德行为准则和标准,大力开展道德

---

① 曾庆璋.当代大学生道德社会化研究——科尔伯格道德发展理论的借鉴与超越[J].湖北广播电视大学学报,2011(02):43-44.
② [美]埃里奥特·阿伦森.社会心理学[M].北京:中国轻工业出版社,1998.
③ [美]阿尔伯特·班杜拉.社会学习心理学[M].长春:吉林教育出版社,1988:67.

实践活动,不断改善大学的道德环境和道德气氛等。① 美国在 1990 年的《关于全美教育目标的报告》中,明确要求"所有学生都要参与社区服务和责任心活动,提高和显示良好公民意识","美国的每所学校都要实现无毒品、无暴力,并提供有利于学生学习的有纪律的井然环境"。② 美国的托马斯·里克纳教授对塑造校园道德文化提出多方面建议:一是校长要争取家长的支持和参与,在与教员、学生和家长的交流等方面做出道德和教学表率;二是学校要制定有效的校园纪律制度;三是学校要促进大家为学校分担责任,可以利用学生民主管理来推动公民责任感的培养;四是学校要在学校教职员工之间创造一个道德社区;五是学校通过努力提升道德问题的重要地位等。

日本在 1988 年发表的《教育改革报告》中指出:"能否培养出在道德情操和创造方面都足以承担起 21 世纪的日本年轻一代,将决定未来的命运,当务之急是要加强学校的道德教育。"③20 世纪末,日本的金井肇博士倡导通过社会实践活动、课外活动等形式,在各种"活动素材"的情景里,由学生自己去体验、觉悟道德价值标准。他认为,学生判断取舍的过程,就是心灵自觉和净化的过程,就是强化道德标准的理解记忆和形成自觉行为的过程,就是建立社会性道德价值的过程。④

(二)国内的研究现状

相比于国外对道德社会化和大学生道德社会化的研究,我国对于这一课题的研究起步相对较晚,目前还存在研究的学科角度不够丰富、研究方法相对单一以及研究内容需要进一步拓展等问题。

1.大学生道德社会化的定义

大学生道德社会化作为道德社会化的特殊阶段,一直以来受到伦理学、社会学、心理学等众多社会科学学科方面的专家学者的关注。在对大学生道德社会化任务和根本需求明晰理解的基础上,学者对于大学生道德社会

---

① 陈泽环.全球化与伦理学的与时俱进——读施密特《全球化与道德重建》[J].宁波党校学报,2002(3).

② 熊焕章,徐恩方.关于国外学校德育的若干考察[J].比较教育研究,1995(5).

③ 张晓明.美国大学的道德教育[J].高等教育研究,1992(1).

④ 郑金福.当代大学生道德社会化研究[D].福州:福州大学,2004.

化也有各自的见解。

赵倩、赵霞等人指出:"大学生已经接受过各种形式的德育教育,大学生道德社会化是指大学生树立一定的道德理想,并将道德规则通过自我内化形成个体不同程度的道德认识。"①王为全和陆翠岩认为,"大学生道德社会化问题研究主要集中在两个方面:一是大学生在日常学习、生活以及社会交往中的道德行为取向;二是职业道德的教育与培养"②。朱磊认为,"大学生道德社会化则特指在大学阶段,大学生的道德形成和发展过程。从大学生道德社会化的基本构成来看,主要包括四个方面:一是学习基本生活技能;二是掌握基本社会规范;三是确立生活目标,内化价值观念;四是培养社会角色"③。张泰来认为,"大学生通过学习和实践,将社会的道德原则和规范内化,形成相应的德性的过程"④。周围、朱丹彤认为,"大学生道德社会化,要求大学生确立符合社会发展规律的道德理想、培养符合社会需要的道德品质和锻炼符合社会利益的道德行为"⑤。

由于出自不同的出发点和研究角度,不同的学者对大学生道德社会化有着不同的解读,但也可以发现存在共性,那就是都认为大学生道德社会化是一个过程性的学习和实践。

2.大学生道德社会化的任务和需求

高等教育的重要任务之一就是有效促进大学生社会化。大学生社会化的核心内容是其道德社会化,道德社会化对大学生成为真正社会意义上的独立的人有着十分重要的作用。

从大学生道德社会化的任务来看,曲宏涛指出,"道德社会化既是个体形成社会道德观念的过程,也是一个伴随着整个生命全程的各发展阶段的统一过程。大学生道德社会化指接受高等教育的在校学生在高校、社会和家庭等道德文化的综合影响下,在初级社会化的基础上进一步接受社会道德的基本准则和规范,内化为道德习惯,使其道德人格协调发展和不断完善

---

① 赵倩,赵霞.大学生道德社会化任务探索[J].江苏广播电视大学学报,2004(2).
② 王为全,陆翠岩.大学生道德社会化问题的研究[J].高教研究:现代教育科学,2009(2).
③ 朱磊.当代大学生道德社会化的途径和方法研究[D].武汉:武汉大学,2005.
④ 张泰来.论大学生道德社会化[D],长沙:湖南师范大学,2006.
⑤ 周围,朱丹彤.大学生道德社会化途径刍议[J].南通工学院学报(教育科学版),2001(1).

的过程。道德社会化在不同生命时期有着各自的任务,大学阶段的任务是促使大学生由幼稚走向成熟"①。郭立、肖代怡认为:"大学生道德社会化的任务一是帮助大学生内化文明和道德规范;二是不断树立大学生道德理想;三是培养大学生的道德能力的过程。"②赵倩、赵霞等认为,大学生道德社会化的重要任务是在道德认识、道德情感的形成中培养道德判断能力,在道德实践中培养道德行为能力,形成高尚的道德行为,构建体现时代精神的道德理想。③

从大学生道德社会化的需求来看,董俊认为,网络作为大学生获取知识、生活休闲和道德培育的崭新阵地,业已成为大学生活的重要组成部分,如何正确引导和有效发挥网络对大学生道德社会化的作用,已经成为高校德育面临的新挑战。④ 黄必春认为,"大学生道德社会化是中华民族整体素质提升的需要,是有效推进和谐社会建设的需要,是'以德治国'的伟大方略得以贯彻实施的需要,甚至还影响着社会主义现代化建设能否成功"⑤。

3.大学生道德社会化的原则内涵研究

大学生道德社会化是通过习得道德知识,然后运用到道德规范的实践,最后形成道德行为自觉的过程。在大学生道德社会化进程中,随着外部环境的改变和内在大学生群体对象的变化,对大学生道德社会化的原则内涵研究,不同学者也有着不同的理解。

葛贤平认为,"在大学生道德社会化研究中,要以培养和增强大学生道德社会化的主体能力为目的,形成具有正确的道德认知能力、高尚的道德情感能力、坚定的道德意志能力、稳固的道德信念能力以及良好的道德践履能力,使大学生成为道德原则和规范的倡导者、创造者、遵从者和践履者"⑥。

---

① 曲宏涛.大学生道德社会化特殊性的思考[J].济源职业技术学院学报,2007(1):43—45.

② 郭立,肖代怡.论当代大学生道德社会化的任务和途径[J].和田师范专科学校学报,2006(5).

③ 赵倩,赵霞.大学生道德社会化任务探索[J].江苏广播电视大学学报,2004(2).

④ 董俊.论大学生道德社会化的实现路径[J].经济与社会发展,2007(8).

⑤ 黄必春.生活化道德教育:大学生道德社会化的根本需求[J].产业与科技论坛,2007(10).

⑥ 葛贤平.论大学生道德社会化的主体能力及建设[J].思想教育研究,2005(4).

金诚提出,"大学生道德社会化的运行应遵循三项原则:一是常德、美德、圣德的有机统一;二是人文文化与政治文化的有机统一;三是知识传递与文化内化的有机统一"①。黄必春指出大学生的道德社会化就是为了让大学生在日常生活中规范自己的道德规则,践行正确的道德行为,他认为:"生活化的道德教育是大学生道德社会化的根本需求,高校德育要从理想化道德教育模式向生活化道德教育模式转向,贴近大学生的生活实际,在教育观念、教育内容、教学手段、实践环节、评价方式等方面有所突破,力求实效,充分发挥道德教育在大学生道德社会化中的促进作用。"②

不同学者从不同角度对大学生道德社会化的研究,均得出了自己的观点论述,但在很大程度上对大学生道德社会化的内涵阐述还不够成熟、完善,大学生道德社会化教育还不能够在实践中具体指导大学生施行正确的道德行为。

4.大学生道德社会化存在的问题和原因探析

大学生道德社会化存在的问题主要表现在道德认识低下、道德情感淡漠、道德意志弱化、道德知行脱节等方面。

而造成这些道德偏差的原因,刘志坚认为,"大学生在道德社会化的问题可以分别从内容、手段、承受者与承担者等方面予以解释。内容上,主要存在内容的多元化问题和内容的适切性问题。手段方面:一是重道德教育,轻道德修养;二是重课堂教育,轻道德实践;三是重学校教育,轻家庭、社区教育。在承受者上,存在道德选择的困惑、道德接受的心理阻抗以及道德'知行'不协调,会导致大学生道德行为出现偏差。从道德的承担者角度看,高校德育工作者自身的道德教育观念模糊,德育方法简单,注重形式,不求实效;家庭教育作为重要的教育资源在教育过程中的缺失;大学生在道德社会化过程中受到同伴的不良影响;社会媒介包括电视、电影、报刊、互联网弱化青年大学生个体道德规范意识等影响着大学生道德社会化"③。阙贵频从社会、高校、大学生三个角度,对大学生道德社会化存在的问题做了研究。

---

① 金诚.转型时期大学生道德社会化的运行原则和践道性[J].教育探索,2008(3).
② 黄必春.生活化道德教育:大学生道德社会化的根本需求[J].产业与科技论坛,2007(10).
③ 刘志坚.大学生道德社会化的问题及其干预[J].当代教育论坛,2008(7).

他表示,"道德社会化的实质是以社会道德文化为内容的教化、内化、外化的有机统一。在社会层面,道德教化存在自我冲突,缺乏完善的补偿激励机制以及社会缺乏补偿激励德行主体的完善机制;在高校方面,道德教化存在内容片面性,缺失客体主体性;从大学生主体方面,价值追求存在世俗功利化倾向是影响大学生道德社会化偏差的问题所在"①。作为心理学、教育学、伦理学等学科综合交叉的研究对象,李颖认为,"发展大学生的主体性道德人格,是思想道德教育理论和实践中的一个重要课题,处在选择阶段的大学生,其从众特征的道德判断和道德行为,缺乏个体的自觉性和主动性,道德还处在他律阶段,尚未上升为个体的内在要求"②。张正华、董其勇指出,"互联网上,大量不良信息严重影响大学生心理健康,而网络规范的不足,影响着大学生个体道德规范意识的形成。同时,网络生活很难用传统意义上的道德观念来衡量和检验,导致大学生在网络上的道德规范非常薄弱,网络虚拟生活也直接影响大学生道德学习"③。许小主基于社会意识转型时期的大社会环境和社会背景开展研究,他指出,"大学生的道德社会化面临着经济全球化、市场经济等方面带来的挑战。经济全球化下,西方价值观念包括道德价值观念的地位提升,使一些涉世未深的大学生必然受到毒害,盲目崇拜西方价值观念,背离社会主义核心价值体系,甚至对社会主义和共产主义信念产生动摇。市场经济引起大学生在道德认识上出现偏差,市场经济所导致的社会价值观的嬗变,导致大学生整体性上的道德失范"④。

5.促进大学生道德社会化有效发展的举措研究

针对大学生道德社会化存在的问题和影响大学生道德社会化有效发展因素的分析,不同学者提出了相应的解决措施。

王为全、陆翠岩认为,"促进大学生道德社会化,一要充分发挥思想政治理论课的主渠道作用,强化大学生道德教育。二要建立大德育体系。三要

---

① 阚贵频.大学生道德社会化主要隐忧问题透析[J].学术论坛,2008(7).

② 李颖.从众心理大学生道德社会化的影响[J].教育评论,2004(3).

③ 张正华,董其勇.互联网对大学生道德社会化的消极影响分析[J].医学教育探索,2006(6).

④ 许小主.社会转型时期大学生道德社会化面临的困境及其原因[J].全国商情(经济理论研究),2008(19):98—99.

建立促进大学生道德社会化的长效机制。为了避免大学生道德教育的一阵风和走过场,需要建立长效机制,规范大学生道德教育,加强对大学生道德教育的绝对认同和重视"①。阙贵频认为,"要解决大学生道德社会化过程中存在的问题,要重视社会教化,优化社会环境,发挥社会、学校、家庭等方面在大学生的道德社会化中的作用。对大学生的道德教化要注重分层引导,在价值层面上强调一元主导,而非一元目标。要重视大学生的主体能动性,指出提高道德教化实效性的关键是要充分重视大学生的主体能动性。加强'转型国情'教育,引导学生正确分析和认识现实"②。董俊指出:大学教育必须在课堂上不断地对学生进行道德知识的传授与灌输;社会实践有助于大学生了解社会和国情、增长才干、锻炼毅力、培养品格以及增强社会责任感等,是大学生道德社会化不可替代的体验载体;校园文化是陶冶大学生道德情感的重要途径,能极大地推动大学生的道德社会化进程,也是对大学生进行道德教育的重要载体。③ 金诚、邓和平等人从制度性和开放性的视角提出建议。制度性是指通过社会法制化来强化道德伦理的他律手段。开放性则是强调道德教育工作者的变革与创新意识,受教育者要有接受道德文化的自主意识与培养道德能力。④

我们应该认识到大学生道德社会化是一项系统工程,在推进大学生道德社会化的过程中,必须整合各方资源,集聚多方力量,密切配合,充分发挥各自作用,努力营造大学生全面发展的良好社会环境。同时,面对道德内容边缘化、道德教育片面化、道德行为偏离化的社会现实,要有效地综合运用国内外已取得的学术理论成果,推进大学生道德社会化更好地发展。

三、核心概念和结构框架

(一)核心概念

大学生道德社会化是个动态的历史概念,研究这一概念首先必须界定

① 王为全,陆翠岩.大学生道德社会化问题的研究[J].高教研究:现代教育科学.2009(2).
② 阙贵频.大学生道德社会化主要隐忧问题透析[J].学术论坛,2008(7).
③ 董俊.论大学生道德社会化的实现路径[J].经济与社会发展,2007(8).
④ 金诚,邓和平.试论大学生道德社会化的制度性与开放性[J].扬州大学学报(高教研究版),2007(6).

好道德、大学生道德、大学生社会化、道德社会化以及大学生道德社会化的当代性。另外,马克思的人学思想将贯穿研究全程,也需要予以梳理和明确。

1.道德

道德一开始被视作一种行为规范,这种界定显然对道德的本体意义没有完全明晰。我们说道德原本是一个自律性的概念,一方面它是道德主体对自身道德素养的一种内在要求,要求主体不断地提高和完善道德人格;另一方面,在既定的规范体系里面又要求主体否定性地做什么,即要求主体不应该怎么样。我们不仅仅将道德作为一个自律性的概念,更强调在这个共同体里面,主体对共同体的道德进行的一种制定、认同或执行。这势必会将大学生的道德社会化置于一个共同体的价值规范体系里面。因此,本研究的道德就是要求大学生这个社会群体在社会化的过程中积极地参与到共同体道德建设的过程中去,而不是消极意义上的认定或否定。从这个意义上说,大学生道德社会化是一把双刃剑,这把双刃剑是基于道德本身的两重性。

2.大学生道德

大学生道德本身包含着两个方面:一方面是大学生这个主体本身就有的道德认识和道德判断,即大学生道德的事实存在;另一方面是社会道德存在对大学生的自身道德的价值诉求,即要求大学生道德应有的层面。在对于大学生道德实然和应然的探索基础上,更有助于探索如何实现和达到这两种道德间的价值和谐统一的问题,这也是大学生道德社会化所要研究的重点。

3.大学生社会化

大学生作为一个群体,必然面临一个社会化的过程。马克思曾经指出,"人是一切社会关系的总和"。但是,大学生在社会化过程中会面临价值观的冲突。这一过程就是大学生社会化的具体表现,这也就是对一个既定事实的价值诉求,就是大学生在社会化过程中,自身的价值观与社会的价值观以及社会对大学生要求的价值观的融合。

4.道德社会化

道德社会化就是将特定社会环境的道德准则和道德规范加以内化,形成符合社会要求的道德行为的过程。法国思想家爱尔维修曾说过:"如果我生活在一个孤岛上,孑然一身,我的生活就没有什么罪恶和道德,我在那里就不能表现道德,也不能表现罪恶。"①美国学者 R. 哈什等人认为,"人的道德性不是由一些抽象的道德原则所体现的,表现在三方面:一是关心他人和帮助别人,这种关心是自觉自愿,发自内心的;二是对道德问题的判断,社会中的道德准则是相互冲突的,对道德问题做出不同判断会导致不同的行为;三是行动,在个人关心他人和做出判断的基础上采取的行动,是个人道德性的最充分的体现"②。在国内,道德作为社会意识形态的重要形式,通常被界定为主要包括道德意识、道德规范、道德信念等内容。三者之间既是相对独立的,又是互相联系并相互作用着。道德社会化,不仅是在道德意识方面社会化,而且在道德规范、道德活动方面也要社会化,是个体接受社会道德规范,并内化为自己道德能力的过程。确切地说:"个人道德社会化是指人从一个自然的人学会过道德生活,与社会基本的道德价值系统取得共识,具有一定的道德判断和道德选择能力,并且在不断地超越不适应的、旧的道德价值体系、经历个人冲突后达到新的均衡状态。"③社会道德必须只有社会个体内化为个体内在的行为准则和价值目标,转化为个体的道德活动才能实现道德社会化。唐凯麟认为在道德社会化中要发挥调控社会的作用就必须具备两个条件:"一是扬弃社会道德的抽象性,把具有普遍意义的社会道德指令同特殊的道德情境结合起来,实现行为活动的实际操作,将社会道德具体化;二是超越道德冲突,在相互矛盾的社会道德价值中,区分其道德性质和价值等级,实现行为选择,把社会道德价值现实化。"④

5.道德内化、道德教化和道德社会化辨析

道德内化是指人们的精神被提升到普遍状态,化天性为德性,从而实现完善的道德自我的过程。道德教化是通过对人伦规则的教和学,使人受到道德规范和价值理念的引导,从而涵育和教化心灵。道德社会化是一个相

---

① [俄]普列汉诺夫.唯物主义史论丛[M].北京:生活·读书·新知三联书店,1961:66.

② Richard H H, Glem D F, John P M. Models of Moral Education: An Appraisal [M]. New York: Longman, 1980:6.

③ 鲁洁.德育社会学[M].福州:福建教育出版社,1998:195.

④ 唐凯麟.伦理学[M].北京:高等教育出版社,2001:1.

对个体自然的存在而言的概念,表现为超越自然的规定,使个体成为社会学意义上的存在的过程。

三者的区别与联系如表1所示。

表1　道德内化、道德教化与道德社会化三者的区别与联系

	道德内化	道德教化	道德社会化
区别	1.道德内化着眼于人的内部道德精神结构的变化,是一个流动的过程,属于人的素质发展(伦理学、心理学)的范畴; 2.强调在外部影响作用下,道德主体内部运动的过程; 3.道德内化的落脚点侧重于培养塑造个体的德性,以成就在社会背景下的"健全的人"为指向。	1.核心为"教",属于教育活动范畴,大多在教育学、哲学范畴内使用; 2.强调从外部对受教化者施加影响; 3.道德教化目的在于通过教育活动,使人的精神得到塑造。	1.道德社会化着眼于让"自然人"成就为一个有社会道德的社会人的过程,属于社会学的范畴; 2.强调个体对社会文化的"适应性"; 3.取向不同于道德内化,社会化过程的落脚点和最终结果是培养社会角色。
联系	道德内化是道德教化过程中主体性的内在机制;道德教化落脚点在于"化",是"成德"的外部环境,是实现道德内化的重要条件。而道德社会化也和道德内化一样,是相对于个体自然的存在而言。"化"是三者的共同目标。		

6.大学生道德社会化

大学生道德社会化是动态化的概念,不同的时期有着不同的内容。网络时代,道德传播和文明传承面临着新的变化,大学生作为道德接受者和传承者,必然反映时代的特色,从某种意义上说,大学生道德社会化是时代精神的反映,研究重点是当代大学生道德社会化的时代背景、现实诉求、存在的问题以及解决路径。

综合国内外已有的界定,本研究对大学生道德社会化作如下定义:**大学生道德社会化是指大学生在校期间,按照社会和学校对大学生社会角色的要求,大学生通过接受有效的道德教育和加强自身的道德修养,提高个体道德认知能力、选择能力和判断能力,不断接受社会主流道德评价标准,将特定时期的社会道德规范内化为个体道德意识,并外化为符合社会要求的道德行为的过程。**

7.马克思的人学思想

卡尔·马克思(1818—1883 年),出生于德国,马克思主义的创始人、现代无产阶级社会主义运动的领袖和导师。其阐述有关人的问题的著作颇丰,归结到马克思的人学思想的主要表现在以下四个方面:(1)人的存在和本质的本体说。一是人的存在首先是有生命的个人的自然存在,其本质是他的需要;二是人作为类存在,其本质是自由自觉的活动;三是人作为社会存在,其本质是一切社会关系的总和;四是人作为有个性的存在,其本质是他的独特性或个别性。这一方面的内容是马克思人学理论的基础和前提。(2)个人和社会的关系的社会观。一是个人的社会性;二是个人在社会生活过程中的地位和作用;三是自由个人的联合体。(3)关于历史是个人本身力量通过其劳动而发展的人的历史观。一是人的历史发展过程及其表现形式;二是人的历史发展规律;三是人的历史发展的本质内容。(4)人的自由而全面发展的人的价值观。一是人的个性的含义;二是人的全面发展的必要性、内容和实现条件;三是人的自由的基础、内容和实现条件。

(二)结构框架

本研究置于当前社会转型期和追寻"中国梦"的时代背景下进行研究和思考,立足于"马克思主义人学"范式下对于"人的全面发展"的理解和诉求,以"当代大学生"群体作为研究基点,从实然性和应然性的角度来论证"大学生道德社会化问题"研究的合理性和必要性,从前瞻性和整体性的高度来思考大学生道德缺失和社会道德失范及回归和谐的迫切性和有效性。

本研究共涉及五个部分:

第一部分,大学生道德社会化的基础理论与发展沿革。厘清道德社会化理论的产生和发展、特征与功能、领域与内容,借鉴国内外大学生道德社会化研究的最新成果,梳理大学生道德社会化理论研究的发展沿革,为进一步开展大学生道德社会化研究提供理论支撑和知识借鉴。

第二部分,马克思主义人学视野下的大学生道德社会化。系统梳理大学生道德社会化的理论体系后,本研究以马克思人学理论为指导,并将其作为核心理论贯穿研究的全过程,从人的本质论、人的实践论和人的发展论出发对大学生道德社会化进行人学解读,并以"人性自由"的逻辑起点、"人化需要"的实践方向和"人本回归"的价值追求作为大学生道德社会化的人学转向,建构彰显大学生主体性的道德社会化模式。从现实的社会生活出发,反映时代特征,采取科学方法,真正促进大学生道德社会化,以人的方式发展人、建设人和完善人,以期实现大学生的自由全面发展。

　　第三部分,大学生道德社会化的时代境遇与理想图景。针对新时期大学生道德社会化面临的复杂的时代背景和文化语境,尤其是面对全球化背景下不同道德观念的博弈、社会转型期多元道德的碰撞、高教改革深入对高校德育的影响,从宏观层面对大学生道德社会化的影响因素进行探讨;通过新中国成立以来我国高校德育目标的回顾,在马克思主义人学的指引下,提出大学生道德社会化目标的价值取向及其构建原则,并从"大学生身份认同"的基础目标、"社会公民认同"的主要目标、"社会主义核心价值观认同"的主导目标和"共产主义理想认同"的理想目标对大学生道德社会化的理想图景进行分层描述,确立大学生道德社会化的目标和方向。

　　第四部分,大学生道德社会化的实证调研和影响因素。基于马克思人学的研究视野,借鉴哲学、伦理学、思想政治教育学、教育学、心理学、社会学等多门学科的理论知识,针对以"90后"为主体的当代大学生的时代境遇和社会现实,运用宏观研究和微观研究相结合、定性研究与定量研究相结合以及系统综合分析等方法,通过设计调查问卷对浙江省7所高校千余名大学生的道德社会化现状进行实证调研和个案访谈。结合大学生的道德认知、道德情感、道德意志和道德行为等道德发展的逻辑结构维度,大学生的社会公德、家庭美德、职业道德和个人品德等道德领域的内容维度,以及大学生对传统道德和转型时期道德价值认同的时代维度,运用人口学等相关变量进行数据分析,对大学生道德社会化进行现状描述和特征分析。在此基础上,着手从家庭教育、高校德育、同辈群体和网络媒介等方面对大学生道德社会化的相关影响因素进行了理性分析和深入探讨。

　　第五部分,大学生道德社会化的生成机制和路径选择。通过"道德内化"、"道德外化"和"道德内外化互动"的机理对大学生道德社会化的运行机制进行建构探索,并提出促进和优化大学生道德社会化的有效路径:一是优化大学生道德社会化的宏观环境;二是以社会主义核心价值观引领大学生道德社会化;三是建立大学生道德社会化的社会支持体系和教育引导体系,包括对社会、家庭、高校、网络等方面的有效治理和有机协同;四是充分发挥大学生道德社会化的主体能动性,不断提高大学生自身道德修养。

四、研究思路和创新点

(一)研究思路和方法

根据大学生道德社会化问题研究的内容框架,确定了研究的基本思路和方法。在研究思路上,一是借鉴国内外道德社会化研究的最新成果,在社会主义核心价值观的引领下,紧紧围绕培养符合时代要求的合格大学生为目标,积极创新大学生道德教育的理论与实践;二是针对当代大学生群体的特点,深刻阐明大学生道德社会化的目标追求、价值功能、生成机制、方法路径;三是重点选择一批不同类型高校的大学生为调查对象,通过广泛深入的实证调研和访谈,获取大量的一手资料,经过数据分析,形成对大学生道德社会化现状的感性认识,确保研究的针对性和实效性;四是理性思辨大学生道德社会化的影响因素和运行机制,探索促进和优化大学生道德社会化的实现路径、社会支持体系和道德教育引导体系。

在研究方法上主要采取文献研究法、综合分析法、调查实证法等社会科学研究方法。

第一,文献研究法。道德是维系社会一切关系的纽带,是社会活动得以开展的最本质的价值约束。探讨大学生道德社会化,既要有纵向的时间维度,通过文献检索、查阅和研究国内外学者的研究成果,获得对道德社会化和大学生道德社会化的系统认识,也要有横向的空间维度,通过文献研究,基于马克思主义人学理论,从"人"的全面发展角度,获得"当代"大学生群体的相关资料。

第二,综合分析法。综合分析法是以系统论的思想和方式,是在综合多门学科内容基础上所形成的全面研究。当代大学生道德社会化的研究,是一个综合性的研究,在研究过程中需要包括哲学、马克思主义人学、伦理学、心理学、社会学和教育学等在内的多学科的理论知识作为其研究的认知基础。通过多学科知识的融合,对当代大学生道德行为失范原因、道德社会化理论的整体构建、道德社会化的进一步优化等提出思路。

第三,调查实证法。大学生道德社会化的研究虽然是一个理论命题,但研究的最终目的是从大学生群体出发,提高大学生的道德认知,实现大学生对社会道德规范内化于心、外化于行,达到人的全面发展的目标。对大学生道德社会化的研究,坚持理论结合实际,通过对大学生开展包括道德逻辑结构、道德内容等在内的道德社会化现状的调查,了解实际情况;通过访谈等方式,发现问题,将理论和实践相结合,从单一的研究变为双向的互动,以期更好地实现研究目的。

(二)研究创新之处和难点

1.创新之处

纵观国内外对大学生道德社会化研究的现状,本研究在以下方面有所创新:

第一,在理论创新方面,以马克思主义人学视角作为研究的出发点和落脚点,初步构建了大学生道德社会化问题的研究体系。

道德存在于人的社会之中,不是抽象的超时空的教条,而是活生生的有血有肉的每个人的现实表现。离开人类社会积淀的历史条件和人类自身的发展,谈道德和道德社会化就显得空洞和虚无。马克思主义人学理论充分论证了人的存在和人类本质,强调了人的自然属性和社会属性的统一,系统地阐述了人的本质和人的社会化。因此,当代大学生道德社会化必须紧紧联系马克思道德社会化理论的人学转向背景,从"见物不见人"的历史抽象"道德空场"中走出来,构建现实和理想的道德图景,以实现"人的自由而全面的发展"为核心的道德社会化任务。这样,依托马克思主义人学理论对大学生道德社会化的解读和研究,有助于系统分析大学生道德社会化并最终促进大学生全面发展和成长成才。

第二,在内容创新方面,以时代背景和当代大学生为研究的主体对象,对大学生道德社会化进行多维探析,初步建立了由低到高的大学生道德社会化的目标体系。

作为出生于 20 世纪 90 年代以后的"当代"大学生,受到改革开放、社会转型、网络时代等特殊的成长背景和年龄特征的影响,无论在思想活动还是认知判断方面都呈现出新的特点,对于主导意识、主流意识和价值意识都有自己独特的解读。同时,大学生道德社会化有来自宏观层面的影响,也有来自微观层面的影响。宏观层面的影响主要包括全球化、社会转型和高等教育改革;微观层面的影响主要来自家庭教育、学校教育、同辈群体和网络媒介等方面。因此,在研究过程中,既对当代大学生群体面临的时代境遇开展宏观研究,也从家庭、学校、同辈群体和网络现象进行微观研究;既从道德发展的逻辑结构维度进行研究,也从道德领域的内容维度和道德的时代维度进行研究。经过理性梳理后,提出了由低到高的大学生道德社会化的目标体系,分别是:"大学生"特定身份认同与实践的基础目标,"社会公民"认同与实践的主要目标,"社会主义核心价值观"认同与实践的主导目标,"共产主义理想"认同与实践的理想目标。

第三,在观点创新方面,结合时代旋律,注重理论联系实践,提出促进和优化大学生道德社会化的有效路径。

结合时代要求,注重理论和实践的结合,通过调查分析等方式,了解大学生道德社会化过程中的问题,同时为更好地实现研究目的,结合社会学、心理学、教育学等多门学科,从偏离到矫正,从矫正到重构,最后达到和谐,保证研究的系统性和完整性。并从以下四方面论述促进和优化大学生道德社会化的有效路径:一是以人为本,优化大学生道德社会化的宏观环境;二是以社会主义核心价值观引领大学生道德社会化;三是建立大学生道德社会化的社会支持体系和教育引导体系,包括对社会、家庭、高校、网络等方面的有效治理和有机协同;四是充分发挥大学生道德社会化的主体能动性,不断提高大学生自身道德修养。

2.研究难点

结合国内外研究现状和本研究的基本思路,目前的研究难点如下:

第一,大学生道德社会化理想图景的理解和描绘。大学生道德社会化是动态的,是阶段性的。目前,大学生道德社会化主要途径是学校教育,而高校道德教育很大程度上存在"不在场"和"无根基"的状态。大学生道德教育的培养目标不明确,高校对大学生的道德教育,是圣人道德教育还是恪守道德伦理底线的常德教育?什么样的"道德"才是符合社会现状、适合社会发展?

第二,大学生道德社会化实现路径的复杂性。大学生道德社会化研究是一项复杂的系统工程。在研究过程中,需要综合运用多学科,从不同的角度和层面,提出正确的认知,进行有效的优化。大学生道德社会化是一项既不可能一蹴而就也不可能一劳永逸的系统工程,对大学生道德社会化的研究,要结合"当代大学生"群体的特点,要认识到大学生道德社会化在现实背景下具有一定反社会化的意义,明确大学生道德社会化是一个教育双向、人为互动的过程。原有传统社会中普遍运用的道德教育有可能会失效,这无形中也为本研究增加了新的要求和更大的难度。

第三,实现大学生道德的"知行合一"是研究的难点之一,也是研究的重点。大学生道德社会化由大学生道德内化与道德外化组成。内化是基础,没有内化,就谈不上外化,内化的道德意识如果不能体现在道德行为之中,就失去了存在的意义。大学生在掌握了道德知识、道德规范的要求以后,必须付诸道德实践,也就是要求的"知行合一"。这就要求当代大学生的道德教育要摒弃传统德育中以知代行的政治教化的基本模式,构建知而必行、知行合一的开放式现代德育体系。

第一章　大学生道德社会化的
基础理论与发展沿革

　　19 世纪 60 年代，我国开始出现具有现代意义的大学①，大学生道德社会化同步开始，到民国时期尤为显著。那时的大学生大多关心国家前途、民族兴衰，他们抛头颅、洒热血，在抵御外侮、倡导国家自立自强方面，忘我地战斗。大学生道德社会化成果主要表现为以爱国为核心，以救亡图存为主题的革命实践。由此形成的道德社会化的理论，虽充斥在各种哲学、文学等研究创作之间，但专门系统研究大学生道德社会化的著作几稀。新中国成立初期，由于特殊的国际环境、国情等历史原因，在大学生道德社会化的理论研究方面几乎空白。因此，在我国比较成熟系统地开展大学生道德社会化的理论研究，应该在改革开放以后直到目前这一时期。

第一节　道德社会化的理论源流

　　道德社会化是人类社会的特有现象。可以说从人诞生的那一刻起，即人成为人的那一刻起，道德社会化就已然存在。道德社会化的理论基础，就是人类特有的道德社会化的实践。

---

　　① 李萌. 谁是中国第一所大学[J]. 民生周刊，2012(21). http://www.xzbu.com/1/view-3050651.htm.

一、道德社会化理论的产生与发展

理论源于实践,道德社会化的理论源于人的道德实践。道德社会化是伴随着人类社会的形成而共时存在的,是人类社会的特有现象。当人脱离动物并成为人的时候,人就已经成为不仅是与一般动物,而且是与自然人相区别的社会人。人就是一个同时有着道德判断、道德价值并作为践行道德的对象而具体存在,人和道德是同步存在的。

(一)社会性是人的道德产生的前提

马克思从不否定人的社会性。人是社会的产物,不是简单的自然物。人"既是单个的,也是处于他们的社会划分和社会联系之中的个人,即作为这些条件的活的承担者的个人"[①]。人的形成从根源上说是人的实践的结果。恩格斯说:"劳动创造了人本身。"[②]劳动作为实践的人的存在方式,不是孤立的自然人的生活方式,是具有社会性的人的活动,是人的本质的显现方式。马克思说:"人的本质不是单个人所固有的抽象物,在其现实性上,它是一切社会关系的总和。"[③]道德来源于人的社会性,内化于人的个性,人无论其承不承认,人只要在社会之中,就是社会的人,就是历史的产物,就不是自然的动物式的生存。人只能是社会的人,只有社会的人才是真正意义上的人。"社会性质是整个运动的一般性质;正像社会本身生产作为人的人一样,人也生产社会。"[④]社会表明了人的交往和联系,表明人不同于动物孤立的存在或者简单的动物共生群生的存在。正因为人的社会性,人能够意识到自我的存在,并在人的自我意识的前提下,人能够互相映照,才能够实现人的交往、联合和协作,才能脱离动物的本能行动,实现人的自觉自由自为的行动。人与人交往、联合、协作,就必须有规范和规则,而道德就是人应有的规则、规范中的一类。道德本质核心是善,善是针对恶的存在而存在,是对恶的克服和扬弃,是人和人类社会的理想价值存在的体现。

---

① 马克思恩格斯全集(第 46 卷)(下)[M].北京:人民出版社,1980:35.
② 马克思恩格斯全集(第 20 卷)[M].北京:人民出版社,1971:509.
③ 马克思恩格斯选集(第 1 卷)[M].第二版.北京:人民出版社,1995:60.
④ 马克思恩格斯全集(第 42 卷)[M].北京:人民出版社 1979:121.

（二）为人性是道德评判善恶的标准

人的行为不是纯粹的仅对个人产生影响的行为。由于人的社会性，人的行为必然会影响到他人，但这种影响有着不同的层次：在何种情况下这种影响是他人可以容忍的、接受的；在何种情况下是违背他人的，同时也会伤害自己；在何种情况下这种行为是有益于自己和他人的或者人类的。这里就出现了行为的价值分野，人的行为是有不同价值取向的，在道德上就呈现为善、恶或者不善不恶的中性行为。那么如何界定人的行为善恶？为人性是评判道德的行为善恶的标准，这里的为人的人不是仅指他人而是包括自己在内的所有人，道德的为人性是由低及高的不断完善的交融过程，这是一个无限的发展过程。

人的行为涉及的道德价值取向复杂，有时难以分辨是善是恶，或不善不恶，善恶有时不是截然分明的，尤其在日常行为中。人的行为一般都涉及义、利，义、利关系在中国古代就有激烈的辩论。孟子对人的日常行为和道德行为有着比较朴素的认识，孟子把人的道德行为与人的伟大人格联系起来，对义、利关系进行过反复的事实辨析。孟子曰："鱼，我所欲也，熊掌，亦我所欲也，二者不可得兼，舍鱼而取熊掌者也。生，亦我所欲也，义，亦我所欲也，二者不可得兼，舍生而取义者也。生亦我所欲，所欲有甚于生者，故不为苟得也。死亦我所恶，所恶有甚于死者，故患有所不避也。"①孟子在此通过鱼和熊掌与生死和义的取舍选择对比，揭示出人的行为的价值取向和自己的道德主张。孟子对待义、利关系的态度，打破了社会普通人对义、利的对立理解，批判了极端自私的利。孟子不反对利，但是他的利是与人同乐同享的利，而不是专断、独有不与人分享的自私的利。"古之人与民偕乐，故能乐也"②，孟子的学说尽管多是对帝王的劝说，但也凸显了他对利的价值追求是同乐同享，对利的追求应该局限在日常生活之中，也就是在对他人影响不大的前提下，行为可以做利的选择，比如让你选择鱼和熊掌，你就可以从利的角度选择熊掌。但是当选择影响到他人时，此时的选择就要超越一己之私，而应该立足于义了，不能见利忘义而要舍生取义。如果一切都以利己为

---

① 孟子[M].长春:吉林文史出版社,2004:187.
② 孟子[M].长春:吉林文史出版社,2004:2.

行为的出发点,那么有什么还会比自己的生命更重要呢?孟子不否定利,但是他不把利作为道德的起点,否则的话,人就可以为利而为所欲为。"如使人之所欲莫甚于生,则凡可以得生者,何不用也?"①孟子虽然未从哲学视角探究这种现象的根源,但是从事实出发,点出了人的行为价值的差别,有为利、有为义。义、利之分,义很接近于人们所讲的道德,实际也是人道的一种表达,是人要爱人、为人的行为,我们可以将义理解为体现在人身上的社会性和为人性,它更多地牵涉到个人与他人的关系,如夺人钱财、见死不救等都是不义的行为。

(三)道德起源与目的之争

对于道德的产生,很难有一个清晰的界分,研究者只能凭借有限的历史材料和考古材料,进行一些科学的推断,因为人不可能绝对地还原历史。在哲学界有人主张道德来源于宗教,有人主张来源于习俗,但是这两种主张都有自己的局限性和片面性。

从心理视角上,哲学家区分了道德心理和宗教心理的不同,从而已在心理根源上否定了道德的宗教起源。休谟概括地说,"宗教心理的特征是希望和恐惧"②,而道德心理则是同情心③。这就"从进化心理学的角度认可道德起源于人的心理机制,否定了道德来源于宗教的说法,认为二者不是相同的心理机制导致的结果"④。另外,宗教是有着等级分野的,宗教神是有等级的,而道德具有公平性的追求。依托图腾分类制的宗教,不可能产生以公平为主要特征的道德心理,就又从心理根源上否定了道德来源于宗教。从马克思学说的实践论观点来分析,人的一切来源人的实践,是实践让人有了发现的意识,存在是意识到的意识,从根本上来说道德不是来自于天堂,即不是来自于人的精神异化的宗教,而是来自于现实人的实践创造。

道德起源的"习俗说"发端于古希腊的"约定说"。豪伯浩斯在《进化的道德》一书指出,普遍的道德原则,是从部落生活的习俗由低到高的进化而

① 孟子[M].长春:吉林文史出版社,2004:187.
② [英]休谟.自然宗教对话录[M].陈修斋,曹棉之译.北京:商务印书馆,1989.
③ [英]休谟.人性论(下册)[M].关文运译.北京:商务印书馆,1962:352.
④ 赵敦华.谈谈道德起源问题[J].云南大学学报(社会科学版),2005(3):15.

来,由最初的习俗,逐步变成特定的道德义务、道德规则,直至普遍的道德原则。① 从这一论断中可以看出,道德与习俗有关但又不同于习俗。习俗有良俗、恶俗和陋俗,道德是人的良性品质的表述。道德有普适性,习俗有狭隘性。比如古部落就有杀人和吃人的习俗,可以说有的族群有习俗却无道德,有些习俗用现代观点看是反科学、反社会、反人类的,这些习俗都是缺乏科学的迷信,是不能称为道德的。习俗是一定的群体在实践中意识到的必须遵守的一些规则和规范,凡恶俗大部分是人的无知的反应,或是统治者为维护自己的统治利益的强制话语。习俗促成、巩固了人的心理规则意识,所以规则来源于对习俗或禁忌的遵守。因此,道德作为一种必须集体遵守的对个人行为控制的价值规范,本是一种规则,其来源的心理依据应该是最原始的习俗和禁忌。道德强调的是人的社会性,"道德才是人性的集中表现,是人类区别于动物的主要标志"②,是一个在社会中生活的人必须共同遵循的规范和行为准则。

对道德存在的目的争议也颇多,有的人主张是他律的存在,有的人主张是自律的完善。康德认为道德是自律的,"意志的自律是一切道德法则所依据的唯一原理,是与这些法则相符合的义务所依据的唯一原理。反之,任意选择一切的他律不但不是任何义务的基础,反而与义务原理,与意志的道德性,互相反对"③。而边沁则认为道德是他律的,认为道德和法律一样是一种必要恶,本身没有绝对价值,只是体现在两害相权取其轻的意义,行德是控制小恶避免更大的恶。

道德的起源和目的是一个富有争议性的话题,如果秉持一端地去理解,很难全面揭示道德的起源和目的。道德是与人同在的,因为无道德的人不是真正的人。因此,对道德起源和目的的追问,我们只能立足于存在的事实。用马克思对他人提出的自然界和人的创造问题的回答来解释道德的起源问题应该也是合适的,"既然你提出自然界和人的创造问题,你也就把人和自然界抽象掉了。你设定它们是不存在的,你希望我向你证明它们是存

---

①　Hobhouse L T. Morals in Evolution,3rd. ed[M]. 1908.

②　赵敦华. 谈谈道德起源问题[J]. 云南大学学报(社会科学版),2005(3).

③　[德]康德. 实践理性批判[M]. 北京:商务印书馆,1960:33.

在的"①。道德起源的追问亦是如此。道德和人及人的社会是同在的,因为道德是人的本质和作为人的体现,不道德的人不能称之为真正意义上的人,当追问道德起源和目的的时候,其实也就把道德抽象掉了。当认为在人的社会,道德原先是没有的,是否可以说明人类社会的存在可以先于人的道德存在呢? 因此在现象上,我们可以观察到哪里存在道德的因素,但是不能说道德起源于哪里,否则你就把道德抽象掉了。我们可以说习俗、宗教、神话传说、图腾禁忌等远古原则中包含有道德因素,但不能说道德来源于此,反而应该说这些是来源于对道德的理解或歪曲的理解。道德是与人和社会同在的人的本质体现,维护人自身及人的社会存在的价值力量。它可以显现为外在的,但根源是内在的,这种内在的价值倾向不是个人的,是人类共有的。因此是相通的共性存在,是在人的社会实践中产生形成的否定之否定的过程。

(四)道德社会化的理论产生

正因为道德是人的存在的本质,是维护社会存在的根系,因此,人的一生经历了从自然人(非人)到社会人(人)的过程,人的一生就是人化的过程。人既是物种名称,又是价值指谓,即是指与纯自然物不同的有道德价值的存在。道德贮存、积累在社会之中,并体现在社会中的每一个人身上。而人从自然人转化为社会人的过程就是人的社会化过程。在社会化过程中最核心的社会化就是人的道德社会化。从某种意义上可以说,其他社会化都是围绕道德的机制体系展开,为了人的道德目标而展开。人不是为了利而求利,而是为了道德而求利。功利主义者颠倒道德和利的关系,从而将二者对立起来,放大了利在人性中的功能。"人生之初,都有一个自我与他人、他物不分(主体与客体不分)的阶段……在此阶段中,人因不能区分主客,故无自我意识,与禽兽没有多大差别;从道德的角度来说,尚无善恶之分,无道德意识。"②因此能区别善恶、知荣耻是人与物的本质区别之一。善恶荣耻的区分和判别,以及善的价值的实现需要一个教化和内化的过程,这样才能将自然人转换为社会人。

---

① 马克思恩格斯全集(第1卷)[M].北京:人民出版社,2009:196.
② 张世英.哲学导论[M].北京:北京大学出版社,2002:242.

道德社会化的过程就是将自然人转化为道德人的过程,将既定的社会道德标准和价值体系通过社会教化以及个人内化的过程,成为人的行动的价值体系。道德社会化是与人的成长同在的。在阶级社会中,统治阶级为了更有效地提升道德社会化的效果,借助理论研究集结道德社会化的实践经验并提升到理论高度,这样道德社会化的理论便诞生了。从古至今,从东方到西方,道德社会化思想与实践贯穿人类发展史,道德社会化的理论的发展经历了从散论到专论的过程,但对道德社会化现象进行现代科学的剖析和深刻系统的理论和实践研究,并形成科学的理论成果,应该说始于现代西方。道德社会学的萌芽可以直接追溯到 18 世纪"道德科学"的代言人孔多塞,并经过孔德、凯特尔和古雷利等予以发扬光大。道德社会学的探路人威廉·冯特的《伦理学》(1886)开创了道德社会学理论研究的先河;作为道德社会学的奠基人,涂尔干正是在继承孔多塞、孔德和古雷利的理论研究基础上,借鉴了威廉·冯特的研究,让道德社会学真正成为一门社会学分支学科。① 1895 年德国社会学家齐美尔(G. Simmel)在《社会学问题》一文中始用"社会化(Socialization)"这个词汇来表示群体的形成过程。我国最早研究道德社会学理论的是严复。②

二、道德社会化理论的特征与功能

道德目的主要在于对生命的平等和自由的维护和发展,不仅是对个体自身,同时也是对他者及同类生命的维护和发展。在生命的维护基础上,道德区分人的思想和行为的善恶与美丑、正义与邪恶、公正与偏私、忠诚和虚伪。善在终极意义上就是实现人的自由而全面的发展。行善就是做有益于人的自由而全面发展的事,即善是为人的。这里为人的"人"包括道德主体自身和他人。对生命的维护是宽泛的语言,在现实中就体现为维护谁的生命的具体问题。有时道德体现的更多的是调节强弱间的平衡,更多的是维护那些受到自然压迫或人为伤害的无能为力者的人的生命。

在现实的道德实践中,道德标准有时也处于义、利的两难境地。当灾

① 龚长宇,郑杭生.道德社会学的缘起管窥[J],学术界 2008(4):50.
② 龚长宇.我国道德社会学的发展及理论建构[J].道德与文明,2008(5):86.

难、死亡不可避免,我们到底要牺牲谁的生命去维护另外的生命? 美国哈佛大学教授 Michael J. Sandel 在讨论公正时,在课堂上举了个例子:一列火车眼看就要撞上在铁道前面施工的三五个工人,这时铁道上方的立交桥上有个大胖子,你正好也在桥上,如果你把大胖子推下去,就可以阻止火车的前进,牺牲他一人就可以救下前面施工的三五个人的生命,但是这样做可以吗? Sandel 教授举这个例子主要是引导人思考功利主义的有效性和合法性。很多时候,人们的选择倾向是两害相权取其轻的功利主义态度,但在此时遇到了尴尬,同时也折射了道德实现在现实中的复杂性。萨特的存在主义观念尤其否定先天道德原则的教诲和实际行为选择的绝对性价值。萨特指出:"人除了自己认为的那样以外,什么都不是。"①萨特在强调存在先于本质人的主观性同时,又限定了人要向自己和所有人负责。"当我们说人对自己负责时我们并不是指他仅对自己的个性负责,而是对所有的人负责。"②萨特认为在具体的事端上,道德的选择权就在于个人,个人就该承担自由选择的责任,只要站在对所有人负责的立场上,你的行为就无可厚非。因为真的没有绝对完美的选择,有时换个角度,你的选择就是非道德的,而从另一个角度又是道德的。因此,在为个人还是为他人,为家人还是为外人的选择上,有时真的很难决断什么是道德的。如果一个人为了照顾自己病重的父母,而没能参加救国的战争,你就指责这个人不道德吗? 反之丢弃需要照顾的父母而参加救国的战争,就是道德的吗? 因此,萨特非常尊重个人的选择,他认为在类似这样的两难境地里,只有你自己能够做出道德选择,没有人能代替你选择,或指责你的选择。现在西方把人的行为价值界定在有利于自己无害于他人的底线处,是有益于这个矛盾的解决的。

功利主义道德无法解释舍生取义的正当性和选择性,当人生死不避时,此时如果不是信仰的力量,是什么外在的功利会使人选择自绝于自己呢? 人有超越于利的选择和追求。我国古有廉者不受嗟来之食、贤者归隐山林,这些都是对利的避让。而在古希腊,哲人苏格拉底能逃生而不避死等,都无

---

① [法]让-保罗·萨特. 存在主义是一种人道主义[M]. 周煦良,汤永宽译. 上海:上海译文出版社,2006:6.

② [法]让-保罗·萨特. 存在主义是一种人道主义[M]. 周煦良,汤永宽译. 上海:上海译文出版社,2006:6.

法用现实庸俗的利益来解答这些问题。尽管趋利避害是常人的表现，但是道德不是追随常人现实物质利益的表达，尽管也包括眼前的利益，但道德维护人的利益的本质是包括所有人的平等，它本身是指向未来和理想。它的利和善不局限于围绕个人自身，有超越自身和追求完善的理想性，不能将暂时的功利归结为道德，不能把"善"等同为"利"。功利主义把道德庸俗理解为利益的算计，说道德是必要的恶和结果的善，完全脱离了人不同于物的理想性追求，是应该予以批判的。功利主义把道德为个人和为社会割裂，极端化个人的功用，与人的本质是不能完全相符的。好像人维护社会性，是为了保障自己的利己的私性，它不知道社会性和个性是人不可分割的一体两面。社会中的具体的人必然同时具有个性和社会性，而个性和社会性的获得都离不开任何社会。道德是人的个性和社会性价值的核心，因此道德的社会化是人的本质展现的需要。面对群体社会的公共的或理想的道德标准，由于人的先天禀赋和后天经历的差异，以及道德本身的相对性与多元文化的冲击，导致个体道德社会化的结果千姿百态。道德社会化的理论是以公认的或理想的道德标准为立脚点，宣扬公德，形成良好的道德风尚，凝聚社会，维护社会秩序，同时，促进个人养成美德，实现个人的自由而全面发展。

（一）道德社会化的理论特征

道德社会化的理论是人的社会化理论的重要组成部分。道德社会化理论的核心问题是探讨人从自然人成长为道德的社会人的过程及其影响机制。各种道德社会化的理论也都是围绕着这一问题从不同视角给出相应的解释。道德社会化的理论注重的是"化"，其内容是现有的为群体所接受的道德标准；其过程是将这些道德标准通过教育和日常影响体现到个体中去；其目的是维护社会的稳定和延续，同时使个人实现从自然人转换为道德人，从而融入社会，使个性和社会性相互融合，实现社会和自我的共同发展。

1.道德社会化的理论关于道德社会化的影响因素之辩

道德社会化的理论关注的一个重点就是影响道德社会化顺利进行的因素。在大类上，人们把影响因素分为先天和后天的因素，只不过侧重有所不同。

中国古代有性善、性恶或性无善无恶论之争。"孟子道性善,言必称尧舜。"①他主张人复性返古,以尧舜之道劝君王,以养浩然之气复己善心,"学问之道无他,求其放心而已矣"②,孟子认为善为先天,恶为后起。有人会问,既然善从天赋,恶从何来?孟子以种子相同而收成不一辩之,"地有肥硗,雨露之养、人事之不齐也"③,以此来解释人心善如未播前的种子,之所以有善与不善的结果,是因为后天的条件形势不同,是不良的形势对人心的逼迫造成的。孟子由此推论善的实现是和后天的条件结合在一起,并且先天地设定人是善的。

荀子主张人性恶,"人之性恶,其善者伪也"④。荀子将人性设定为先天恶,突出后天教化的功能,提出"化性起伪"。这里的"伪"的含义就是善不是天生的,人的善是后天教化的结果。

告子主张人性无善和无不善,他介于孟子和荀子之间,既不主张人性本善,亦不主张人性本恶,善恶是人的后天表现,不是先天决定。孔子的主张比较矛盾,既说"性相近也、习相远也",又说"唯上智与下愚不移",处于相对灵活的表达。

西方也存在人性善先天存在的传统观。古希腊是西方文明的滥觞,苏格拉底的知识实际指的不是自然知识而是神平均分配给人的正义和虔敬等品质。"这就是说每个人都潜在的是有德性的"⑤,认为知识先在,但人不能先知。知识是神赋予人的理性灵魂。放之四海而皆准的知识,必须通过人的认识、思考、辨析才能获得。因此苏格拉底主张"认识你自己",因为一切天赋的真理就在你的理性灵魂中,不需外求,只需通过内省或外在的引导在自己心中获得。此论类似于孟子说的"仁义礼智,非由外铄我也,我固有之也"。在此前提下苏格拉底主张"美德即知识",此知识不是后天习得的知识,是先天就在我们心中需要去寻回的知识。苏氏和孟子的学说有相通处:"学问之道无他,求其放心而已矣。"

---

① 孟子[M].长春:吉林文史出版社,2004:73.

② 孟子[M].长春:吉林文史出版社,2004:188.

③ 孟子[M].长春:吉林文史出版社,2004:183.

④ 荀子[M].北京:中华书局,2007:267.

⑤ 苗力田,李毓章.西方哲学史新编[M].北京:人民出版社,1990:54.

柏拉图师承苏氏,因此他们的主张相似,但是柏拉图的理论更精致。他把人的世界分为现实世界和理念世界,实际就是把苏氏先天的知识,转化为理念世界,把现实和理念世界割裂,贬抑现世,为神学的诞生做了理念铺垫。

亚里士多德师承柏拉图,但是对老师的理论主张不是完全的赞同,认为"苏格拉底关于道德的定义不是完全正确的,因为他把道德变成了一种知识,这同样是不可能的,因为一切知识都与一种理由相结合……他抛弃了灵魂的、非逻辑的、感性的方面,亦即欲望和习惯"。认为苏格拉底—柏拉图式的道德定义忽视了欲望、兴趣之类的现实性。可以说是对人的感性的尊重,承认人的后天存在对人的德性的影响。欧洲中世纪基督教的禁欲主义,大部分是苏格拉底—柏拉图式的二元论哲学和道德观的发展。宗教统治欧洲大陆后,宗教成为人的道德社会化的主要影响因素。近代洛克的"白板说"(实际也是性无善和无不善论)与卢梭主张的性善论为现代道德教育理论所发展。尽管他们对人性的认识有差异,但是他们对环境和教育在影响人的品格和人格方面都是重视的。

2.道德社会化的理论关于道德社会化的实现途径之论

尽管有主张人性善、人性恶、人性无善和无恶等论述,他们对人性探讨的定义和主张不同,但是很少有人主张教育的无效,一般都重视教育作为后天环境对道德社会化的影响功能,认为道德的存在,无论是在唤醒还是塑造人的方面,都离不开教育。现实的道德伦理如何被蒙童接受,如何让社会的人继续吸收,这就牵涉到道德社会化的实现途径或载体的问题。载体就是不再讨论道德的来源,而是把现存的大家普遍认可的善,转移到每个人的身上,让其按照当时的道德准则加以处理。由于对人性是否善的定性不同,也就存在内化和外化两种不同的实现途径:内化是通过社会唤醒的方式找回自己的善心良知,如孟子的"求放心"、"存心养性"强调人的自觉自为;外化主张人性本恶或无善恶,因此善是后天习得的,必须以强制的手段逼迫人知善行善,如荀子的"化性起伪说"和洛克的"白板说"等。即便科学教育技术不断发展,手段日益更新,道德社会化的实现途径依然离不开内化和外化。

(二)道德社会化的理论关于道德社会化的功能诠释

道德社会化功能有其自身性和外在性。自身性功能就是实现自己本身的目标:不仅塑造道德完善、人格完美的人,同时传承和保持社会的稳定。

外在性目的主要体现在历史进程中,在阶级社会,道德是有着阶级性的。道德属于社会意识形态范畴,由特定的经济基础决定,并为特定的经济基础服务。在国家存在的前提下,道德是维护国家统治阶级的利益工具。道德意志更多地代表了统治阶级的意志,统治阶级将有利于自己的统治的道德上升到国家意志,制定为法律,让人必须遵守,因此道德教化具有政治功能。人的道德社会化,也是人的本性决定的。人不仅处在与自然物相同的自然环境中,同时还处在人化的社会环境中。人的自然和社会性决定了人不仅要遵循自然规律,还必须掌握和适应在社会存在的道德规范。就现实来说,道德社会化就是"将特定社会所肯定的道德准则和道德规范加以内化,形成合乎社会要求的道德要求的过程"①,因此道德社会化过程是社会的道德理论向社会群体扩散的过程,其主要功能就是实现现有社会的道德目标和价值。道德社会化的功能体现在个人层面,就是实现个人立足社会,促进个人与他人之间生活的发展和理想的实现;在社会层面,使社会文明得以传承,维护社会的稳定和发展;在国家层面,实现并维护统治者的利益。道德社会化的最终目的是转化为人有道德地改造世界的行动。

三、道德社会化理论的领域与内容

道德社会化的理论涉及的学科领域众多,几乎与所有人文科学和一些相应的自然科学相关,内容主要集中在伦理领域,以道德规范的内化和行为的外化为实现方式,研究各种影响道德社会化效果的因素和手段,涉及哲学、伦理学、教育学、心理学、行为学、社会学、人类学、法学、政治学、经济学等等。道德社会化的理论的主要研究领域和内容有:个体如何学习道德知识,获得道德取向,形成和完善道德人格;道德文化的传承和变迁过程;道德体系的运行、变迁与道德社会化的关系;角色道德的获得和扮演等。

(一)个体道德认知、道德价值取向和道德人格完善

道德社会理论首先要回答道德社会化"化什么"、"为什么要化"的问题。道德社会化的主体主要是社会、家庭和个体,都是在社会主导的道德领域内,扮演着道德社会化的角色,以相对的主体或客体交替呈现。道德的价值

---

① 周晓虹.现代社会心理学[M].南京:江苏人民出版社,1991:133.

体系规范并非个人的臆造,而是社会群体的集体认同。因此,社会主导的道德内容是具有一定强迫性的道德社会化的内容。无论是家庭或个人都必须以社会传递的具有普遍约束力的道德规范作为自己的教化内容,并以此作为行为的价值体系,也是评判善恶是非的标准。在学习道德规范后,能自觉践行善的行为,就形成了被社会所认可的完美的人格。道德社会化的第一步就是要解决"化什么"的问题。"化什么",要化的就是为当时社会所认可的道德行为规范即善恶标准。"为什么要化",因为在这一社会中,如果你不能接受和遵守社会的道德规范,个人就不能立足,社会也难以续存。因此,道德的社会化从源头上讲具有先在的强迫性,是对人的一种约束,是对人的物性的一种控制,是人性实现的必然超越。

从理想角度讲,道德是为了实现所有人的利益,有利于所有人的生存和生活。但是在具体的社会存在中,一部分人总是控制着社会的主导权,自私自利总在一定范围内存在,这些控制着社会运行的主导权的阶级必然干涉道德的内容,他们干涉的前提就是建立国家并通过国家机器维护自己的利益。在阶级社会中,现实的道德都是不完善的,但又是必须遵守的,否则就要付出不遵守的代价。在中国,孔孟时代就强调人的"仁、义、礼、智、信",以"五常"构建人的道德品质,"仁、义、礼、智、信"就是道德社会化的内容,这些内容是在孝亲、忠君这样的维护君王的统治利益前提下的教化。"五常"就是处理个人间的相互关系的基础,也是处理家国关系的核心。以孝治天下的封建王朝,以伦常等级为基础,由孝推论社会关系,论证君王为天下父的合理性,所以在处理个人与家国关系时,强调公而忘私、以公灭私,提倡一种整体主义道德观,要求以民族和国家利益为重,把舍己为人、公而忘私作为伟大人格的象征。直到新中国成立以后,人的道德观念仍然有着很深的"仁、义、礼、智、信"的根基,这种整体主义道德观仍然占据国家道德的主流,把为公牺牲的个人作为道德宣传的典范,可以说是传统思想的延续。

现代西方社会,在否定神权、君权天授的前提下,在平等、自由、博爱的精神感召下重建社会道德秩序,以维护个人的权益为基础,对国家存在的职能进行变革,以适应资本主义的生产方式和社会关系,推动人的生活和自由的进步与发展,是人类与专制斗争取得的历史性胜利,使道德更趋向于人的平等,不再是赤裸裸地维护统治阶级特权的利益工具。

在社会主义国家,曾经极度夸大集体和国家价值的重要性,将个人利益完全割舍给国家和民族,提倡所谓的国际主义精神,将集体主义精神从国内舒张到国外,把公而忘私、舍己为人、服从上级当作人的道德行为标准,一度导致领袖个人崇拜、个人价值低微,违反了人有实现完美自我的天性和追求,也导致了东欧剧变的必然发生。中国作为世界上社会主义运动有影响力的国家,能"一枝独秀"的根本原因在于特殊的国情,在于实事求是的态度,在于改革开放的实行。改革开放给中国社会带来了新鲜的空气,改善了人们的生活,积聚了一定的民心和民力,但是道德观念受传统和封建思想遗毒和狭隘的民族主义精神制约依然很多,这些阻碍了中国社会的进一步发展。

在阶级社会中,道德社会化就是"化"这个社会主导的、有利于这个国家统治的道德规范和行为价值体系。这些国家通过学校、家庭和社会法律等来强化个人和集体,使其服从于当时社会所倡导的道德体系。"无论哪一个社会形态,在它所能容纳的全部生产力发挥出来以前,是绝不会灭亡的;而新的更高的生产关系,在它的物质存在条件在旧社会的胎胞里成熟以前,是绝不会出现的。"①因此,在旧的社会形态没有被否定之前,都有其存在的一定合理性,其道德形态的灌输有其历史的必然性。不同形态的社会树立的道德典型代表了它的道德目标的实现,如封建社会对孔孟、包拯、岳飞等的宣传,都有着忠君、君即国的道德引导。在现代中国,对雷锋、焦裕禄以及当前推出的系列"最美人物"等道德模范的树立,就是要宣扬无私奉献、全心全意为人民服务的道德理想,把他们树立为道德的理想目标,这都与社会的发展目标紧密联系在一起。

(二)道德文化的传承和变迁过程

道德社会化的理论还要研究道德文化传承的特点和规律。在阶级社会中,道德社会化是道德文化得以传承和变迁的血脉。对一个人来说,从生至死是个体道德社会化在社会中的小循环的完结;对一个社会来说,社会作为一种虚位主体,对生活在这个社会中的每一代人和每一个人都在进行着适合这种社会存在的价值体系和行为规范的教化。道德在一个具体的社会形

---

① 马克思恩格斯全集(第31卷)[M].北京:人民出版社,1998:412.

态中,有它特殊的道德内容,同时也有为各个社会所共容的普遍的准则。社会道德文化的传承,随着社会历史的发展过程其道德的内容有所变迁,为人性所共有的东西会传承下来,代表着野蛮和落后的道德观念会被历史淘汰。道德文化传承存在两种形态:一是同一社会形态的内部传承和变迁;二是不同社会形态的道德文化变迁和传承。

在同一社会形态中随着社会的发展,尽管没有到达质变,但在量变的过程中,社会的历史道德文化,在传承的基础上也会有所变迁。中国不同的封建王朝会在大的社会结构、"三纲五常"不变的前提下传承,并局部调和统治阶级和被统治阶级之间的矛盾,降低道德的冲突,调整道德习俗。

在不同社会形态中也存在着道德传承和变迁。比如西方中世纪的封建专制社会形态向资本主义世俗社会的转变,就是用人权取代神权,用人的平等取代"人都是上帝的孩子"的平等,这就是在取代中实现传承转化。道德文化在社会中的传承和变迁不是孤立存在的,变迁中有传承,传承中有变迁。这种传承和变迁很好地维护了同一社会形态的稳定,又顺利地实现了不同社会形态的过渡,比如由封建社会过渡到现代社会。道德变迁是以生产力的发展和生产关系的变化为基础,质变将导致道德的质的变迁。道德观念绝对不是简单的自身转变,而是现实社会存在导致人的观念的转变。中国从封建社会进入社会主义社会,其道德观念代表着一种新的境界和变迁,但是同时也有历史的传承。"社会主义道德作为人类文明中道德发展的新境界,它必然要批判地继承人类历史上一切优良道德传统,并要同各种腐朽思想道德作斗争。"[①]在未来的共产主义社会,按照马克思学说,那时的人已经是道德完成了的人,那时人是高度自觉、全面发展而自由的人。社会已经消除了恶产生的现实条件,道德在共产主义社会无须宣讲。马恩认为道德是阶级社会的产物,因为有恶的存在所以才主张善,而善又是有阶级内容的,"我们驳斥一切想把任何道德教条当作永恒的、终极的、从此不变的道德规律强加给我们的企图,这种企图的借口是,道德的世界也有凌驾于历史和民族差别之上的不变的原则。而社会直到现在还是在阶级对立中运动的,

---

① 十一届三中全会以来重要文献选读(下)[M].北京:人民出版社,1987:1161.

所以道德始终是阶级的道德。"①所以马克思主义者认为,"共产主义者根本不进行任何道德说教,施蒂纳却大量地进行道德的说教。共产主义者不向人们提出道德上的要求,例如你们应该彼此互爱呀,不要做利己主义者呀等等;相反,他们清楚地知道,无论利己主义还是自我牺牲,都是一定条件下个人自我实现的一种必要形式。"②因为在马克思看来利己主义和自我牺牲不是道德说教可以改变的。存在决定意识,有点类似于中国管子所说的"仓廪实而知礼节,衣食足而知荣辱",只有消除产生自私、不道德的社会存在的条件才能改变人的不道德意识,当这种物质存在已经具备,那时也就无所谓道德和不道德了。马克思所谓的"不宣讲道德"是在道德已经完成了自己的历史使命,人已经实现了自由人联合的前提下的设想,并非否定在阶级社会的道德存在,而是防止在消除不道德的社会存在前,极端化宣扬道德功用,把历史的道德升华为永恒的、终极的、从此不变的道德规律。用意识的改变取代现实的改变,实际也是对康德抽象的道德自律的一种潜在否定,"意识的一切形式和产物不是可以通过精神的批判来消灭的,不是可以通过把它们消融在'自我意识'中或化为'幽灵'、'怪影'、'怪想'等等来消灭的,而只有通过实际地推翻这一切唯心主义谬论所产生的现实的社会关系,才能把它们消灭。"③实际上,马克思要表达的就是,当人人都认为道德的社会关系存在的时候,人的为恶的意识就消除了,道德使命也就完成,与法律、宗教、政治、国家等一样,道德也就走向消亡。

(三)角色道德的获得和扮演

道德社会化的理论最后要研究阶级社会存在的因分工而产生的角色道德,及其获得的必要性。角色道德是调整角色之间以及角色与社会整体之间的利益关系的行为规范的总和。在阶级社会中,也就是在现实社会中,除了作为一个社会成员要遵守的公共道德或一般道德外,每个具体的人在社会中都扮演着不同的社会角色,有着不同的行业身份,这就决定了人的角色道德的存在。每个人都是角色道德的扮演者,你能不能扮演好这个角色,实

---

① 马克思恩格斯全集(第20卷)[M].北京:人民出版社,1971:103.
② 马克思恩格斯全集(第3卷)[M].北京:人民出版社,1960:275.
③ 马克思恩格斯选集(第1卷)[M].北京:人民出版社,1995:92.

际就是评判人的角色道德社会化成功与否的标志。

　　道德社会化的理论在一定阶段必然涉及对人的角色道德的教化。角色是与人的一定社会职能相适应的行为模式或综合的职业特征,是占有某一社会位置的人应有的行为表现,如应尽的责任和义务、能享受的权利等。人的角色特征是在公共道德素养具备的前提下,人的职业理想实现所应具有的角色道德的社会化,是人的基本道德社会化的再社会化。实际角色是人在社会生产中的分工的表现,是全面而自由发展的人尚未实现的现实表现。

　　不同的分工导致了人的不同角色,不同的角色要求不同的规范。角色规范的获得和形成主要通过两种方式:一种是个人的自觉学习。当一个人有了自己的职业理想,实际就有了自发地接受这个角色的道德要求的动力,他可能就会自觉地受到某个行业的精英或楷模的影响,自觉地学习、模仿他的职业表现或学习这个行业的潜在素养。另一种就是社会学校教育。社会根据自身的时代需要,引导人们选择适合这个社会分工的角色,培养能够履行这个社会角色的人才,比如大学里培养的各种专业人才,就是对将来职业角色的能力和素质的培养,同时也是对这一行业的角色道德规范的教育。这样才能培养出适合自己角色特征的人才,也就是通常所说的"做一行,像一行"。

第二节　大学生道德社会化的理论借鉴

　　在人的社会化过程中,道德作为人区别于动物的显著特征,道德社会化位于人的社会化的核心地位。大学生作为家庭、民族、国家的希望和未来,其个人能否成人成才的关键就在于道德社会化是否成功。因此,大学生道德社会化的意义非同一般,事关自我、家庭、民族、国家、社会的兴盛和人类的进步。在阶级社会,人类还没有达到共融共解的境地,一个地区、一个民族、一个国家、一个社会的青年,包括大学生的道德社会化的水平和质量必然受到他所生存的区域的制约,不可能雷同,但是目标都是一致的,就是更像人一样的过人的生活。萨特引用庞杰的话说"人是人的未来"①,又说"人仍旧在形成中"②。人是一个还未完成的人的目标,现实中的人都是不完美的人,现实中的人正走在趋向人的路上。对于大学生来说,他无法摆脱他生存环境下历史的文化的影响,他的世界观、价值观、人生观的形成,必然受到自己生存处境的制约。人认识世界的能力,总是局限于自己获得的有限的信息。真理在无限发现的路上,人只有不断地批判,不断地趋向真理——这也许就是人存在的意义。因此,在国家还没有消亡的社会,一个人不管你喜欢还是厌恶,你都不能摆脱你的家族血统,不能选择你的父母,同样你也不能选择你的出生地、国家、社会和历史文化,当代大学生就必须接受与其他地方既相通又相异的道德社会化。

大学生道德社会化的理论不是孤立封闭的教化,是具有历史传承、时代意义、世界背景的活生生的人的发展史的内化。当前,我国大学生道德社会化的理论是兼采百家之长、传承历史之华、并包中外之成,具有时代性、先进性、可行性和科学性的综合理论成果。

一、中国传统道德文化的借鉴

中国传统道德文化是我国传统文化的重要组成部分。在古代中国这个重思想道德、轻自然科学的封建专制国家里,对人的思想道德的控制一直是社会政治主流势力的通行做法。由此留下的大量正、反面道德事例,是我国道德社会化的理论借鉴的有利资源。

中国民间有着爱好和平与安宁的淳朴传统,民众崇尚"和为贵"。但是,中国传统政治专制文化在历史进程中,却是战乱不断、人民疾苦,尤其是分久必合、合久必分的内战,使渴望和平的人民总是饱受战乱之苦。中国历史传统似乎显示,统治者和被统治者有着截然对立的天性,人民渴望和平、安宁、平等、自由朴素的生活,可是不少统治者却是贪得无厌,唯恐天下不乱,骄奢淫逸,无所不用其极,虐民无度。翻开有文字记载的历史篇章,可谓是

---

① [法]让-保罗·萨特.存在主义是一种人道主义[M].周煦良,汤永宽译.上海:上海译文出版社,2006:12.

② [法]让-保罗·萨特.存在主义是一种人道主义[M].周煦良,汤永宽译.上海:上海译文出版社,2006:31.

生灵涂炭,朝代更迭不过是你方唱罢我登场的丑剧,尤其在王朝末世,民众几乎在生不如死的夹缝中求生存,可是就在这样一种乱世的大背景下,却诞生了众多闪烁着人性光辉的学术主张和具有特色的东方文化。

在春秋战国时期,针对社会的混乱状况,代表着不同阶层、有着不同主张的思想家,站在自己的阶级和人类的立场,提出自己的治世主张和为人理念,形成了诸子百家学说,开创了中国历史上少有的文化繁荣局面。随着秦一统天下,为维护统治,推行"愚民"政策,焚书坑儒,到汉武帝采取董仲舒提出的"罢黜百家,独尊儒术"的主张,改造了原始儒家的思想,使儒法合流,封建专制主义取得了统一的理论形态,自此儒教成为中国传统道德主要流传形式。其间,道教和佛教在魏晋南北朝时虽有流行,但基本被儒化。封建专制社会基本以儒家宗法血缘制度为立国和社会交往的基石。按照由小及大、由父及君、由家及国的血缘宗法逻辑,实施家国同构,用家庭伦理为君国统治的合理性服务,忘私与服上相连,爱家与爱君、爱国相通,一切在根本上都是与维护封建帝王的专制紧紧联系在一起,整个政治呈现出"外仁内残"的怪相,以仁义的外表掩盖残忍的实质。因此整个中国的封建史,用鲁迅先生的话说就是一部统治者残酷压迫劳动人民的"吃人"史,充满着欺骗性和反人性的腐朽余毒。但是,朴素的民众在统治者推崇的儒家道德文化的熏陶下,却形成了"温良恭俭让"的淳朴民风,成为现代社会道德建设不竭的动力源泉。因此,在现代社会,汲取传统道德文化精神必须批判地剔除封建统治文化中的家国同构和等级特权的落后思想,以及统治者暗藏的"内残外仁"的虚假道德,在"仁义礼智信"中重新阐发和继承符合人的本性与现代的科学、平等、自由、民主、和谐的社会特点相通的内容。同时结合在民间形成的淳朴善良的民风,只有这样,才能使传统道德不至于被割裂,同时又焕发出新的生命。

传统道德文化的核心集中在以下几个方面:

(一)以"仁"为本

"仁"是儒家学说的内核,儒家的认识论、伦理学、政治学的起点和归宿都是"仁"。"仁"也是儒家其他理论概念引发的原点,因此,"仁"是儒学的理论精髓。

以孔孟为代表的儒家学说倡导"仁"道。从现代眼光来看,应该是有所批判的。但从"仁学"产生的根源看,联系孔孟所处的时代,可以看出"仁"在当时残暴的社会统治和危机的背景下,在一定程度上将人引向善良,最起码不能乱杀人,有着积极的现实意义。孔子创立"仁学"的时代背景,用马克思的理论理解就是存在决定意识。孔子提倡"仁学",不是凭空捏造,而是由于当时的社会现实过于残酷,战乱不断,民不聊生,用孔子的话说,就是礼崩乐坏,为了扭转这种乱象,故孔子倡导"仁学"。可以说,"仁学"产生于社会的"不仁"。孔子的"仁学"并不是直接的人要爱人的现代含义,他的目的与他的圣人人格的理想目标一致。他设定夏商周三代建立的宗法等级制度的先在权威,"仁"以恢复周礼为目标,提出"克己复礼为仁",企图以"名分"来纠正社会的"君不君,臣不臣,父不父,子不子"的乱象。孔子实际是站在统治阶级的立场来阐发自己对社会秩序的恢复和人格理想建构的主张,其"仁"实际与现代意义的人与人的平等之爱相去甚远,孔子的"仁"是等级之爱,即"仁"应绝对地服从等级的约定,对不同的对象,"仁"的含义不同。统治者有统治者的"仁"的标准,被统治者有被统治者的"仁"的要求,在关键时刻人为君死是"仁",人让君死就是"不仁",先天将人的价值和意义做了等级贵贱区分,反对下民弑君逆上作乱,孔子要求"志士仁人,无求生以害仁,有杀身以成仁"(《论语·卫灵公》)。"儒家所说的仁爱不同于西方近代意义上的博爱,两者之间存在着重要的差别。"① 孔子的孝亲、忠君、友朋、爱人的思想在一定程度上缓和了当时人与人之间的尖锐对立,尽管孔孟学说有其时代局限性,但是,在当时乱世暴政的情境下,孔孟无力改变时势,倡导牧人者的"仁",用现在的话说也是实事求是的。儒家"仁学"虽然为后世统治者改造和利用,变成愚化百姓的工具,但是从这个理论诞生的时代背景来说,是具有极大善心的。当时,一个知识分子的良心,在于唤醒君主去践行自己的善的主张,实施王道。"仁"以一种变体的形式在民间传承下来,为国人所倡导。

所以,现代大学生道德社会化的理论发展,离不开传统文化的土壤,不能完全否定儒学的可继承性,应该突破其等级前提,将其中鲜活的带有人性共性的善提炼出来,扬长避短,生发"仁"的现代生机,为人类所继承和发展,

---

① 尚九玉.论中国传统道德理想人格及其现代价值[J].社会科学辑刊,1999(2).

使"仁义礼智信"的人性思想重新焕发时代的生命。

（二）集体主义

在道德价值的取向上，传统道德文化强调维护血缘关系和宗法制度，强调个体服从整体，群体重于个体。封建社会讲究"溥天之下，莫非王土，率土之滨，莫非王臣"（《诗经·小雅·北山》）。古代国为帝王之家，爱国就是爱帝王的家，公而忘私其实质就是"一切为帝王服务"，把为帝王服务作为每个臣民的"公"，作为个人不可抗拒的义务，每个人只是帝王家这个巨大机器上的一个零件，没有个人的独立性和尊严，所以这里的"公"与现代社会人人平等基础上的民族、民主共和国家主导的"公"的含义有着本质不同。在汲取古代集体主义思想的同时必须分清"公"所包含的帝王统治集团的欺骗性、狭隘性和自私性。我们在否定帝王专制家天下的前提下，汲取代表着民族、民主共和国家有益于公民的公共利益，将为帝王服务的"公"，转化为为人民服务的"公"才是关键。

传统道德文化注重整体利益、国家利益和民族利益，强调对社会、民族、国家的责任意识和奉献精神，蕴含着丰富的为公而忘私的奉献精神。"公私之辨"是中国传统道德发展的一条主线，把"公"作为道德的最高标准。"公家之利，知无不为"（《左传·僖公九年》）。《诗经》里有"夙夜在公"（《诗经·召南·采蘩》），《尚书》中有"以公灭私，民其允怀"（《尚书·周官》），贾谊《治安策》中有"国而忘家，公而忘私"、"以国事为己事，以国权为己权，以国耻为己耻，以国荣为己荣"①，这些言论都显示了为国家、民族而献身的精神。

（三）义利之辨

在传统道德文化中，义利处于道德生活的一个重要位置，其牵涉到人与国家、社会、集体的关系，也牵涉到人与人的关系，是一个人日常生活的问题，在对待人己关系上具有"重义轻利"、"贵义贱利"的倾向。传统道德文化中义与仁的关系：仁是逻辑上在先，义由仁生，仁是义产生的基础，无仁则无义，仁是大全，义是仁在现实中的具体体现，义表现为现实中的具体原则。义利关系实际反映了道德和人欲的关系、理性和感性的关系。利是有益于人欲，是感性的，而人欲有时是和义不相容的，因为道德规范是理性的，于是

---

① 梁启超.饮冰室合集（文集之三）：爱国论[M].中华书局，1899.

导致矛盾。因此,如何决断义利,怎么舍利取义,这是传统道德文化非常关注的一个社会问题。

何为义?"义者正也"(《墨子·天志下》)。那么何为正?这里所谓的正义都是被当世所接受的行为准则,所谓的正义具体就是对封建的"三纲五常"的遵守,"义者,君臣上下之道,父子贵贱之差也,知交朋友之接也,亲疏内外之分也"(《韩非子·解老》)。义行和得利的多少无关。"非其道,则一箪食不可受于人;如其道,则舜受尧之天下"(《孟子·滕文公下》)。实际上这里的道就是当时符合礼的要求。所以义利之争的关键不是利,而是如何确立义,如何建立让人信服的义的行为规范。传统道德并不反对人趋利,反对的是以不义取利。如果合义,舜受尧之天下不为过,如果不义,则一箪食之利不可受于人。董仲舒也肯定了义与利相互依存的关系:"天之生人也,使人生义与利。利以养其体,义以养其心。心不得义不能乐,体不得利不能安"(《春秋繁露·身之养重于义》)。针对义利关系的论述,就是要表明人的欲望的利的实现是要遵循一定社会道德规范的,要求人做到"见利思义"、"义然后取",那么这种要求人追求利益的行为合乎一定规范的要求,在现实的社会主义道德建设中也有借鉴的意义。

(四)忠信原则

传统道德文化包罗万象,很多概念相通又相异,所谓的忠孝节义、仁义礼智信等都是如此。"忠"在封建帝王统治下是一个非常重要的伦理要求,是维护封建上下尊卑等级的一个重要的政治概念。忠的核心是对君王和君王帝国的忠,就是要忠君爱国。忠的本质就是服从于自己忠的对象,要忠而忘私、忠而忘死,"临患不忘国,忠也"(《左传·昭公元年》)。

"信"相对来说应用较为宽泛,可用于上下级也可以用于平级之间。"与朋友交而不信乎?"(《论语今解·学而第一》),"信者何?不妄之谓也"(《陆九渊集·拾遗·主忠信》)。"信"更强调在日常交往之间人们的诚实守信。"人而无信,不知其可"(《论语·为政》),强调"信"为人日常生活的根本,"信"就是言行一致,说到做到是做人的基本要求。

中国历史绵长,文化底蕴深厚,尤其在春秋战国时的诸子百家的思想中,孕育着大量的先进文化因子。这些思想中蕴含着丰富的道德内容和教化方式,尽管由于道德的历史局限性和阶级狭隘性,这些在特定的社会和特定的历史阶段诞生的道德思想有其落后和腐朽性,但是并不能因此就取消其历史的传承性。任何时代的道德都是由对前代社会道德的改造和继承形成,即使是全盘的否定也是在实践基础上的否定。因此对道德社会化的理论的研究,必须批判地汲取历史的文化营养,去伪存真,古为今用,为当代道德社会化的理论研究和实践提供借鉴和启迪。

二、西方道德社会化理论的借鉴

西方哲人苏格拉底认为"知识即德性,无知即罪恶",开启了西方关于善的研究的源头。"苏格拉底以前的哲学是自然哲学"①,苏格拉底的兴趣也主要集中于对自然哲学的探究。对科学的天生的兴趣,促使西方的人文意识在科学的指引下,继文艺复兴之后有着突飞猛进的发展,诞生了大量的人文科学,占据了人类进步发展的中心,走在了世界的前列,为现代人的道德社会化的理论研究提供丰富多彩的科学支撑。

在道德领域,经由基督教哲学进一步发展起来的近代形式下的柏拉图主义以至黑格尔,西方哲人大多认为普遍性高于特殊性,本质高于现象,理念高于感觉,以追求超现象的本质、超感觉的理念、超特殊性的普遍性为最高的哲学任务和人的最高智慧。他们一般认为"至善"在先天理念中,后天只是恢复唤醒心中的善,所谓"江山易改,本性难移",道德上都带有一定的禁欲主义倾向。其中,亚里士多德在对待苏格拉底与黑格尔在对待康德的态度上相似,亚里士多德和黑格尔都认为理性应与情欲结合。从古代到近代,中西方社会在善的追求上,大多认为人性先天善,善具有普遍的先在性。

近代西方存在着两种比较有影响力的人性主张。一种是洛克的"白板说",认为人性就像一块白板,是"没有任何特征的一页白纸……之所以或好或坏,或有用或无用十分之九是他们所受的教育决定的"②,认为人的善是后天教育的结果。另一种是卢梭的学说,他在《爱弥儿》中认为人天生是善的,人"以天性为师,而不以人为师",人要"成为天性所造的人,而不是人造成的人"。他说,"万物由上帝初创时都是善的,一旦落入人的手中就开始变坏

---

① 苗力田,李毓章.西方哲学史新编[M].北京:人民出版社,1990:52.
② [英]洛克.教育漫话[M].北京:人民教育出版社,1985:24.

了",教育的首要目的是保护这种善的本性。洛克的学说与告子的主张有相通之处,卢梭的主张与孟子的有相通之处。

现代西方,在心理学发展的背景下,现代社会道德社会化的理论取得长足进步。以弗洛伊德为代表的心理分析学派把人的发展的源头和驱动力定位于人的本能,而以华生为代表的行为主义学派则认为人完全是环境刺激的产物。二者分别被一些学者批判为极端的生理心理决定论和环境决定论者,认为心理分析学派强调人的本能,把人降为动物的行为主义,而环境决定论强调把人等同于机械,二者都忽视了人的主观能动性和情感。人本主义学派代表人物马斯洛反对弗洛伊德和华生的狭隘理论,认为弗洛伊德将精神病人的研究结论推论常人和华生用对动物和儿童的研究结论推及成人都不具有普遍有效性。他认为心理学应该研究正常人和人类异于动物的高级体验,即真正属于人性层面的问题,认为人性本善,具有追求卓越、高超、完美的潜能,属于潜能实现论者。同时在西方社会还有道德认知发展论、内化论和折射论等都是从不同角度论述人的道德社会化和人格形成的影响因素,而不是关注人的道德的先天和后天的问题,从结果上看属于道德后天形成论,对道德社会化的影响因素关注的侧重点各有不同。认知发展论的主要代表是瑞士心理学家皮亚杰和美国学者科尔伯格,认为人的道德发展和人的认知水平是相关的,道德发展伴随着人的智力的发展。内化论和行为主义学习论有相似之处,都倾向认为人天生是一块白板,其人格是后天形成的,是社会习得的,不同点在于行为主义倾向于个体心理角度阐释,而内化论倾向从社会影响的角度说明人的道德品格的形成。折射论认为内化论过于强调外部社会的影响,忽视了人的本性,认为一个因素对另一个因素的影响是以后者的内部条件为影响,并通过这个内部条件折射出来的,所谓的内部条件就是个体已有的特性,是个性发展的产物,即此前形成的个性,但是折射论者对此没有很好的交代。

每种理论在人的人格和道德品质的形成过程中,都有其合理性。特质论强调外部环境的有限性,精神分析论为人的道德发展企图揭开原动力,人本学指明人的价值目标,认知论是为在现实面前如何达到自己目标提供解释,揭示了人在道德社会化中从盲目到自觉、由被动到主动的过程。要全面了解人格、人的道德品格的形成,需要将上述理论综合起来,因为人的道德品质的形成和人具有的主观性和现实环境的客观性都有着不可或缺性,离开客观环境,人的存在都成问题,何谈人的道德品格;而没有人的意识和精神,人如动物一样,又如何能形成异于动物的精神品质? 因此,人的一切都是天性和客观环境的对象性活动的结果,偏其一方,都不可能解决人的全面发展问题。

上面的论述告诉我们,西方社会道德社会化的理论,从古希腊或者中世纪的道德社会化目的来说,主要是为了维护社会的等级秩序,利用灌输和说教的方式,强迫让人接受当时、当世的社会道德。主要是告诉人要怎么样,很少能够告诉人为什么要这样,缺乏对道德社会化的个体在生理和心理方面的科学研究,完全是从统治需要来设置道德内容,以宗教仪式或者社会习俗形式传教,并通过舆论强制的力量和羞恶感来约束人的行为。进入现代社会的西方,随着科学的高度发达,生理学和心理学的兴起,给道德社会化的形式和内容提供了深层次的支撑,开始揭示人的道德精神现象存在的生理和心理根源,使人们对道德品质形成的渊源、机制、过程及影响因素有了更加科学细致的了解。当前,我国对大学生进行社会主义道德教化,就必须研究和借鉴西方发达的道德社会化的教育理论,尤其是以心理学研究成果为支撑的现代的道德社会化的理论。

(一)心理分析学派理论

弗洛伊德(1856—1939)是心理分析学派的创始人。他认为人的所有行为都有其心理原因,由心理本能驱动。弗洛伊德将人的人格结构分为本我、自我、超我三个部分①。实际是按照非理性——理性——德性这样的理论来建构人,表明的实际是人的自然性本我,即感性的人的欲望是人的活动的原始驱动,现实性是理性的我,是本我与他人和自然之间需要的调节者。本我下达命令,自我运用理性寻找实现命令的方法,无法实现便给予压抑为潜意识,超我是有所为有所不为的德性。弗洛伊德的理论也说明了道德超我来源于人的实践的论断,本我本无善恶之念,自我是理性功利之我,尽量为本我找到实现其欲望的途径和方法,只有超我会评判自我这样做该不该。弗洛伊德认为,超我的存在是来源于父母对孩子行为的评判和约束。慢慢这

---

① [奥地利]弗洛伊德.弗洛伊德文集(6)[M].车文博.长春:长春出版社,2004.

些权威的约束形成孩子的内部行为规则,弗洛伊德称之为"良心"。这种良心是有历史性的,因为父母影响孩子的良心也来源于自己的父母或其他榜样、权威的影响,因此良心是历史传承的产物,是所在社会公认的价值观。弗洛伊德的观点具有创新性,使人关注无意识在人格发展和人格结构中的影响作用。

(二)行为主义学习理论

弗洛伊德的泛性论(人的生理心理本能决定论)受到广泛的怀疑和反对,行为主义学习理论的创始人华生(1878—1958)提出人的行为是对环境刺激的反应,"行为主义研究的行为可以分解为单元,那就是刺激——反应(S—R)"[①],但是这种理论忽略了人的先天潜能和人的主观心理因素,把人当作机械的行为锻造的对象,走向极端的外因环境决定论,因此也被认为是荒谬的。阿尔伯特·班杜拉(1925—)拓展了这一理论。他从考虑人的动机和情感因素对外界刺激的影响,认为人的认知活动,影响着人的行为模式和道德人格的形成。该理论对道德社会化的启示是:外在的教育对人的道德形成是至关重要的。

(三)人本主义自我实现论

心理分析理论和行为主义学习理论,从人的本能和外在环境两个角度,都是极端地研究了人的人格和道德形成的影响因素。本能论把人变成了动物,外在环境决定论将人变成了机械物,把人不同于物和机械的人本身的情感和需要给切除了。因此,以马斯洛(1908—1987)为代表的人本主义学家们,为了克服以上学说存在的弊端,实现人的价值,提出要建立新的理念。他们反对弗洛伊德将精神病人的状况研究成果推及常人,也反对华生把对缺乏判断和自控能力的孩子和动物的研究结论推广到成人,认为研究应该重视对正常人的研究,把研究人异于动物的各种体验和成就作为人性的基础。马斯洛等人本主义理论为人的价值的确立和在道德社会化过程中如何实现人的价值提供了方向。

---

① [美]约翰·华生.行为主义导读//行为主义[M].李维译.北京:北京大学出版社,2012:6.

（四）认知发展论

以瑞士心理学家皮亚杰（1896—1980）和美国学者科尔伯格（1927—1987）为代表的道德认知发展理论认为，个体道德社会化涉及道德认知、道德情感、道德行为等层面。认知发展理论主要是从道德社会化的过程，研究道德社会化现象和道德人格形成的影响因素，从而让人从这些分析中找到适合的切实的道德社会化的途径和方法。他们的理论不是类似于心理分析理论和人本主义理论那样从根源上分析道德形成的基础，如本能等。他们更多地研究的是影响道德形成和接受的现象。对道德观念的接受，皮亚杰认为取决于人在成长过程中积累形成的认知结构。当新的知识获得时，原有的认知结构会将其纳入自己的结构，这种现象被称为"同化"。如果不能纳入原有认知结构，人将改变自己的认知结构，这种现象称为"调试"。皮亚杰将儿童的道德发展分为两个阶段：他律阶段（heteronomous stage）和自律阶段（autonomous stage）。他认为 5～8 岁的儿童只能对依靠权威的态度和行为的结果来判断行为的对错，属于他律阶段，注重行为结果不考虑动机，故而称为道德现实主义（moral realism）。约从 8～9 岁开始，儿童开始有了自己的预判能力，不再盲目服从，认识到道德的相对性，看行为不仅考虑结果，同时还要考虑人的动机，属于自律阶段。除看行为结果外，也考虑人的行为动机，故而称为道德相对主义（moral relativism）。

美国心理学家科尔伯格也从道德认知角度，提出三水平六阶段道德发展理论。包括前道德规范水平（pre-conventional level）的惩罚与服从的定向阶段和功利性的相对主义的定向阶段；顺从习俗规范的水平（conventional level）的好孩子或好公民的定向阶段和维护权威与社会秩序的定向阶段；道德自律水平（post-conventional level）的社会契约的定向阶段和普遍的道德原则的定向阶段[①]。

以上这些西方典型的以心理学为基础的科学研究，使人们对道德品质形成的渊源、机制过程及影响因素有了更细致的了解。在我国现实的大学生道德社会化进程中，应该有效汲取这些科学理论，并在实践中运用和发展这些理论。

---

① 李萍,钟明华.文化视野中的青年道德社会化[M].广州:中山大学出版社,2003:72.

三、马克思主义经典理论的借鉴

马克思的唯物史观一直受到国内外某些学者的曲解。他们误解了历史必然性与人按规律实践的自由性的关系。规律是客观存在,但是利用规律实现人的价值选择,是人存在的实质。马克思从来没有因为规律而否定人的能动性。消除人是历史的主体的事实,历史必然性不是自发实现的,必须是人的实践的结果,实践的过程不可能排除道德价值或人的正当需要的指引。人的存在绝不是为规律而规律,而是选择适合人类的规律——满足有益于人的自由而全面发展的需要的存在。人类历史是一个自由奋斗的过程,掌握历史的必然性,是实现马克思自由而全面发展的人的道德价值目标的前提。

(一)马克思主义对剥削阶级道德的批判

马克思从不把道德挂在自己的嘴上,不以一个说教者的虚弱的良心来卖弄自己的善良。他是一个追求平等、自由和人类解放的革命家,他是站在人类立场说话的思想家。他认为解决人类的问题必须从解放最底层的人——无产阶级开始。任何等级特权的存在都说明这个社会是虚假的道德社会,不管它表面看来多么富有人情味,但是骨子里埋藏的是"吃人"的本性。马克思是一个让一切等级特权者丧魂落魄的勇士。他挑战一切世俗的权威和等级的霸道,要实现一切人的自由平等和全面发展。世界至今还没有谁像马克思那样吹响为最底层人的解放而彻底战斗的号角,为着全人类的解放而耗费自己的一生。凡是愤恨马克思的人大多都是想要维护自己拥有的压迫人的一丝权力,不管是来自于政治的、经济的、文化的、社会的、团体的、家庭的一切的权力。所以马克思反对一切剥削阶级形式的道德,因为这些道德是虚假的止痛剂,只能麻痹不能根治人类相互剥削、压迫的命运。他的目标是实现一个联合体:"在那里,每个人的自由发展是一切人的自由发展的条件。"①

对人类的平等的爱是马克思战斗的、批判的、革命的、精神的灵魂,西方学者认为马克思唯物史观是道德的空场。《道德百科全书》中的有关条目

---

① 马克思恩格斯全集(第39卷)[M].北京:人民出版社,1974:189.

"马克思的道德理论"①,该条目断言:马克思的理论"把道德、'义务'取消了"②。这是对阶级道德认识的传统的反映,实际他们不能识别或者故意回避马克思最深远的真正人的道德伦理思想,因为他们意识到马克思的道德与现实道德的异质性——是抛弃剥削阶级道德虚伪的人类的道德,于是谎说马克思的理论是人学空场,是纯自然式的科学。"我们断定,一切以往的道德论归根到底都是当时的社会经济状况的产物。"③不是真正的人的道德,"只有在不仅消灭了阶级对立,而且在实际生活中也忘却了这种对立的社会发展阶段上,超越阶级对立和超越对这种对立的回忆的、真正人的道德才成为可能"④。马克思对资本主义社会和一切剥削阶级社会黑暗的无情批判,对赤贫的最底层的工人的无限同情,正体现了他与众不同的大爱——为了实现一切人的平等、自由和幸福,他为此战斗了一生。从马克思的理论研究及其理论指向与实践的目标中,可以看出马克思是一个具有人类道德情怀的人。他不是站在狭隘的阶级立场,为狭隘的阶级的利益辩护的狭隘的道德论者。因此在阶级社会中,在阶级还没有灭亡的社会中,在自己的道德理想还只是理想的时候,在有人还没有得到解放的时候,他的任务是去改变世界,改变现实阻碍人实现真正人的道德条件。推翻剥削阶级的统治的革命实践是最大的道德行为,这才是实际的道德,而不是去与大家谈什么相濡以沫的剥削阶级的虚假道德,那是可怜的悲伤的道德,不是人的真正的道德。因此马克思学说不是道德的空场,是真正人的道德的开端——为了全人类的解放。"无产阶级的利益代表、包含了全人类的利益。"⑤也许他的道德理想过于理想,使胆小的自私的狭隘的剥削者,宁愿死守自己的眼前的自私的罪恶的利益,也不愿去实现这个平等的人人自由的世界的目标——"每个人的自由成为一切人的自由的条件"。也许这就像科学探索的难题一样,太难了,使一些意志不坚者在半路不愿放弃自己所占有的利益和压迫人的欲望,偏离这个学说指引。或者一些具有贪婪的野心的暴君,狡猾地捕捉了马克

---

① 弗吉利亚斯·弗姆.道德百科全书[M].长沙:湖南人民出版社,1988:271—276.
② 苏晓离.评对马克思道德思想的一种曲解[J].长沙:哲学研究,1992(10):16.
③ 马克思恩格斯选集(第3卷)[M].北京:人民出版社,1995:435.
④ 马克思恩格斯选集(第3卷)[M].北京:人民出版社,1995:435.
⑤ 吉塔连科.马克思主义伦理学[M].北京:中国人民大学出版社,1984:41—42.

思理论的强大的组织力,挂羊头卖狗肉,打着解放人的旗号,行奴役他人的本质,使马克思学说在历史中受辱,完全背离了马克思反对一切剥削阶级等级特权,实现所有人的自由平等的学说本质,甚至有些地方把马克思学说,异化成专制的新工具,当成是对付西方民主的代替腐朽的封建专制的新的专制武器,完全背离了马克思学说的解放人的道德品质。因此,对马克思道德理论的认识和研究,必须跳出被圈定的现有的阶级道德认识的狭隘限制。

马克思的道德观是与传统的阶级道德观迥异的全新的人类未来的道德观,是经历了其早期的从传统的抽象的人性论的道德阶段,飞跃至超阶级的历史唯物主义的道德观。用共产主义的理想和共产主义社会人的自由平等的实现,消除了人的恶的意识产生的社会存在条件,实现了善的普遍存在。人人都成了道德的人,于是无须再言说道德。马克思认识问题的核心就是社会存在决定社会意识,即存在决定意识。在他的世界观中没有有神论或者无神论,因为在他的唯物世界中,没有神的存在,因此也没有神的意识存在,所以没有有神和无神这样的意识之争。有神是针对无神提出来的。因此,当社会存在无恶的条件存在时,也就不存在善的刺激,所以马克思的价值观是超越唯心和旧唯物主义的道德观,是旧的意识难以领悟或者故意回避的价值观。马克思所讲的共产主义者不宣讲道德,实际包含的意义就是在共产主义社会恶已经消除,善已经普遍存在,而无须宣讲。

(二)马克思主义学说的道德观

那么,在现实面前,马克思提倡的是什么样的道德,马克思学说是否在共产主义实现前就否定道德的存在。"现在代表着现状的变革、代表着未来的那种道德,即无产阶级道德,肯定拥有最多的能够长久保持的因素。"①可见,马克思学说并没有因为道德的理想性就排除道德的现实性,就现实来说,代表着未来的那种道德是无产阶级道德。站在革命的角度历史地看待道德,他们反对的是杜林梦想在阶级社会没有消灭的情况下用所谓的终极道德来取代现实社会的道德。"一切以往的道德论,归根到底都是当时的社会经济状况的产物。而社会直到现在是在阶级对立中运动的,所以道德始

---

① 马克思恩格斯选集(第 3 卷)[M].北京:人民出版社,1995:434.

终是阶级的道德;它或者为统治阶级的统治和利益辩护,或者当被压迫阶级变得足够强大时,代表被压迫者对这个统治的反抗和他们的未来利益。"①杜林的想法只能是幻想,所以恩格斯坚决地说:"我们拒绝想把任何道德教条当作永恒的、终极的、从此不变的伦理规律强加给我们的一切无理要求,这种要求的借口是,道德世界也有凌驾于历史和民族差别之上的不变的原则。"②即使是无产阶级道德,也不属于未来的终极道德,也不是马克思所要表达的道德,无产阶级的道德不能取代无阶级社会的道德,它只是走向真正的平等的、真正的人的道德的过渡,无产阶级专政"不过是达到消灭一切阶级和进入无阶级社会的过渡"③。马克思从来不认为解决人的问题的根本是对人进行道德的说教。道德的实现是要通过现实的改造,消除产生不道德的现实条件。而造成人的不道德的根源是生产力的低下、私有制以及私有制导致的人的等级和异化劳动的存在。私有制和剥削在生产力低下的情况下有其社会存在的历史必然性和进步性,但是当生产率高度发达时,私有制和剥削就是阻碍人的自由全面发展的障碍,也只有在这个时候才具有破除一切剥削阶级社会产生的恶的前提。"资产阶级不会自动退出历史舞台"④,只有革命取得政权才能实现自己的道德理想。马克思学说认为,道德蕴含在革命的唯物史观的理论中,革命是实现人的真正道德的前提。马克思未创作独立、系统的道德理论或伦理学学说,但是不能就此否认马克思对人的终极关怀,不能将马克思的理论降低到简单的"经济决定论"的范畴,把马克思的唯物史观沦为"宿命论",是对马克思学说的低级认知或者是故意怀有恶意的贬低。马克思的辩证唯物史观决定了马克思的学说不可能是独断论或者是决定论,"一切都在运动、变化、生成和消逝"⑤,决定了他的学说是开放的发展的学说,同时包含了最深刻的道德学说。

　　马克思主义唯物史观从其创立到不断发展,自始至终都融汇着深厚的

①　马克思恩格斯选集(第 3 卷)[M].北京:人民出版社,1995:435.
②　马克思恩格斯选集(第 3 卷)[M].北京:人民出版社,1995:435.
③　马克思恩格斯全集(第 28 卷)[M].北京:人民出版社,1973:509.
④　建国以来重要文献选编(第 17 册)[M].北京:中央文献出版社,1997:46.
⑤　马克思恩格斯选集(第 3 卷)[M].北京:人民出版社,1995:733.

道德维度,且这种道德维度不断地从抽象向科学发展、演化。[①] 在现实中,高扬个性解放和自由旗帜的资本主义,实际却以资本主义利己主义及"金钱"道德为主导。这样的道德悖论也引发了马克思和恩格斯对资本主义制度的批判和对道德相关问题的思考。在共产主义社会实现之前,马克思理论中的道德思想,即无产阶级道德在马恩思想中主要体现在人的自由而全面发展、平等、博爱这几个方面。共产主义道德对共产主义社会来说这是一个矛盾的说法。因为共产主义社会是对私有制社会的扬弃,是实现了人的自由而全面发展的社会。"这种共产主义,它是人和自然界之间、人和人之间的矛盾的真正解决,是存在和本质、对象化和自我确证、自由和必然、个体和类之间的斗争的真正解决。"[②]已经没有不道德的人,道德和人合一,因此在共产主义社会无须宣讲道德。要说道德只能说无产阶级的道德,因为无产阶级专政还处于阶级社会的阶段,在其斗争历程和向共产主义社会过渡阶段,他的道德观念代表了最先进的阶级道德,但无产阶级道德并不是真正人的道德,也有其否定性,最终要走向真正的人的道德社会——无阶级的共产主义社会。

(三)自由是马克思道德学说的核心概念

马克思愤然疾呼:"自由确实是人的本质,因此就连自由的反对者在反对自由的现实的同时也实现着自由……是人类精神的特权"[③],"没有一种动物,尤其是有思想的人,是戴着镣铐出世的"[④]。因此,道德的社会,必然是自由人的社会。马克思对资本主义社会异化劳动的抨击,对资本主义拜物教的控诉,对私有制的批判,以及他的一切理论学说研究和革命实践只有一个目的,就是解放全人类,实现人的自由全面发展。因此,是否维护人的自由和全面发展也就成了无产阶级专政国家的行为是否道德的根本标志。

(四)平等是实现真正人的道德的前提

"马克思的社会主义是立足于社会平等的基础上,包括了所有人类创造

---

① 余京华.马克思唯物史观的双重维度——科学性与道德性的统一及其研究意义[J].巢湖学院学报,2009(5).
② 马克思恩格斯全集(第3卷)[M].北京:人民出版社,2002:297.
③ 马克思恩格斯全集(第1卷)[M].北京:人民出版社,1995:167.
④ 马克思恩格斯全集(第1卷)[M].北京:人民出版社,1995:171.

性劳动的形式,提出了'每个人的自由发展是一切人的自由发展的条件'的社会理想,因此他能为很多人所接受。"①在马克思、恩格斯看来,一切阶级社会都是以不平等对立状态存在的,但是这些不平等的对立状态有其社会存在的现实基础。因为这些社会的生产力相对低下,无法满足人人生活幸福的要求,这种不平等是和社会落后的经济生产方式相适应的。"这个内容,只要与生产方式相适应、相一致,就是正义的;只要与生产方式相矛盾,就是非正义的。"②然而,马克思并不尖锐批判在这种低级经济的社会形态中的人的行为表现,"我不用玫瑰色描绘资本家和地主的面貌。不过这里涉及的人,只是经济范畴的人格化,是一定阶级关系和利益的承担者。我的观点是把经济的社会形态的发展理解为一种自然史的过程。不管个人在主观上怎样超脱各种关系,他在社会意义上总是这些社会关系的产物。同其他任何观点比起来,我的观点是更不能要个人对这些关系负责的"③。他认为这种不道德有其现实的存在因素,不能通过说教来改变或消除这种状况,要想消除必须具有物质基础,在资本主义社会,工业化大生产的背景下,在科学高度发达的前提下,此时对那些不愿退出历史舞台的剥削者就不仅要进行道德上的批判,而且要进行武器的批判,而进行这个批判的主体就是无产者。所以"工人阶级的解放斗争不是要争取阶级特权和垄断权,而是要争取平等的权利和义务,并消灭任何阶级统治"④。可见,无产阶级取得政权的目的,与历史上取得统治权的剥削阶级不同,剥削阶级的统治是构造压迫和剥削人的等级制度,维护自己的阶级特权,而无产阶级取得政权不是要抢夺剥削的统治权,而是实现一切人的平等权,用无产阶级的暴力去克服一切剥削阶级的暴力,通过改造剥削阶级,实现人的自由平等,最终消灭阶级,建立自由人的联合体。

因此,自由、平等对高度发达的生产资料的共同占有,是马克思的最高道德和人的社会目标。对自由、平等的行为判断是大学生道德社会化的价

---

① [加拿大]罗伯特·韦尔,[加拿大]凯·尼尔森.分析马克思主义新论[M].北京:中国人民大学出版社,2002:52.

② 马克思恩格斯全集(第25卷)[M].北京:人民出版社,1974:379.

③ 马克思恩格斯全集(第23卷)[M].北京:人民出版社,1972:12.

④ 马克思恩格斯全集(第44卷)[M].北京:人民出版社,1982:572.

值目标。马克思的自由而全面发展的人的目标是每个人的现实道德行为判定的标准。因此,在当代大学生中要充分弘扬马克思的道德学说的精髓,在社会主义道德教育中,加强一切人平等的自由的教育。

第三节　大学生道德社会化的发展沿革

在中国现行体制下,道德是随着政治气候的变化而被强制变化的,社会力量的制约职能相对较弱。1949年新中国成立初期,中国社会发生了本质性的变化,"经济复苏,政治清明,秩序稳定,人民团结,社会风尚和道德水平显著提高"①,为国家和社会发展提供了一个良好的基础,可惜好景不长,"以1957年为转折点,整个社会逐渐陷于紧张、痛苦、匮乏、沉默、贫穷以至到最后的'史无前例'的动乱之中……"②在此背景下,大学生道德社会化的举措从政府层面来说处于混乱不清状态,直到1979年改革开放,才逐渐纠正和扭转这一局面。改革开放后,随着高考制度恢复,大学的秩序才重新恢复,大学生道德社会化才进入相对正常的区间。改革开放近40年来,我国不断加强道德建设,取得了可喜的成就。进一步梳理发现当代大学生道德社会化过程中,整体看在道德意识和道德价值方面经历了四个时期。

一、意识觉醒期:20世纪70年代到80年代初期

"文化大革命"期间,道德和道德社会化走向人的发展的反面,大学生的道德以及接受道德的社会化途径都被扭曲和颠倒。在"文革"结束后,整个社会开始反思和重新认识集体主义道德和个人崇拜等具有封建形态的观念,剖析披着马克思主义外衣的"文革"动乱的原因。人们对盲从和真理的标准进入反思阶段,认识到社会的进步绝不能依靠一场疯狂的思想运动;再理想的制度,不通过生产力和人的自由发展就不可能实现。在没有消除不道德的现实条件之前,光靠批判、压制只能带来社会灾难。以十一届三中全

---

① 李泽厚.中国现代思想史论[M].天津:天津社会科学院出版社,2003:177.
② 李泽厚.中国现代思想史论[M].天津:天津社会科学院出版社,2003:178.

会为标志的中国现代化的开始,高考制度和社会秩序的恢复,才使大学校园重新焕发了生气。1983 年 3 月 20 日晚,北大学生们在爱国主义为主体的熏陶下,喊出的时代最强音仍然是"团结起来、振兴中华"①,但也应感觉到,学生已经开始认识到人的存在和发展是社会发展的前提,个人意识开始觉醒。

二、冲突迷茫期:20 世纪 80 年代中期到 90 年代初期

改革开放以后,高校的道德教育者和大学生们开始思索道德与政治、道德与生命、道德与人、道德与经济等的关系。大学生的道德意识和思想从传统的和共产主义道德的说教中慢慢觉醒,开始思考:什么是社会主义,社会主义的优越性到底在哪里;社会主义道德的本质特征到底是什么,贫穷是不是社会主义的特征;传统的道德精神有没有继承的价值,如果继承应该怎样破除传统道德的等级专制、取消个人独立性的奴性化教导等。这一阶段,国家开始对政治、经济、科学、文化、教育等政策进行一系列改革,开辟了 20 世纪 80 年代社会经济文化,包括道德繁荣的新篇章。1980 年,《中国青年》第 5期上刊登了潘晓的《人生的路啊,怎么越走越窄……》的文章,其中"主观为自己,客观为别人"这一论题,引发了关于人生价值问题的大讨论,表明了当时大学生对绝对的或者是异化的集体主义的一种反思和对个人与集体的价值的统一的意识苏醒和迷茫困惑。1982 年,第四军医大学学生张华因救一位老农牺牲,引起社会和大学生的热议。这场热议本身的价值不在于张华应不应该救人,而是大学生不是简单机械地去遵从道德的约束和个人的意识,已经重新开始道德判断的思考,这种在阶级论的绝对牺牲的道德教导下属于反叛的思想已经开始在当时的大学生中蔓延开来。党的十一届三中全会以后,决定把全党工作的重点转移到社会主义现代化建设上来,1988 年年初的"蛇口风波"实际触及了一个金钱和道德的关系的问题,大学生们已经逐渐意识到私人拥有财富是"自私、不仁、不道德"的这种思想的弊端,开始考虑要对人的个性、创造精神的尊重和个人物质需要的满足,激发人的创造财富的能力,不断发展生产力。该时期的大学生道德状况,总的来说还是以理想的集体主义、爱国主义原则为主,但是个人价值、自由和存在意义却处

---

① 　http://www.hist.pku.edu.cn/news/Article/ShowArticle.asp? ArticleID＝957

于觉醒和迷茫之间的状态。

三、调整务实期:20 世纪 90 年代初期到 90 年代末

随着改革开放的进一步深入,国内外形势都发生了巨大的变化。大学生的心理与思想意识随着市场经济的搞活、制度的变化和与西方世界的接触的增多,发生了前所未有的变化。传统的重义轻利、家国集体主义的道德思想和新中国成立后的共产主义道德理想,在打开世界这扇窗之后,逐渐受到个人主义、拜金主义、资本主义的观念冲击,并在大学生中产生巨大的影响。同时,在追寻个人价值方面,大学生的自我意识逐渐强烈,个人理想由原先的大而高的注重政治层面演变为小而实的重视自我利益的追求,即更多关注在社会中的自身切实利益,政治观念逐渐淡薄,由原先传统的政治理想主导人生,逐渐转变为以个人价值实现为主的务实态度。在个人的生活方式、行为习惯和婚恋观上,道德认知发生了本质变化。在个人自由的思想引导下,大学生在对待男女关系上开始在个性自由的权利意识主导下公开表达自己的情感;在公私利益上不再主张绝对的奉献和无私,而是在不危害社会的基础上更多注重维护自身利益。在 20 世纪 90 年代,大学生的思想在传统的道德意识与大公无私的社会主义道德之间批判地转变着。市场经济强调的个人意识、自由、价值在觉醒和成长,同时贪污腐败、个人主义、享乐主义、拜金主义等负面道德现象不断滋生。此时国家与公民、集体与个人、公利和私利处于复杂的调整时期。"正在形成的新关系的形式,它们同旧关系的互相交错,有时是异常奇妙的结合——所有这些使过渡时期的生产关系成为一种复合体。"①

四、多元发展期:21 世纪初到现在

大学生是一个有着丰富的时代感和极为敏感的社会群体。随着新世纪政治经济和科技的发展,人的生活和交流方式进入了一个质的变化阶段,旧的生活方式逐渐被新的生活方式更新或取代,大学生普遍表现出了不同于传统的思想道德意识和行为。随着西方价值观念的渗透以及国内社会主义

---

① 列宁全集(第 60 卷)[M].北京:人民出版社,1990:306.

市场经济体制的建立和不断完善,多元化格局的国民经济所有制经济形态的存在,促成个人人生选择及实现人生价值的手段呈现出多样化的特点,当代大学生逐步形成了多元化的价值观。总体来看,21世纪大学生主流价值观健康,成长成才愿望强烈,但是面临的道德问题也是层出不穷,道德建设的任务刻不容缓。大学生具有极高的爱国热情,但是不再把爱国主义挂在嘴上。"空谈误国、实干兴邦",他们更注重自我的学习和修养,提高自己的科学文化素质,不断释放自己的正能量,努力实现自我。他们乐于奉献社会,但部分大学生也显得焦虑、浮躁,在道德方面呈现出理想信念不强,自我意识突出,功利思想严重,贪图享乐加剧等问题。在男女情感方面不再是传统的羞涩、含蓄、委婉、隐蔽,而是变得大方、直白、直露、公开,有时会表现出极端个人主义倾向。他们改变了传统的择业和就业观念,对成功的理解更加宽泛,经商、创业、出国等均成为他们具体的选择,以求获得现实的利益。受拜金主义影响,一部分大学生把获得财富当作成功的唯一标志,甚至为了财富,不择手段,不惜侵害他人利益,违背了人的价值的意义,走向了道德的反面。

综上所述,整个社会从第一个、第二个精神文明建设的决议到新世纪的"以德治国"思想,从《公民道德建设实施纲要》的颁布到《关于进一步加强和改进未成年人思想道德建设的若干意见》的下发,从"八荣八耻"、"和谐社会"、"中国梦"的提出到"社会主义核心价值观"的确立,标注了我国道德建设和道德社会化发展的轨迹,大学生道德社会化也随之正本清源地走上健康发展的道路。这既是改革开放后我国道德建设方面的理论成就,也是道德实践和道德生活的现实反映。当代大学生在道德社会化发展过程中,总体上经历了"文革"后的道德意识或价值的觉醒、迷茫、调整和多元的不同阶段,这个过程也体现了一个逐渐从集体的"舍我"到逐渐的"有我"的凸显个人价值的过程,这是一个无限的发展过程,也是马克思人的全面发展学说在现实中的曲折反映。历史将从马克思主义的革命时期的阶级斗争理论转向和平时期的马克思主义人学理论指导的实践阶段,大学生道德社会化的主要任务也转向了如何实现人的平等、自由而全面发展的历史阶段。

第二章　马克思主义人学视野下
　　　　的大学生道德社会化

　　道德因人而存在,道德社会化的本真使命在于促进人性的完满。在现实生活中,道德社会化更多强调道德主体遵守社会道德规范的社会性,忽视了道德主体自身的要求,这也是导致长期以来道德社会化出现脱离生活、陷入功利化等诸症的重要原因之一。道德社会化只有关照人的真实存在,才会有利于贴近真实生活,实现道德社会化的理想图景。因此,大学生道德社会化要以马克思人学为前提,从现实的社会生活出发,反映时代特征,采取科学方法,真正促进大学生道德社会化,以人的方式发展人、建设人和完善人。

第一节　大学生道德社会化的人学解读

　　人的问题是马克思哲学思想的主题和重心。"人学,是马克思整个思想体系中一个不可或缺的相对独立、完整的组成部分,在其中居前提和总体地位。在马克思那里,所谓人学,指的是研究作为实践主体的人及其本质、存在和历史发展规律的科学。"[①]在马克思的人学思想中,"人"不是抽象的、孤

---

　　① 韩庆祥,庞井军.马克思的人学理论:对马克思思想体系的一种新解释[J].中共中央党校学报,1997(1):36.

立的、形而上的形象,是多样性和实践丰富性的现实存在。① 马克思的人学思想包括人的本质论、人的实践论和人的发展论。在此基础上展开的大学生道德社会化的研究,不仅有利于为大学生的自由全面发展提供理论支撑,也有利于为大学生实现自我价值明确方向。

一、人的本质论:大学生道德社会化的理论基础

马克思人学思想的核心是对人的本质的研究。关于人的本质,马克思运用科学的思维方法,从实践唯物主义出发,多角度展开研究,开辟了人学研究的新方向。

马克思从三个层面完整和全面地阐释了人的本质。首先,马克思认为劳动是人最根本的属性,是人作为类存在物同动物相区别的本质,离开了人的劳动属性,人就不能称其为人。劳动是"一个种的全部特性、种的类特性就在于生命活动的特质,而人的类特性恰恰就是自由的有意识的活动"②。"有意识的生命活动把人同动物的生命活动直接区别开来。正是由于这一点,人才是类存在物。"③其次,马克思从社会群体层次上论述人的本质,认为"人的本质是人的真正的社会联系"④,"不是单个人所固有的抽象物,在其现实性上,它是一切社会关系的总和",进一步从人的社会属性上揭示了人与动物的本质区别。最后,马克思认为人的本质还体现为人的主体性。人的主体性也就是个性,这是人与人之间相互区别的内在原因和特有属性,表明了个体的存在具有唯一性和不可复制性。

马克思关于人的本质的深刻解读对大学生道德社会化也有着深刻的启示。在人的劳动属性方面,大学生道德社会化应当根据社会道德规范的要求进行有效的道德实践活动,才能实现预期实效;在人的社会属性方面,大学生道德社会化通过联结一定的社会关系,以符合特定社会的人的发展要求为目标,对大学生的道德规范做出判断并加以引导;在人的主体性方面,大学生道德社会化应当充分尊重人的主体性价值,承认差异,注重多元,区

---

① 魏传光.马克思主义人学的现代价值[J].求实,2006(6):4.
② 马克思恩格斯选集(第1卷)[M].北京:人民出版社,1995:46.
③ 马克思恩格斯全集(第42卷)[M].北京:人民出版社,1979:96.
④ 马克思恩格斯全集(第42卷)[M].北京:人民出版社,1979:24.

分层次,关注不同大学生的道德发展和健康成才。

1. 人的本质的社会性决定了道德社会化的具体任务

人的本质在于人的社会性。人的本质"不是人的胡子、血液、抽象的肉体的本性,而是人的社会特质"①,"人是最名副其实的政治动物,不仅是一种合群的动物,而且是只有在社会中才能独立的动物"②。在人的一切属性中,人的特殊的社会本质不是人的自然属性,而是人的社会属性。社会性是人区别于动物、区别于人类自身的最根本、最本质的属性。

人的社会属性也就意味着作为社会存在物的现实的人,在面对各种社会关系的时候,需要融入具体的社会关系,并在这个社会中得以生存和发展。"社会关系实际决定着一个人能够发展到什么程度。"③同时,"一个人的发展取决于他直接或间接进行交往的其他一切人的发展"④。大学生在面对各种社会关系的时候,只有真正融入其中,把特定社会所要求的道德准则和道德规范内化为自己的道德观念,外化为自己的行为,才是人的本质社会性的实现,才能成为真正的社会人。大学生道德社会化的过程正是大学生成为真正社会人的过程。这也就是说,大学生只有经历道德社会化才能成其为社会人,从而获得社会提供的生存发展、价值实现的基础支撑点。

2. 人的本质的历史性决定了道德社会化的时代特征

人的本质不是静止的、永恒不变的,而是具体的、历史的,是随着时代发展而不断发展变化着的。"人作为人类历史的前提,也是人类历史的产物和结果。"⑤任何具体的人都具有他所处的历史背景的印记。作为一切社会关系的总和的人,人的本质的变化必定受到来自不同历史条件下的社会关系的变化的影响。

人的本质的历史性特点决定了大学生道德社会化的时代特征:一是社会关系的相对稳定性决定了大学生道德社会化的目标、原则、内容与方法等

---

① 马克思恩格斯全集(第1卷)[M].北京:人民出版社,1956:270.
② 马克思恩格斯选集(第2卷)[M].北京:人民出版社,1995:2.
③ 马克思恩格斯全集(第3卷)[M].北京:人民出版社,1960:295.
④ 马克思恩格斯全集(第46卷)(上)[M].北京:人民出版社,1979:109.
⑤ 马克思恩格斯全集(第26卷第3册)[M].北京:人民出版社,1974:545.

具有相对稳定性。在一定的历史时期和社会阶段,大学生道德社会化的具体任务会与当前的社会关系相适应、相匹配。二是社会关系的绝对变动性决定了大学生道德社会化必须与时俱进。大学生道德社会化会有明显的时代烙印,具体要求会随着社会发展和时代的变化而发展变化。因此,要对大学生道德社会化的目标、原则、内容与方法实行自身的适应性调整或变革,使之适应社会,与变化了的人的本质相适应。

3. 人的本质的阶级性决定了道德社会化的立场方向

人的本质是全部社会关系的有机统一。在社会生活中,生产关系是最根本的社会关系,决定和影响其他社会关系。每一个人或社会阶级、阶层和集团都是从其所处的各种社会关系中获得自己的本质规定。只有从整体上把握以生产关系为主导的人的全部社会关系的总和,才能准确地揭示出人的本质。在阶级社会中,"不管个人在主观上怎样超脱各种关系,他在社会意义上总是这些关系的产物"①。任何人都是从属于特定的阶级,是"一定的阶级关系和利益的承担者"②,因而人的本质除了一般社会性外,还表现为阶级性。

大学生的社会关系也是一个极其复杂的系统。在阶级社会的社会关系中,大学生道德社会化作为引导个人社会本质的实现,其实质上是为一定社会、阶级服务的,大学生作为道德主体的个人,必定会受到来自不同社会、不同阶级的思想观念、政治观点、道德规范的影响。

二、人的实践论:大学生道德社会化的方法选择③

人的实践论是蕴含于马克思哲学之中的具有自我批判与超越精神的重要人学理论,它以人的生存为基础,以人的实践活动的展开为主旨,把人的研究置于生活境遇之中,使人真正走向自己,回归人的实践的属人本性,合理地说明了通过人的实践活动实现了社会对人的生成和人对社会的生存的内在统一。④ 实践活动的内在统一可以从以下三方面予以阐释:第一,人的

①　马克思恩格斯选集(第2卷)[M].北京:人民出版社,1972:101—102.
②　马克思恩格斯选集(第2卷)[M].北京:人民出版社,1972:101—102.
③　万斌.万斌文集(第三卷:历史哲学)[M].杭州:杭州出版社,2004:31—53.
④　万斌.万斌文集(第三卷:历史哲学)[M].杭州:杭州出版社,2004:31—53.

实践活动是人能够存在的前提与基础,人的实践活动使人的生物属性发生深刻的变化,形成人所特有的生物属性。第二,人的实践活动使人上升为自为的、理性的存在物,使其本质上与动物相区别,形成了人之为人所特有的自觉能动性。第三,人的实践活动改变了世界的存在方式,改变了人与世界的特殊关系,使人上升为社会的、历史的存在物,形成了人之为人所特有的社会本性,为人的自由发展开拓了无限的可能。

作为人的生命的存在方式,人的实践活动是具有一定的基本特征的。大学生道德社会化的形成与发展,同样离不开实践活动。对人的实践活动基本特征的解读可以合理说明大学生道德社会化的生成路径。

1. 人的实践活动具有对象化的特征,是一种对象化活动

人的实践活动的本质在于根据自己的需要改造客观世界,是对对象的一种扬弃和再塑造,是把活动对象作为一种与人相对立的客体存在。人的实践活动作为一种对象化的活动,以人的意识和自我意识为内核,把人的视野明确地、有目的地引向对象世界,创造适宜人自身生存发展的对象化世界,同时把身外的客体内在地对象化回来,实现不断的自我创造和完善。大学生道德社会化正是一项以人作为实践对象或工作对象的专门促进大学生全面发展的独立的社会实践活动,能培养大学生一定的实践意识和实践能力,自主地、全面地、持续地改造和发展现存的世界和现存自我,成为不断超越现实世界和现存自我的真正的人。

2. 人的实践活动具有间接性和中介性,是一种工具性活动

人的实践活动所体现的人对自然的根本改造关系,是一种通过活动工具所体现的间接关系。工具作为人的创造性智慧的外化形式,是人取之于自然并对其加工、改造、制作的自然客体。"手段是一个比外在合目的性的有限目的更高的东西——犁是比犁所造成的、作为目的的、直接的享受更尊贵些。工具保存下来,而直接的享受则会消逝并忘却。"①工具的使用和制造,标志着作为人类社会基础的人的实践活动的开始。同样,道德也是具有一种工具性的存在。道德本体的活动不是衡量道德工具性价值的尺度,道

---

① [德]黑格尔.逻辑学(下卷)[M].北京:商务印书馆,1976:438.

德工具的作用就在于促进实践主体与其对象性客体的价值关系。①在大学生道德社会化进程中,大学生的道德实践活动虽然体现着活动主体自我存在和自我发展的内在要求,但是由于不同利益主体的存在,实践活动就不仅表现为活动主体与对象性客体之间的价值关系,还需要进一步明确利益的需求方和价值观倾向的问题。这样,大学生道德社会化的工具性也就表现了出来,这意味着需要道德实践活动主体面对不同的利益方做出明确的价值抉择,有效协调各方利益的有机统一,才能实现个人的自由全面发展。

3.人的实践活动具有社会性,是一种社会历史的活动

马克思说,人们由于他们的需要以及他们求得满足的方式,把他们联系起来,所以他们必然会发生社会关系。人的实践活动的基础是社会关系,人的活动又不断地再生产着社会关系,社会关系既是人的实践活动本质的社会表现,又是使人的实践活动具有特定本质规定的社会基础和社会保障。这样,人的实践活动就自然地与以提升人的本身使命为目的的大学生道德社会化相结合,大学生道德社会化也是大学生通过实践活动的各种形式直接或间接参与社会交往,建构复杂社会关系网络,感悟和认同社会道德规范,不断推进和完善社会道德体系,同时达到自身的完满和丰富。

4.人的实践活动具有自由性和自觉性的特征,是一种自由自觉的活动

换句话说,人的实践活动具有自为的、自我创造的本质和特征。在实践活动中,大学生始终把社会道德水平的进步和自身道德素质的提升作为自觉意识和改造对象,并且总是依据实践目的和社会与个体道德状况来调整自己的行为,达到社会道德水平和自身道德素质的同步进化和提高。但是,在大学生的道德社会化与其实践活动的相互作用的过程中,两者之间总会存在一定差距,弥合这个差距的最好方法莫过于大学生道德社会化和实践活动的有效互动。也就是说,大学生道德社会化需要因时制宜,密切结合社会发展的现实背景,尽可能使大学生的道德状况与实际社会发展所需的道德要求相一致。

---

① 李彦.论道德的工具性[J].中州学刊,1995(3):58.

三、人的发展论:大学生道德社会化的使命价值

人的发展论是马克思主义人学理论的核心,贯穿马克思主义理论整体体系。马克思主义人学理论认为,人的全面发展是"人以一种全面的方式,也就是作为一个完整的人,占有自己的全面本质"①。在《共产党宣言》中,马克思恩格斯也明确指出:"代替那存在着阶级和阶级对立的资产阶级旧社会的,将是这样一个联合体,在那里,每个人的自由发展是一切人的自由发展的条件。"②马克思认为人的自由全面发展是人的自我实现的最高追求和终极目标。按照马克思主义的观点,人的全面发展的内容主要包括三层含义:一是人的能力和素质的全面发展。这是实现人的全面发展的核心内容。二是人的社会关系的全面丰富。三是人的自由发展或自由个性的形成。

1.人的全面发展的第一层意义是人的能力和素质的全面发展

这表征着每一个人都有权去发掘他应有的类特征,获得人的基本规定性。这是因为,一方面人可以按照人的方式实现对对象的全面占有,并使人的能力和素质得到充分发挥且日趋完善,从多层面、全方位地确认自身的本质力量。另一方面是借助自身活动能力的增大,实现人的活动的丰富性和相对完整性,从多层多面活动形式中运用和积聚自身创造力量。③ 大学生道德社会化也是大学生自身能力和素质不断提升和丰富的过程,在这一过程中,大学生受到了来自特定时期的社会道德准则的教化,促使大学生业已形成的道德认知、道德选择和道德判断能力发生转变,在自觉自为的接受和内化过程中完善道德人格,提升道德素质,为全面发展奠定坚实的基础。

2.人的全面发展的第二层意义是人的社会关系的全面丰富

这表征着个人作为社会存在物,要在这些社会关系中均匀地发展自身全部的特征,必须合理建构自身所拥有的一切社会关系。④ 在这些关系中,一方面个人通过与他人的交往,在学习和反思过程中不断获得客体对象的

① 马克思恩格斯全集(第42卷)[M].北京:人民出版社,1979:123.
② 马克思恩格斯选集(第1卷)[M].北京:人民出版社,1995:294.
③ 万斌.万斌文集(第三卷:历史哲学)[M].杭州:杭州出版社,2004:175.
④ 万斌.万斌文集(第三卷:历史哲学)[M].杭州:杭州出版社,2004:175.

相关特征,从而使自身和自身的内在关系得到全面提升和改善。另一方面,在个人与他人的广泛交往和联系过程中,通过交流经验并形成共识,彼此不断丰富自己,双方共同得到提高并服从于他们自己的共同控制,相互之间的各种关系也成为彼此的共同关系。大学生道德社会化正是在这种全面的、丰富的社会关系中,强调主体间的交往互动,通过相互交融和彼此互补,构成一个布局广泛且民主平等的主体人际关系。大学生道德社会化作为发展人、成就人的实践活动,理应强调以现实社会为根基,遵循大学生的发展规律和社会法则,把大学生作为道德社会化的主体和中心,强调主体间的关系互动,在社会的发展中以满足人的需要、提升人的素质、实现人的全面发展为终极目标。

3.人的全面发展的第三层意义是人的自由个性的形成

这表征着个人自由地按照自己的意志和愿望积极地、充分地表现自身个性的魅力和丰富性,并以此作为有个性的个体而与他人相区分。[①] 人的全面发展强调人的发展的自由性和个性化。一方面表明人不仅是自然界的主人,也是自己与自身社会结合的主人,还可以成为自身的主人。另一方面则是表明个人有别于他人,在发展过程中具有内在特殊性。大学生道德社会化是以实现人的全面发展为目标,承认差异,尊重大学生的个性发展。大学生道德社会化与个性化绝非两个对立的过程,大学生道德社会化既是参与社会和发展个性的过程,也是寻求社会与个性共同发展的过程。每个大学生都具有独立、自由的个性,大学生道德社会化正是在个人自由发展的状态下,充分尊重大学生的主体性,注重教育的人文关怀,鼓励个性潜质的发掘,允许自由个性的彰显,培养具有良好个性的个人。

总之,马克思主义的人学理论揭示了大学生道德社会化的基本规律,为大学生道德社会化提供了坚实的理论基础。人的本质理论解决了大学生道德社会化的理论根基问题,人的实践理论解决了大学生道德社会化的方法问题,人的发展理论解决了大学生道德社会化的目标方向问题。

---

① 万斌.万斌文集(第三卷:历史哲学)[M].杭州:杭州出版社,2004:176.

第二节　大学生道德社会化的人学转向

长期以来,我们更多强调了马克思关于人是社会产物的观点,忽视了马克思主义关于把人作为社会本体、以人为本的思想。在大学生道德社会化问题上,很大程度忽视了人的主体地位和主体性教育,过分偏重大学生道德社会化的社会价值,更多强调其遵守社会道德规范的要求,忽视道德主体的生命价值、成长需要。"迄今为止,道德和道德教育中的'无人化'现象依然严重,这既不符合现代和谐社会所要求的以人为本观念的大趋势,也不符合道德和道德教育的本体性特征,成为阻碍现代道德教育进一步发展的严重障碍。"[①]在高扬人性的新的历史阶段,大学生道德社会化要以马克思人学为前提,以实现"为了人"为目标,完成以"人性自由"的逻辑起点、"人化需要"的实践方向和"人本回归"的价值追求的大学生道德社会化的整体转向,真正以人的方式发展人、建设人和完善人。

一、大学生道德社会化要以"人性自由"为逻辑起点

人的自由包含必然性的自由、辩证的自由。"人性自由"作为大学生道德社会化的逻辑起点,是符合马克思关于逻辑起点的规定性的:第一,"人性自由"是大学生道德社会化中最初、最简单、最基本、最抽象的范畴。第二,"人性自由"不需要存在条件也不以任何东西为中介,是一种"直接性"存在。[②] 第三,"人性自由"与大学生道德社会化具有历史相统一性。第四,"人性自由"包含着大学生道德社会化最基本、最主要的矛盾,形成了贯穿大学生道德社会化进程的逻辑脉络。因此,"人性自由"作为大学生道德社会化的逻辑起点具有理论与实践的合理性,大学生道德社会化始终要以人为本、充分发挥"人性自由"为起点,以促进人的自由全面发展为终点,形成完整的科学理论体系。

---

① 戚万学,唐汉卫. 现代道德教育专题研究[M].北京:教育科学出版社,2005:158.

② 袁晓妹,王天恩. 人性自由:思想政治教育的逻辑起点[J].南通大学学报(社会科学版),2011(5):102.

在新的历史时期,大学生道德社会化要以人性为基础,以提升人性自由和全面发展作为重要任务。在人的实践性自由方面,要激发大学生道德实践的积极性,注重大学生的个性彰显。道德社会化进程中要注重大学生个性自由的培养,不仅要求大学生自身的不断完善和全面发展,还要注重大学生的个人价值和社会价值的有机统一,实现大学生个性自由发展与社会规范的和谐发展。大学生是自主发展的个性主体,道德社会化要把社会需求和尊重人的个性发展有机结合起来,使大学生既符合社会规范又能实现自由个性的张扬。在人的社会性自由方面,要实现大学生道德社会化与当前中国转型社会的时代际遇相结合,以现代社会的合格公民为基础要求,学习社会规则,构建合理的社会关系,培养大学生社会交往的主动性。在人的需要性自由方面,要关注大学生自然需要、社会需要和精神需要的自由,重视大学生需要的差异性和多层次性。把大学生道德社会化与大学生个体状况结合起来,有针对性地解决大学生在现实生活中的困惑,使大学生将社会的道德规范真正能内化为自己的思想观念,形成符合社会规范的行动,达到道德社会化的终极目的。

二、大学生道德社会化要以"人化需要"为实践方向

"人化需要"不仅是源于本能的自然需要,更是人的生命双重性的具体化和现实化①,包含着更多具有价值性的需要,是以现实、感性的方式体现了人的本质力量和生命的逻辑存在。人的能力的有限性决定了"人化需要"不可能依靠个体力量来满足,使得人必然与自然、与他人、与社会发生关系,也就是说,"人化需要"依赖于社会存在和社会关系,是人在自己的社会存在和社会关系中形成需要并予以满足。

"人化需要"的实践意味着大学生道德社会化要尊重学生的价值选择,注重大学生的个体需要和社会需要的有机结合。第一,要尊重大学生的主体地位、主体价值和主体需要。大学生道德社会化要以学生为本,实现学生的全面发展为目标,凸显大学生的主体地位,注重培育和发挥学生的自主

---

① 张群,胡海波.马克思哲学视阈中"物化能力"和"人化需要"[J].马克思主义研究,2013(1):14.

性、能动性和超越性,道德教育和实践活动要与青年大学生的特点密切结合,解决学生成长成才中的各种实际问题,充分尊重人是权利主体,提高人的主体意识和责任意识,充分尊重人是行为主体,充分发掘大学生自我教育、自我发展的潜能。第二,要重视大学生的现实交往需要。马克思认为人的需要即人的本性,需要是一切行动的源泉和动力。道德社会化的产生、存在和发展,都是由人与社会需要所决定的。大学生道德社会化要通过有形载体来满足学生的各种心理需要,构建新型的师生交往关系平台,平等交流,形成包括知识的、情感的、意志的、心理的等内容的综合交往,并在对话和交往中开展创造性的活动,来满足学生的社会交往需要和丰富大学生的精神生活的需要等。第三,要关心大学生合理的生活需要。从大学生道德社会化的本质来看,它产生于人的需要,是人存在的一种方式。过去的很长一个阶段,社会对大学生道德发展更多地强调了对国家政治与社会经济的功利性作用,突出国家和阶级的需要,对人的合理性需求缺乏应有的重视和满足。马克思的人的发展论告诉我们,大学生道德社会化不应单从社会要求出发,应当把大学生看成是整体性的人,充分发掘大学生的内在潜质,实现大学生最大限度的全面自由发展。这也就是说,大学生道德社会化要将阶级对人的要求与人自身发展的需要有机地结合,切实关注大学生的思想状况、生活诉求和发展需要,发挥大学生的积极性、主动性和创造性,以提高大学生道德社会化的针对性与实效性。

三、大学生道德社会化要以"人本回归"为价值取向

大学生道德社会化的最终目标是大学生的德性养成与人性完满,丰富和完善大学生的生命质量和生命价值。所谓"人本",就是以人的幸福为本。"人本回归"是指人获得幸福的终极关怀。大学生道德社会化就是要实现人格尊严回归生命,以尊重生命的高度尊重人,促进人的自由和个性解放,实现人的全面发展。在大学生道德社会化的进程中,要真正以幸福的终极关怀作为大学生的价值追求、自我实现、全面发展的高层次精神需求,从而回归大学生的生命本体,提升大学生主体能动力量的发展水平和生命境界。

关注生命本体是实现大学生的全面自由发展的基础。大学生道德社会化的对象是有血有肉有情感的活生生的生命个体。大学生道德社会化是大

学生道德形成和发展的基石,必须从关注生命本体出发,尊重和顺应生命发展规律并为之提供有效帮助。大学生对于生命本体的关注,首先是关爱生命,主要体现在保护生命、尊重生命、相信生命和敬畏生命四个方面。其次是感恩自然,感恩自然就是要对大自然心存敬畏和感恩,关爱自然和其他生命,尊重自然法则,注重调节人与自然关系的合理定位,追求生态文明和实现可持续发展。最后是感悟生命中的爱,让大学生感受到周围美好的事物和生命的美妙,转化出爱的情感和行为,让广大学生在爱的氛围中健康成长。

大学生道德社会化的"人本回归"也体现在道德生活化方面,要实现与"现实的人"的接轨。这可以从以下几点入手:一是大学生道德社会化的内容应当贴近实际生活。大学生道德社会化要从大学生受教育的日常生活入手,结合实际,从大学生道德现状出发,提炼道德规范,避免"假大空"的道德说教,注重活动内容的真实性和趣味性,吸引大学生主动参与其中,在生活的具体体验中使大学生产生共鸣,从而实现对社会道德规范的接受和内化。二是大学生道德社会化要服务于具体生活。大学生道德社会化要体现大学生生活中的真、善、美的生活内容和现实场景,指引大学生积极建构丰富且完整的生活内容,实现大学生生活质量的提高和精神生活的满足,使大学生过上有德性的、幸福的生活。三是大学生道德社会化要高于生活。大学生道德社会化要在现实的基础上关注大学生的精神世界,构筑大学生美好的精神家园,为大学生描绘"成才梦"、"中国梦",以社会主义核心价值观引领和激励大学生站在更高的角度来审视现实,努力追求更美好、更幸福的生活。

当前,现代道德教育模式需要道德社会化转向以人为中心,这就必须改变原先"无人"的严重弊端,需要从理论上寻找道德社会化转向的人学根基,即马克思人学思想。马克思人学从现实的人出发研究人,深刻解读了人的本质、人的实践以及人的发展,对人做出了全面而丰富的论述,为大学生道德社会化的发展提供了人学依据。在马克思人学理论观照下,大学生道德社会化应当在理论和实践上做出适时调整,不断否定和超越,以期建构起适合人的自由全面发展、彰显人的主体性的道德社会化。

第三章 大学生道德社会化的 时代境遇与理想图景

当代大学生道德社会化的状况势必会左右整个社会道德的建设进程和发展历程。大学生道德社会化的目标主要是指在大学阶段的学生个体道德的形成和完善,是社会和教育工作者对大学生的道德发展所提出的理想预期。探讨大学生道德社会化发展目标是社会各界、家长和高校教育工作者开展教育工作的前提,它直接影响着大学生道德社会化的内容、途径和方式等,对大学生的道德社会化进程起着指导、调控、控制等作用。因此,对大学生道德社会化目标的理想图景进行描绘,明确大学生道德社会化的发展目标,对开展大学生道德社会化的相关工作,具有重大的现实意义。

第一节 大学生道德社会化的时代境遇

时代,是指世界历史上以政治、经济、文化等状况为依据而划分的时期,是超越民族与国家的世界历史发展进程的总趋势,是人类历史发展规律最直接最深刻的体现。客观存在的时代境遇无疑与人们的意识形态有着现实的关系。当代大学生正身处世界历史上前所未有的全球化、社会转型和高等教育深化改革的时代,这必然对大学生道德社会化有着深远的影响。

一、全球化与大学生道德社会化

20世纪70年代以来,"全球化"已经成为时代的主要特征。但是不同学派对"全球化"有着不同的说法,甚至展开了激烈的辩论,其争论的焦点主要集中以下两个方面。

一是针对全球化的客观性。诸多学者对此持肯定观点,认为全球化是各国无法回避的客观事实,经济全球化已经成为不可抗逆的历史潮流。他们认为全球化既是一种现实状态,又表现为一种客观进程。从经济角度来看,就是生产要素在各国、各地区之间流动的障碍已经逐步减少并会继续不断减少,壁垒已经削弱而且会持续削弱。各国间联系越来越紧密、相互依存度越来越高,其进程就是日益融合成一体。如美国学者乔治·洛奇认为:"经济全球化指的是经济增长要素特别是资本要素、技术要素乃至人力要素在市场规则的驱动下所出现的全球性流动和组合,以至于国别经济和区域经济越来越多地被纳入了一个一体化的全球经济体系之中。"①李琼研究员认为:"经济全球化是世界经济发展到高级阶段出现的一种现象,它是科技和社会生产力达到更高水平,各国经济相互依赖、相互渗透大大加强,阻碍生产要素在全球自由流通的各种壁垒不断被削弱,规范生产要素在全球流通的国际规则逐步形成并不断完善的这样一个历史进程。"②但另一部分学者否认全球化的客观性,代表人物是赫斯特(P. Hirst)和汤普森(G. Thompson)。他们认为区域经济集团的封闭性、排他性决定了其不是经济全球化的动力,而是阻力。所以,当今的经济全球化完全是一种幻觉或是夸张。尽管在全球化的客观性上存在着争辩,但是从总体上看,越来越多的学者肯定了全球化的客观性,"我们之所以承认经济全球化是一种不可阻挡的发展趋势,正是基于这样的科学认识,即科学技术作为第一生产力,它的发展是不可逆转的,这是人类社会发展的一条最重要的规律"③。全球化进程不断加

---

① [美]乔治·洛奇.全球化的管理:相互依存时代的全球化趋势[M].胡延红译.上海:上海译文出版社,1998:23.

② 李琼.世界经济学新编[M].北京:经济科学出版社,2000:510.

③ 黄宗良,林勋健.经济全球化与中国特色社会主义[M].北京:北京大学出版社,2005:2.

快,涉及社会经济发展的角角落落,进而影响到人们的思想道德领域。

二是针对全球化的内涵。不少学者认为,全球化是建立在资本、市场、产品、技术、生产和通信的一体化之上,而所有这些要素都是经济的主要要素,所以全球化就是经济全球化或是经济一体化。他们反对在政治、文化等其他领域中使用全球化概念,认为这会导致一个国家政治价值的颠覆和传统文化的弱化。如"由于当前传统文化与外来文化及全球政治间的冲突并未有明显的缓和,因而文化全球化、政治全球化至今尚不能令人信服"①。"'文化'这一概念本身就是建立在人与人之间不同的前提之上的。为此,'文化全球化'从任何意义上说,都根本不能成立。"②但更多的学者则认为全球化既是一种经济现象也是一种政治和文化现象,因为在人类文明发展的进程中,经济、政治、文化是紧密相关的。从政治内涵看,经济全球化是在市场经济的全球拓展和现代科技发展的基础上得以确立的。而在当代世界,无论是在经济领域还是在科技领域,西方资本主义国家都占据着主导地位,甚至带有西方世界全球扩张这一浓厚的政治色彩和深刻的战略意图。从文化内涵看,文化是意识形态的产物,既是一定社会的政治和经济状况的直接反映,同时又会影响着一定社会的政治和经济的发展。面对迅猛的经济全球化浪潮,全球化的文化交融也日趋明显。正如马克思所言:"过去那种地方的和民族的自给自足和闭关自守状态,被各民族的各方面的互相往来和各方面的互相依赖所代替了。物质的生产如此,精神的生产也是如此。各民族的精神产品成了公共的财产。民族的片面性和局限性日益成为不可能,于是由许多种民族的和地方的文学形成了一种世界的文学。"③综上所述,我们可以看出,全球化实质上是一个以经济全球化为核心,包含各国、各民族、各地区在政治、文化、科技、意识形态、生活方式、价值观念等多层次、多领域的相互联系、影响、制约的多元概念。

不管怎样,有着历史潮流不可抗拒之势的全球化业已成为与社会发展、人类生活密切相关的最显著的社会特征,对人类的生存形态和实践方式有着重大影响。在大学生的道德社会化进程中,全球化问题同样是最主要的

---

① 王朝闻.全球化问题综述[J].江南论坛,2001(2).

② 新世纪中国文化五人谈[N].光明日报,1999-12-30.

③ 马克思恩格斯全集(第4卷)[M].北京:人民出版社,1958:470.

时代境遇。全球化对大学生的道德观念产生了极大影响。它一方面为大学生的发展和进步提供了更开放的相互交往和联系的平台;另一方面又对大学生的经济、文化、制度和价值观念等方面带来强有力的道德冲突和观念碰撞。

当前,全球化所带来的经济一体化、全球网络化和知识经济等对当代大学生道德社会化有着显著影响。

一是全球化形成的经济一体化对大学生道德社会化有着重要的影响。全球化首先是全球经济的一体化,这为发展中国家经济发展带来了历史性机遇,各发展中国家,面对占据着经济一体化主动权的西方发达国家,为了赶上世界经济发展的步伐,主动打开国门,全面开放,大力发展本国经济,不断与世界经济接轨。另一方面,经济利益必然会同政治制度、价值观念紧密相连,我们无法避免地会与发达国家发生价值冲突、文化碰撞,而西方发达国家对大学生意识形态和道德领域方面随时进行着渗透和攻击,影响和威胁着大学生道德社会化的有效进程。

二是全球化导致的信息网络全球化对大学生道德社会化有着强烈的挑战。在全球化的进程中,信息技术对于大学生的政治、经济、社会文化和道德等的影响是全面和全方位的。网络既是信息宝库,同时又是一个信息的垃圾场和糟粕堆。网络上各种思想进行着无国界交流和激荡,道德的"藩篱"形同虚设,不同的政治立场、文化观念、道德标准、价值取向和生活方式以及各种色情、暴力等信息良莠共存、泥沙俱下,双向的网络内容传送使得原有德育功能模式中的教育者的主导和独尊地位面临严重挑战,教育者的思想观念和价值导向不断受到质疑,这必然对大学生道德社会化产生明显影响。

三是伴随着全球化引发的知识经济浪潮,助长了重智轻德的倾向,对大学生道德社会化有着消极影响。在当今时代,经济发展走向了以智力资源的占有、配置、生产、分配、使用为最重要因素的智力支撑型经济,知识商品化的能力大大提升,知识已经成为经济增长的重要因素。因此,全球化时代对大学生的智力能力要求超过了对其道德能力的要求,导致部分大学生片面重视知识的学习、技能的提高和智力的开发,忽视了道德情操的养成和思想品德水平的提高,阻碍了大学生道德社会化的进程。

二、社会转型与大学生道德社会化

社会转型是对应于社会常规发展而言的。社会发展往往呈现两方面态势，一是社会发展所累积的社会矛盾处于相对平衡状态，传统的力量与现实新生力量各自有存在和发展空间，在社会主要层面和各个方面没有尖锐的对立和激烈的矛盾冲突，社会处于稳定和常规的发展形态，这是社会非转型期；二是社会常规发展历时一定阶段，社会矛盾逐渐累积，直至普遍和全面的爆发，社会出现局部冲突，迫使需要通过深化改革的方式来解决累积的各种矛盾和问题，这样的社会阶段称之为社会转型期。

社会转型是社会矛盾运动的必然结果，这里可以用马克思主义矛盾运动的规律理论清楚地揭示社会转型的机制。也就是说，社会内部的矛盾始终处于不均衡状态，任何社会的即时形态，都会表现出无数社会矛盾运动。当社会矛盾达到社会传统力量所不能容忍的极限时，社会传统的力量和不断壮大的新生力量就会不断发生冲突，冲突的结果会导致社会矛盾更加尖锐，社会转型也就随之而来。判断社会转型依据的标准主要有两个方面：一是外在标准，即社会制度的更迭或民间习俗的变化，其中最明显的标志当属于社会制度的更迭。二是内在标准，即社会成员的观念变革和价值冲突。我国近40年的改革开放，尤其是社会主义市场经济体制的建立，就是典型的社会制度内部的改革，同时涉及社会成员的利益调整和转换，并由此形成强烈的道德观念和价值主张的对抗和冲突。这一阶段应属于一次重大而深刻的社会转型，也是本研究所要论述和特指的社会转型。

社会转型与社会成员道德观念和价值主张的冲突对抗有着必然的内在联系，既是互相促进，又是辩证统一的。一方面，社会转型会引起社会道德观念的变革和价值主张的冲突。随着社会新生力量逐渐强大，原有的社会权力结构、运行机制难以适应社会新生力量生产发展的要求，分配方式也无法满足社会新生力量的普遍愿望，只有通过社会利益及其关系的重新调整和转换才能实现社会平稳发展。这时，社会转型也就随之开始，社会利益及其关系调整并重新定位，社会成员在原有体系下形成的道德观念和价值主张都要面临着主动适应或被动顺从新体系的挑战。社会存在决定社会意识。新的社会形态的存在，产生了新的道德观念和价值诉求，同时也伴随着产生新旧的道德观念和不同价值主张的冲突。另一方面,社会成员道德观念和价值主张的对抗和冲突对社会转型具有推动作用,马克思主义关于人的意识的能动性原理深刻说明了这一点。面对社会生产及其关系对社会变革提出新的要求的时候,社会意识形态领域总是首当其冲地受到影响。当社会成员新的道德观念和价值主张占据明显优势的时候,新的社会体制、制度必然开始变革。因此,社会成员新旧道德观念和不同价值主张的对抗和冲突是社会转型的精神力量和推动力量。当社会转型完成,社会成员道德观念和价值主张才会相对稳定和包容。

从理论上分析,社会转型具有三大特征:一是社会发展性质之转变,即从农业国向工业国转变;二是社会经济模式之转换,即从传统计划经济向现代市场经济转变;三是社会公民主体之变化,即从政治人向经济人转变。从实践上分析,社会转型可以有两种视角:从全球进程看,我们正处在世界工业化的中期;从国内进程看,我们正处在社会主义初级阶段的后半期,即从小康向世界中等发达国家迈进,这个转型的过程实质就是现代化的过程。

改革开放促进了中国现代化的迅猛发展,给中国社会带来了巨大而深刻的变化。从物质到制度再到精神,从交往方式到思维方式再到人的精神价值世界,传统的人伦观念与秩序正在不断受到冲击,推动着精神文化与价值观念的变迁,催生着新的伦理精神与价值体系。我国的社会转型进程也就在这种突飞猛进、高速跳跃或者说是挤压式状态中展开,由此出现周期性的激进主义、情绪主义,最终造成道德文化生长过程的断裂脱臼,也在一定程度上导致了大学生思想道德成长环境的恶化与失衡。因此,中国目前所处社会全面转型的特殊时期,也是在新的历史条件下自觉启动的,是以社会主义市场经济为基本起点,以社会政治、经济、文化和管理的全面现代化为价值目标的现代化运动。它既符合社会的客观要求,也是社会成员自觉而坚定的价值选择,有着历史的必然性和价值的合理性。社会转型进程中引发的政治体制、经济体制、文化体制和管理体制等多方面的变革变动,以及高等教育的深化改革所引起的大学生群体利益格局的调整、甚至重组,带来了大学生思想观念的深刻变化和道德观念的变革与冲突。我国大学生作为这个时代的主体和对社会现象反应最为敏感的群体,必须把握社会转型期给自身在思想道德观念和行为方面带来的深刻影响和变化。这些深刻变化,不仅是发生在我国高校内外的社会现实,更是当代大学生成长和发展的时代境遇,同时,对大学生的思想道德和价值观念的形成,具有十分重要的意义和作用。

一是社会政治体制对大学生道德社会化的影响。社会转型反映在政治权力运作过程中,由原来的政治掌握社会力量向知识掌握社会力量转化,相应的,社会在整体上由政治社会向经济社会转化。改革开放以前,我国在政治上运行的是高度中央集权的权力机制,社会生活充斥着强烈的政治色彩,个人与社会缺乏自主权利,政府机关全面调控国家的宏观经济管理、社会系统的行政事务甚至包括绝大部分的个人事务。随着我国社会政治权力的转型,社会利益结构的不断变化,政治权威观念逐渐发生变化。传统政治权力系统权威和资源会有所流失,政治权力的部分变迁不可避免,旧的政治秩序被部分废解,新的政治秩序又不能即刻完成,社会秩序难免出现一定程度的混乱。社会成员在道德观念上表现出的多样性多元化的特征,对大学生的道德社会化也产生着一定的影响。

当代大学生对基本政治知识有相当的认知。总体来看,社会转型期大学生政治思想的主流是积极、健康的,对绝大部分重大政治问题的态度是正确、鲜明的,对我国现行的政治制度普遍认同,并对我国当前的政府运作有着美好的期望。他们有较强的政治意识和科学正确的政治价值观,他们热爱祖国,拥护社会主义政治制度,并对国家政治文明建设的前途相当乐观,充满希望。但是,政治意识不断成熟的大学生在社会转型时期也存在政治价值观的各种冲突,有一定数量的大学生的政治价值观存在着模糊甚至错误的认识,包括政治冷漠型的无政治参与,动员参与和消极参与的比例也较高。面对学业就业竞争和生存压力的具体现实,政治参与的功利性和实用主义也就显露出来。学生党员和入党积极分子也会更加关心与自身利益切实相关的事务,普通大学生更加注重具体、现实的利益追求。

二是社会经济体制对大学生道德社会化的影响。社会经济基础变革引发了社会道德观念的重构。社会转型使得社会经济基础各环节发生了根本变化。以公有制为主体同时多种经济成分并存,成为生产资料所有制的主要形式;以按劳分配为主、多种分配方式并存,成为社会分配方式的主要形式;以市场机制为基础和主导的社会资源的分配制度,实现了经济体制方面由原来的计划经济体制向市场经济体制的转化。社会经济基础各个环节和根本要素的转变,极大地推动了社会经济状态和经济关系的整体变革,人的思想领域也随之产生强烈的共振,形成了新旧观念的强烈冲突和人生理想道德的重新定向。

　　思维活跃、行动快捷、个性鲜明的当代大学生自然会敏锐地感受到市场经济的发展,并以此相应地调整和更新自己的道德观念和行为习惯。从积极的角度来看,市场经济的发展明显地激活了大学生群体的主体意识,大学生在注重对主体意识、独立人格、道德观念和价值追求的同时,开始了对经济发展的关注,对国家兴衰的关心,并形成了大学生的自觉行动。当代大学生道德观开始以经济建设为轴心,围绕经济变革而展开。在道德行为选择上,面对激烈的市场竞争,大学生会更加注重自我综合素质的培养,更加务实自强,更加珍惜学习时间,更加关注合法的正当的个人利益,讲究平等竞争、互利共赢,以自己的真本事和能动性来促进中国的现代化建设。这不仅体现了当代大学生对社会的责任和抱负,也体现了当代大学生的成熟和睿智。

　　从负面影响来看,市场经济也会导致当代大学生的实用主义、利己主义和相对主义的盛行。资源的合理配置和追求利益最大化是市场经济不变的法则,由此折射到大学生的思想领域和道德领域,就会使大学生产生急功近利、重利轻义的,重实惠、轻理想的,道德追求利益化,甚至一切向钱看的错误想法。在面对个人、集体和国家利益三者之间的关系时,往往会过于重视个人和局部利益而轻视国家、社会的整体利益。目前,尚不健全和完善的市场经济体制在增加选择机会的同时也伴随着可能的风险,危机与机遇同存共生,瞬息万变的信息与丰富的物质享受也会给大学生带来前所未有的道德迷茫和困惑,使他们无从确定自己的生活方式,容易缺乏持久性的价值体验,不可避免地产生新旧道德观念的矛盾冲突。

　　三是社会文化体制对大学生道德社会化的影响。文化是个体生活和社会运行的内在机理。文化对社会和生活其间的个体具有内在的规范作用和逻辑力量。社会的运行和发展既受到政治、经济的影响,也深刻地受到所属文化的影响。社会转型时期,大众文化在市场经济、民主开放环境和全球化等影响下实现长足发展,成为当代大学生日常生活的重要组成部分,成为当代大学生了解社会的主要渠道,是当代大学生表达感情、放松身心的重要方式。其中日新月异的网络文化是大学生认知度最高、参与最频繁的活动载体。大众文化不仅冲击着传统文化的发展,还深刻影响着当代大学生道德观念和行为方式的形成与培育。大众文化为大学生道德社会化提供重要的资源、广阔的空间以及多样化的选择。其巨大的包容量和渗透力,以及对时空限制的突破都是传统文化所无法比拟的。但其开放性和良莠不齐的文化本身也是影响大学生道德社会化的主要弊病。在现代化进程中,以大众文化为典型样本的新型社会文化面临着经济社会转型所带来的文化价值方面的各种危机。一方面大众文化增强了大学生道德社会化的主体性,另一方面也带来了需要突破的新课题新问题,包括大众文化背景下大学生对主导文化的认同、道德社会化进程中感性强化和理性弱化、民族文化和经典文化的疏离以及新型社会道德的适应和主流道德的选择能力等。费孝通曾说:"文化自觉是一个艰巨的过程,只有在认识自己的文化、理解所接触到的多种文化的基础上,才有条件在这个正在形成中的多元文化的世界里确定自己的位置,然后经过自主的适应,和其他文化一起,取长补短,共同建立一个有共同认可的基本秩序和一套各种文化都能和平共处、各行所长、联手发展的共处守则。"①基于此,大众文化和其他任何一种文化一样,都有其产生的时间规定性和空间规定性。但这并不说明一种新的文化能够在新的时代背景中,自主地发挥其作用或者自觉地表现其生命力。在新的时期,中国优秀传统文化依然是社会精神文明和现代文化的基石,大众文化要融合传统文化并迸发出新的活力和生机,同样需要文化自觉。

四是社会管理体制对大学生道德社会化的影响。社会管理是政府对整个社会及其各个环节进行调节和控制的过程,目的在于正常发挥各系统、各部门、各环节的功能,以调整社会关系、规范社会行为和维护社会秩序。归根结底,社会管理就是要促成和维持一种人们期望的社会存在。我国社会转型期,社会结构和社会生活发生转化,社会阶层不断分化与重组,社会权利和社会资源进行转移和重新分配,在这过程中,原来地位相对稳定和角色相对固定的社会各阶层,其地位和角色悄然发生了变化,这也使得他们对原

① 费孝通.费孝通论文化与文化自觉[M].北京:群言出版社,2005:225.

有的社会资源和财富配置方式有了新的要求。社会权利和资源共享逐渐打破,已经存在的社会阶层也开始分化,并且日益明显。随着社会阶层的多样化和利益群体的分化,人们的价值观念也走向多元,利己主义不断抬头。人们的理想信念、价值观念无不渗透着强烈的个人色彩。维护各自利益,追求个性解放、个人价值实现成为更多人的普遍选择,新型的社会为个人追求和发展提供了更多的选择和机会,整个社会的价值观念因此变得丰富多彩、多元多样。

长期以来,我们忽视了社会管理对于大学生思想道德成长的影响,导致多方的教育努力难以形成合力,使得大学生思想道德发展中普遍存在着知行不一现象。社会管理的作用是维持一种特定的社会存在,给期望的思想道德观念的形成提供社会现实存在的确证,并促成教育意义的发生并保护这种教育意义。我们不能要求社会管理及其职能部门成为大学生的教育载体,而是要其成为一种促使大学生道德社会化的途径或中介,对大学生生存的社会环境进行有效治理和管理,以促进大学生思想道德健康发展的教育实践,尽可能地累积和创新能强化大学生积极的思想道德倾向的因素,削减和消除会强化大学生消极的思想道德倾向的因素,从而直接影响大学生的思想道德发展。

三、高等教育改革与大学生道德社会化

改革开放以来,伴随着经济社会的改革与发展,我国高等教育也经历了从恢复到改革、发展和创新的伟大历程,实现了前 20 年的稳定增长和近十多年的跨越发展,并开始注重内涵建设,走出了一条适合中国国情的、有自身鲜明特色的高等教育发展道路。主要体现在六个方面:一是教育规模迅增,结构多样化。高等教育主体从以普通高校为主迅速转变为多层次多类型的普通高校、民办高校、职业技术学院和科研机构相结合,各类教育机构达到 2000 多所,在校生规模达到 3000 余万人。二是体制改革取得突破性进展。首先是办学体制的改革,原来单一由政府主办的高校到目前民办学校、独立学院等多种形式共存。其次是管理体制的改革,部分中央部委随着机构改革撤销或者办学职能的转移,高等学校转变为以教育部和省市教育主管部门管理为主,同时不少单科性高校通过调整与合并成为综合性大学。

三是经费投入的变化,近10年以来,高等教育经费由过去单一的政府财政投入模式到现在的以政府为主,多渠道筹措高等教育经费的模式。新的经费筹措模式使得高等学校投入资源迅速扩大,为高等教育实现跨越式发展提供有力的基础保障。四是招生就业制度改革。招生方面,取消高等学校学生的国家干部身份,使得高等学校招生计划不再完全受制于国家机关和事业单位人员编制数,高等学校大规模扩招成为可能;就业方面,大学生作为人才自由走向市场,毕业生由国家统一分配转变为面向市场的双向选择和自主就业,为社会主义现代化建设提供了大批自由流动的专门人才。五是学校内部管理体制改革,主要表现在精简机构,缩减行政人员,实行全员聘任等方面。六是高校后勤社会化的改革,主要体现在调动更多社会力量参与办学,让高校有更充足的财力和更充沛的精力投放到提高教育质量方面。

伴随着高等教育的发展,高等教育的大众化、国际化和终身化是我国高等教育发展的现状和趋势,这对大学生道德社会化也有着深刻的影响。随着我国经济的迅猛发展,民众对高等教育的需求日趋旺盛。经过连续十来年的扩招,更多的人有了接受高等教育的机会,高等教育在校学生的规模不断扩大,毛入学率达到30%以上,我国的高等教育已开始由"精英教育"走向"大众教育"。大众化教育下出现大学生道德多元化、层次化、个性化的特点,这对高等教育的德育目标和社会对大学生的道德期望都有了新的要求。随着全球一体化的发展趋势,培养熟悉世界经济贸易及生产和管理的人才成为高等教育系统的重要任务,高等教育的国际化成为当下高教的必然选择。在国际化背景和开放性教育条件下,大学生容易陷入新的道德困惑和道德危机,影响着大学生道德社会化的进程。随着网络时代的到来,知识的更新和技术的更迭,大学生以及毕业后的合格人才要为社会创造财富,同样需要在社会实践过程中不断充实技术,与时俱进。另外,随着社会文明水平的不断提高,人们参与求知学习的意愿不断增强,继续教育、终身教育已经成为更多人的自觉选择,高等教育也将为公民多途径、多方式接受终身教育提供更多的平台和机会。但是终身化高等教育出现妈妈辈大学生和父子同进大学校门等现象,也使得不同年龄层次、不同身份成员的大学生在道德方面相互影响、相互涤荡,使得大学生道德社会化机遇和问题并存。

第二节　大学生道德社会化的理想图景

人的道德社会化发展是一个终身的过程,是社会个体和群体在社会生活中通过相互之间的交往互动逐步发展和完善的,并以实现个体道德社会化发展为目标。俞文钊认为:所谓目标,是指一定时间内所要达到的具有一定规模的期望标准,在某种意义上就是人所期望达到的成就和结果,具有阶段性、层次性和过程性。① 道德社会化的发展目标是以社会和群体对社会成员的道德期待为客观依据的特点。同样,大学生道德社会化的发展目标是指在大学阶段的学生个体道德的形成和完善的过程中社会和教育工作者对大学生道德发展所提出的理想预期。因此,明确大学生道德社会化的发展目标,对于开展大学生道德社会化的相关工作,具有举足轻重的作用。

一、新中国成立以来我国高校德育目标回顾

本研究的"高校德育"是广义上的"大德育"概念,指新中国成立以来各级各类高校学生道德教育和思想政治教育的具体理论与实践。高校德育目标是指党和国家对当代大学生在思想政治素质、道德素质、法纪素质、心理素质等方面应达到的规格要求。

新中国成立以来,我国高校的德育目标不断发生变化,主要有以下四个阶段:一是从新中国成立初期到改革开放前,德育目标具有明显的泛政治化倾向。在这一阶段,高校的人才培养目标主要以培养适应社会主义建设所需要的高级专门人才,尤其是需要培养大批政治素质过硬的人才为主。这体现在高校德育目标上自然就以政治要素、思想要素为主要内涵,以共产主义理想教育和党的方针政策宣传为主线开展各类教育活动,在德育目标上具有明显的泛政治化倾向。二是从改革开放到整个 20 世纪 80 年代,德育目标强调国家社会的需要。党的十一届三中全会后,国家工作重心逐步转向以经济建设为中心的正确轨道上来,重新确立了解放思想、实事求是的马

---

① 俞文钊.管理心理学(第 3 版)[M].沈阳:东北财经大学出版社,2008.

克思主义思想路线,改革开放全面启动,关于真理标准问题的大讨论促使高校逐步建立较为科学的人才培养体系,明确了高校育人目标是培养具有改革开放精神、从事具有中国特色的社会主义事业的现代化建设者和接班人。但是这样的育人目标体现在高校德育目标方面,依然强调了人才培养服务于国家政治需要的社会本位目的。三是 20 世纪 90 年代初到 20 世纪末,德育目标强调个体成才的需求。随着改革开放的全面和深入,经济快速发展,科技教育不断进步,民主政治日趋完善,生活水平大幅提升,人们的思想意识逐步改变,独立、民主等思潮开始出现。在这样的背景下,高校的德育目标也随之做出相应的调整,充分肯定和吸取了学校为适应时代发展努力培养学生的适应能力、全面提高学生素质的改革经验,开始关注学生个人成长需要,重视学生的全面发展,体现出尊重学生观念变化和个体成长需要的特征,并逐步取代国家政治需要和社会需要。四是新世纪初到现在,道德目标强调以人为本和全面发展。21 世纪以来,改革开放不断深化,社会转型不断加剧,价值观冲突日益尖锐,社会矛盾错综复杂,伴随着"以人为本"、"科学发展观"和"社会主义核心价值观"的提出,社会对人的素质提出了更多更高的要求,高校德育目标在"以人为本"理念的指导下开始有了全方位的突破,开始重视大学生个体的全面发展,关注大学生的思想道德素质、科学文化素质和健康素质的全面协调可持续发展,强调人的发展与社会的发展之间的和谐统一,大学生的全面发展成了高等教育的总目标。

综上所述,可以看到我国高校德育目标发展过程中的显著特征:一是新中国成立以来,虽然不同阶段高校德育目标的具体内容各有侧重,但是国家一直高度重视对大学生的道德教育,始终把大学生的道德教育放在人才培养的重要位置;二是在高校德育目标中,虽然反映了不同社会时期的背景要求,但是政治需求始终贯穿其中,社会需求和个人全面发展不断凸显;三是高校德育目标是不断丰富和发展着的,是一直处在日趋完善的过程中,目前的高校德育目标越来越体现出科学性、系统性、全面性、时代性和层次性,更加追求实事求是和科学实效,为高校的人才培养起到了重要的导向作用,也为新时期大学生道德社会化的发展目标奠定了坚实基础。

二、大学生道德社会化目标的价值取向

大学生道德社会化目标的价值取向会随着时代特征的不同而适时调

整,在社会立足点上,更多体现在个人本位和社会本位的差异。个人本位主张个人道德社会化以个人价值为中心,根据个人自身完善与发展需求来开展道德教化活动,一定程度上反对社会权威和社会礼俗,强调以人为本,尊重人的基本权利,以及个人权利神圣不可侵犯。社会本位主张以社会价值为中心,以社会发展需求来开展道德教育活动,并以社会主流价值和文化对个体施加影响,强调个体适应社会生活,甚至可以用灌输的方式将社会道德观念强加给学生个体,使之成为具有社会道德规范的社会人。在以往,我们谈大学生道德社会化的目标,更多是强调社会对大学生个体的道德要求,忽视了学生个体对社会的道德需求。虽然,个体本位和社会本位存在着明显的价值悖论,但是这两者的矛盾也并非不可调和。大学生道德社会化既是大学生在社会实践的基础上,通过自我意识对社会道德进行主动选择并积极加工,体现自觉接受和自愿遵循的能动过程,又是社会或群体对大学生施加道德影响,使大学生学习道德规范和认同社会道德的受动过程。大学生道德社会化既显示了大学生自我意识发展所处阶段、成熟程度、完善程度等个性特征,又体现了一定社会或群体对于大学生接受和遵循共同的行为规范和价值观念,并使其转化为内在的行为准则和价值标准的基本要求。因此,社会对大学生的改变和学生个体对社会的要求是统一的,两者是有机互动的整体。

在哲学上,"价值"体现为客体对主体的满足程度。在道德教育的价值取向方面,主体是受教育的个体,客体是教育实践活动。道德教育的价值体现就是在不断的实践活动(客体)中满足个体(主体)需要的程度。因此,要对大学生道德社会化目标的价值取向进行探索,需从社会价值与个体价值、外在价值与内在价值以及工具价值与目的价值三个方面对道德社会化目标价值进行恰当的审视和追问。

三、大学生道德社会化目标的构建原则

新时期大学生道德社会化目标的确定是社会本位和个人本位的有机统一,既要体现社会经济发展对高校人才培养规格的诉求,又要满足促进大学生自由全面发展的实际需要。大学生道德社会化的目标构建是时代特征、社会需求和人的发展等多方面有机结合的理想目标,是工具价值理性和人

自身发展价值理性的统一。因此,构建大学生道德社会化目标,要坚持相关基本原则:

1.选择多样化与导向一元性相统一的原则

道德选择的多样化与道德目标导向一元性,是大学生道德社会化目标的核心问题之一。当前,"多样化"已经成为社会经济成分、生活方式、组织形式以及就业取向等方面的主要特征,这样的社会客观状态必然使人们的道德观念明显地呈现出"多元"的态势,这就需要我们正视现实、科学把握和积极调适。大学校园不是孤立于社会之外的,大学生道德社会化目标的确立,也要以这种社会背景为依据,在高等教育大众化的今天,大学生的道德选择与社会民众没有根本的差异。因此,我们既要承认大学生道德选择多样性和多层性的客观存在,又要在大学生道德社会化的目标导向上明确其主流价值,体现核心价值观的一元导向。这一元性要按照中国国情和社会经济发展的客观实际,在蕴含马克思主义科学性理论的基础上体现出社会主义发展建设的理想性,同时,要包含指导人们的日常行为规范,符合大学生自由全面发展的道德准则。这也就是要以社会主义核心价值体系为核心,形成一个以一元为核心、多样协调统一的目标体系,使先进性与多样性科学结合和有效统一。

2.体现"以生为本"原则

人本意识就是科学发展观中的以人为本的理念。大学生道德社会化目标的确立,要遵循一种正确的人文价值取向,即从人文主义的观点出发建构价值观目标体系。面对当前的生产力水平和社会发展状况,我们要正视价值观教育的社会工具价值理性和人文价值理性,但要旗帜鲜明地反对把人作为工具和手段的价值目标取向,反对科学主义思潮和功利性追求,既要克服价值目标中工具价值取向对人文价值取向的强行剥夺和冷漠无视,也要克服高等教育中技术价值取向对人文价值取向的侵蚀和演变,努力使工具价值追求逐渐弱化,人文价值追求逐渐成为主流和主导,妥善处理好两者的关系,把握好其间合理的张力和契合,使其更具科学性,真正地以人为本,把人作为起点和归宿,体现出时代发展水平和人文精神诉求。因此,我们在确定当代大学生价值观教育目标时,针对现代社会给大学人文精神带来的冲击,大学生的道德教育要担负起更加神圣的使命。在确定大学生道德社会化的目标时,也要张扬人本意识,促进学生全面发展。

3.注重生活和塑造理想相结合的原则

大学生道德社会化的目标,是个梯次性的系统目标,它应该从生活实际出发,能引导大学生道德不断提升,最后达到目标顶层。当然,从实际情况看,也不可能使每一个大学生的道德修养最后都能达到理想目标的层级。以往我们的道德教育存在只确定顶层目标和终极目标的问题,使得大多数人望而却步,其实这样的目标设置只注重了社会需求,对现实生活中的大学生人文关怀和具体关注不够,致使道德教育离开了生活的基础,违背了人的认识形成的规律,道德社会化目标也就容易沦为空中楼阁。因此,确立大学生道德社会化的目标,首先,必须要走进生活,切合实际,关心关注青年大学生的现实生活,引导大学生的道德修养和行为规范不断提升和优化。现实生活是一切科学知识和实践行动的基础,也是道德教育的基础,要实现充满生机活力的大学生道德教育,其重要路径就是走向现实生活。其次,要注重塑造理想。正确的道德理想,是道德提升的方向,是指引人生道路走向完善和崇高的灯塔。通过道德教化,既要帮助他们提高精神境界,提高生命质量,使他们的生活和生命更具价值和意义,又要实现他们的社会理想,塑造推动社会发展所需要的人。从根本上说,这二者的指向是一致的,社会发展的最终目的也是为提升人的生命质量,实现人的自由发展。

四、大学生道德社会化的目标体系

大学生道德社会化是实践的动态过程,这个过程受目标制约,目标决定着这个过程的方向。马克思主义认为,人的能动性的一个重要表现是人行为的目标性,在人的社会活动中,目标提示了行为的方向、意图和预期实现的目的。随着社会发展和进步,大学生道德社会化的目标在社会工具价值与人的自身价值方面,日渐注重于人的自身价值、社会工具价值与人的自身全面自由发展的价值更趋一致。但是,大学生道德社会化的目标具有层次性,层次性中内含着有序性,这是由目标的整体与部分、阶段性与最终实现的辩证关系决定的。第一,道德教育的对象具有多样性。每个大学生的思想状况、道德水平、认识能力都不相同,处在不同的层级上。据此,道德教育的目标就要有层次性,在这个现实基础上才会有针对性,才会有效。在道德社会化目标的设立上,不能过急和超越,不能失去现实性这个逻辑起点,否则就会产生束之高阁、难以企及的目标。第二,大学生的道德认识能力也是有层次性的。他们的现实认识能力是道德社会化目标设定的依据,只有以现实情况下大学生道德认识能力为基础设定教育目标,道德社会化才有可操作性。大学生的道德认识能力与设定的道德目标应相互照应和结合。能力的提高推动不断设立更高的具体目标,目标的适当提升牵引着能力的持续提高,根据大学生道德状况和实现目标的渐进性原则,可以将大学生道德社会化目标由低到高进行设定,分别是基础目标、主要目标、主导目标和理想目标。

1.基础目标:"大学生"特定身份的认同与实践

大学生是一个有着一定的社会组织形式和生命活动形式的特殊群体。他们居于知识的核心地位,有着相应的工作环境、劳动方式和历史使命,其作用是其他生活领域的人们无法替代的。在这个特定的教育教学环境下,大学生以全面成才作为自身内在的需求,充分发挥教学互动的第一课堂教育功能和第二、三课堂校园文化的育人功能,在耳濡目染和潜移默化的熏陶中逐步符合现实德育教育工作中的"合格大学生"的基本概念和特定身份。在大学生道德社会化语境中,也就体现了其基础目标,即符合《高等学校学生行为准则》的基本要求,掌握一定的道德知识,具备一定的道德判断和道德选择能力,具有较好的基础文明和道德修养的大学生。

大学生道德社会化的基础目标设定出于以下考虑。首先,符合《高等学校学生行为准则》的基本要求,掌握一定的道德知识,是当代大学生的基础要求。其次,大学生具备基本的道德判断和选择能力,是社会对人才的基本要求。在当前复杂的社会问题和价值冲突面前,青年大学生不至于被表面现象所迷惑,能时刻保持清醒头脑,明辨是非曲直,主动选择文明健康的道德观念和行为方式。最后,具有较好的基础文明和道德修养强调了道德的基础性地位。具体体现在人与人之间的关系上,要举止文明,互相尊重,诚实守信,助人为乐,热爱他人;在人与社会的关系上,主要体现为模范地遵守社会公共秩序,使遵守公共秩序成为自己的行为习惯;在人与自然的关系上,主要表现为对原生态自然环境和人为自然环境的尊重,具有科学发展和可持续发展的理念。

2.主要目标:"社会公民"的认同与实践

大学生也是"社会人"的具体社会存在。"社会人"是指按照社会公民及其基本规范来要求并能够实现具体社会期望和目标的"社会角色",是以公民意识及其基本规范的认同与实践为核心。中共中央、国务院《关于进一步加强和改进大学生思想政治教育的意见》指出,要"以基本道德规范为基础,深入进行公民道德教育。要引导大学生自觉遵守爱国守法、明礼诚信、团结友善、勤俭自强、敬业奉献的基本道德规范"。高校是以德才兼备的人才培养为目标,而社会公民意识的培育是基础。在这过程中,学校德育自然要承担大学生社会观念更新和公民人格塑造的任务,改革德育的教学手段,创新德育的教学方法,通过隐性教育、渗透教育、多样性教育和人性化教育等方式方法,以"公民意识及其基本规范"为主要内容,培育出符合"社会公民"德育目标的大学生。此外,大学生"社会公民"的认同与实践也是市场经济建设、社会全面发展、民主法制建设和自身成长成才的需要。

大学生道德社会化的主要目标:具有较强的道德判断和选择能力,培养学生具有公民意识。首先,在这个价值观急剧变革的时代,有较强的价值判断和选择能力对个人和社会都非常重要。从个人角度来看,不会人云亦云、朝三暮四,也不会僵化教条、抱残守缺。从社会角度来看,更多民众的价值观的成熟,是社会稳定、进步的一个重要保证条件。民众有较强的价值判断和选择能力,表现在人的价值观上,既不是不变也不是易变,在变与不变中,主要是依据正确科学的判断。其次,使大学生有较强的价值判断和选择能力,有着重要的现实意义。随着我国社会主义市场经济体制的逐步确立,人们对于社会生活方式的自由选择性更强,主体性更突出。社会不同的利益主体即有着不同价值本位和价值诉求的主体逐步形成了,社会价值观的多元化且矛盾冲突将会长期存在。这种客观情况具有进步意义,它促进了思想解放,人们能够更好地发挥主体性,在丰富多彩的价值选择中创造崭新的生活世界,也有利于培养独立自主的观念和创新精神。但是同时,价值观念的多元和矛盾冲突,也容易对人们的正确价值判断和选择产生干扰,特别是对正在求知成长、价值观形成过程中的大学生而言,更容易产生思想迷乱和错误价值取向。大学生求知欲强,特别是求新求异,对社会主导的价值思想,经常会出现逆向思维的情况,反映出青年逆反的心理特征。同时在现实的世俗社会中,他们置身于充满各种诱惑的环境,个人主义、拜金主义、享乐主义的价值观对他们有强烈的冲击和腐蚀,这就对大学生的价值判断和选择能力提出了更高的要求。再次,培养大学生具有较强的价值判断和选择能力更加有利于他们实现自由而全面的发展。在一定社会生活背景下,人实现自由而全面发展的程度,既受社会发展水平的制约,也受人对世界的认识程度制约。在一定社会阶段,社会发展水平对每一个人都是相同的。这时,人对世界的认识和把握程度就具有了主要的决定性作用。价值观是人们对世界认识的核心理念,反映着人把握世界的状况和程度。我们培养大学生有较强的价值判断和选择能力,就是帮助他们更全面、准确、科学地把握世界,提高他们的实践和认识能力,更好地实现自己的人生价值,更高程度地实现自由而全面的发展。

3.主导目标:"社会主义核心价值观"的认同与实践

随着社会主义核心价值观主导地位的确立,在大学生中培育和践行社会主义核心价值观是当前高校德育的重要目标。随着全球化的不断推进,世界范围内的思想文化交流日益频繁,交融不断深化,交锋也更加激烈,各领域各层面的价值冲突将会长期存在,这使得我们国内思想文化领域多元、多样、多变的特征日益明显,各种思潮相互交锋。在这种情况下,社会主义核心价值观将起到整合、引领的作用。高等学校应将社会主义核心价值观的培育和实践作为重要任务,这是因为高等学校肩负着培养社会中坚力量和国家栋梁人才的职责,要通过有效的社会主义核心价值观教育,紧紧围绕中国特色社会主义这一主题,以实现中华民族伟大复兴的"中国梦"的宏伟目标,大力宣传"三个倡导"的内涵,使社会主义核心价值观成为广大大学生的主要思想来源,使中国特色社会主义共同理想成为大学生的理性意志。高校在主导目标层次上,要实现大学生对社会主义核心价值观的深刻理解,普遍认同,并积极践行。

4.理想目标:"共产主义理想"的认同与实践

大学生道德社会化目标是个塔式构建模式,层层提升,不仅难度逐渐增大,而且能够实现理想目标的群体也逐步减少。理想目标主要体现在两个方面:第一,具备非常强的道德判断和道德选择能力,具有很好的道德修养,对社会的道德观念具有引导功能和榜样作用。第二,要使大学生树立远大的共产主义理想和切实践行社会主义核心价值观。在全球化境遇和我国社会现行体制下,高校德育目标的重要内涵之一是培养社会主义"接班人",这样,"共产党人"的政治角色也就自然成了高校德育目标之一,甚至是高校德育的最高目标和理想目标。在这一语境中,"共产党人"是指按照共产主义远大理想和社会主义核心价值观为核心的要求来实现的政治角色,共产主义理想虽然是政治目标,但在高校的人才培养的德育体系中,也应该将其纳入大学生的最高道德追求,作为大学生道德社会化的最高目标和理想目标来设置。

　　大学生理想教育在人与社会关系把握方面,就体现为人对社会理想的理论建构和实践追求。马克思、恩格斯把人类对共产主义这样一个理想社会的现实追求,视为人类从必然王国走向自由王国的根本标志。马克思主义认为,人类自由的获得,要摆脱自然力的奴役和社会关系的奴役,在社会历史发展进程中,这两个方面是互为因果、彼此联系的,其实质就反映在生产力与生产关系的矛盾过程。彻底摆脱自然力和社会关系的束缚和奴役,获得自由与解放,这是人类梦寐以求的理想和愿望。在现实社会,人们常把共产主义看作一种纯粹理想、一个遥遥无期的目标,特别是在复杂的国际政治形态下,往往丧失对共产主义的信心,难以确立起共产主义理想。马克思和恩格斯早就告诉过人们:共产主义不是应当确立的状况,不是现实应当与之相适应的理想,被称为共产主义的是那种消灭现存状况的现实的运动。在当今中国就是建设有中国特色社会主义的运动。理想存在于现实生活中,只有全体人的共同努力,才能实现理想社会的追求,只有解决了现实的种种困难,才能实现向理想迈进。马克思主义者绝不是宗教的信徒,在香烟缭绕中默默地祈祷着自身的超度;共产主义的社会理想也决非乌托邦,去幻想一蹴而就地解决所有的困难和矛盾,并一劳永逸地享受天堂般的安宁与平静。我们培养和树立大学生共产主义的理想目标,就是引导教育他们既要懂得社会发展规律和历史前进的必然,又要自觉发挥历史主人的作用;共产主义既是未来的目标,也是现实的运动过程,也就是说,既要让大学生知道共产主义是我们要最终实现的远大目标,又要看到社会主义现代化建设的近期目标,使之自觉地担负起历史重任,为共产主义的实现而不懈地努力。

第四章 大学生道德社会化的实证调研与影响因素

第一节 大学生道德社会化的实证调研

一、大学生道德社会化调研的问卷编制和测试

（一）问卷编制

1.研究假设

假设一:大学生道德社会化水平会在道德建设的内容层面有着不同的体现。

加强道德建设对促进道德社会化发展具有重要作用。2001年,中共中央颁布《公民道德建设实施纲要》,提出了加强社会公共生活、职业生活、家庭生活等领域中的道德建设,即社会公德、职业道德、家庭美德建设。2007年,党的十七大报告增加了个人品德建设,道德建设由"三德建设"变为"四德建设"。"四德建设"分别从社会层面、组织层面、家庭层面和个体层面提出了相应的道德建设的内容要求,丰富了社会主义道德建设的内涵。因此,大学生"四德建设"的程度就是大学生道德社会化的一个观测角度。

假设二:大学生道德社会化水平会在道德品质的构成上有着不同的体现。

道德品质的形成是道德社会化的结果,也是一个极其复杂的动态变化

系统。道德品质,是指个体依据一定的社会道德准则和规范行动时,对社会、对他人、对周围事物所表现出来的稳定的心理特征或倾向。道德品质主要由道德认识、道德情感、道德意志和道德行为这四种心理成分构成的多层次的完整统一体,彼此之间有着密不可分的关系。因此,大学生在道德品质的逻辑结构"知情意行"上的具体体现也是大学生道德社会化的一个观测角度。

假设三:大学生道德社会化水平会在不同时代的道德要求上有不同体现。

道德是具有时代性的,道德也是不断传承和发展的。在一定历史时期的大学生,既有来自千百年来中国传统美德的影响,更有受到来自当前各个层面、各个领域的影响。因此,大学生对不同时代道德要求的认同和实践也应该是大学生道德社会化的一个观测角度。

假设四:大学生道德社会化水平的影响因素既有来自宏观层面,也有来自微观层面。

大学生道德社会化的影响因素也是学界研究的重点。在宏观层面有来自经济全球化、信息全球化、社会转型期和高等教育大众化等方面的探讨;在微观层面,更多学者从家庭教育、学校德育、同辈群体、网络媒介等方面来予以分析。

基于上述研究预设,本研究的调查问卷设计拟以道德建设内容、道德逻辑结构、道德的时代要求等维度作为观测角度,用来分析当代大学生道德社会化的现状;同时,调查问卷还从不同层面和角度设计内容用来调研影响大学生道德社会化的诸多因素。

2.问卷的项目筛选

传统的问卷设计往往是评价主体提出问题,学生对问题进行回答,问卷题目以"你认为……对不对?""你觉得……这样好吗?"这样的第二人称问法呈现出来,学生作为被评价的客体被动地回答提问,往往对回答的问题缺乏深刻的认识和反思,因而导致回答的结果不一定是自己真实的想法。为了避免这种情况的出现,我们设计问卷题目时采用自我评价的方式,尽可能采取第一人称的方式,用"我觉得……""我认为……"这样一种陈述的语气,让学生作为评价的主体,使学生从被动评价转向到主动参与评价,在参与问卷调查的过程中,形成对自身思想道德的思考,从而主动、全面、清醒地对自己在日常生活当中的思想道德认知、思想道德情感、思想道德行为进行自我反思,准确认识和把握自己的思想道德状况,以期达到问卷答案更趋于真实的目的。

"道德的根本关系是人与人、人与群体之间的利益关系。这种利益关系只有通过活动和交往才能体现出来。"[1]可见,思想道德扎根于个人的真实生活当中,思想道德行为总是在一定的情境中发生的,思想道德情感也是被一定的情境所触发的,不存在抽象的、独立于生活和情境之外的思想道德。因此,对个体思想道德素质的考察必须要在一定的具体情境中进行。据此,我们在编制问卷时,根据大学生在日常生活中带有共性的会经常遇到的思想道德情境,把他们在思想道德情境中做出的思想道德认知、思想道德情感和思想道德行为等编制成题目。在编制题目时,针对不同二级评价指标只能用思想道德观念和思想道德情感反映或者只能用思想道德行为表现的特点,我们分别设计不同的考察学生思想道德认知、思想道德情感或思想道德行为倾向的情境题目,如用"我认为……""我觉得……"等题目来考察学生的道德认知,用"我支持……""我欣赏……""我感到……""我愿意……"等题来考察学生的道德情感和态度,用"我养成了……习惯""我经常……""我总是……""我一般……"来考察学生的道德意志,用"我会……"等题目来考察学生的道德行为。

道德来源于生活,道德离不开生活。我们在编制题目时尽量选取大学生学习生活中经常遇到的带有共性的问题,避免他们因未经历过或不知如何回答而造成答案的不真实,每个句子的表达尽可能地使用大众化、普遍性的语词,尽量通俗易懂,避免使用不常见和容易造成误解的话语。同时,为了避免学生在回答问题时掩饰自己的不足,部分问题设计为反向提问。

在文献研究和访谈基础上,我们设计了 95 条具有代表性、普遍性的项目内容,然后邀请思想政治教育、统计学、社会学、心理学等相关专业 8 名专家对问卷逐条进行分析和评价,评估的内容主要有以下几个方面:一是维度的划分是否合理;二是所拟定项目是否属于相应的维度;三是拟定的项目表

---

① 熊孝梅.中学生思想道德素质的实证研究[D].武汉:华中师范大学,2013:45.

述有无歧义，是否清晰；四是拟定的项目是否有重复，即虽然表述不同，但是所述内容意思相同或相近。在前后进行三轮分析评估后，形成总体的问卷共 85 个条目。在此基础上，汇制成了大学生道德社会化预测问卷。然后邀请了 35 名在校大学生对大学生道德社会化预测问卷进行试测，在对试测结果进行信度和效度检验的同时，注意被试者对问卷的反应，如项目的表述、对项目的理解、项目的数量等信息。在试测后邀请试测的同学对问卷进行评价并提意见，同时请他们对问卷项目的表述进行修改和补充。虽然初测的效度和信度结果符合预期，但还是结合实测结果以及试测同学意见反馈调整（修改、增加和删除）了一些项目，最后，确定大学生道德社会化正式问卷（详见附件）。正式问卷共包括 80 个条目，主要包括四个部分：

第一部分设置人口学资料 10 个项目。包括性别、政治面貌、专业隶属、年级、独生子女、是否是学生干部、家庭所在地、月生活费、周上网时间与周读书数量等信息。题目为单项选择题。

第二部分设置道德自我评价和社会道德评价等 10 个项目，用 1—10 整数进行等级评分。

第三部分设置道德社会化现状 50 个项目，由 11 个反向题和 39 个正向题组成（见表 4-1）。其中，选取道德认知（6、11、29、32、33、42、44 共 7 个项目）、道德情感（18、19、21、22、25、35、48 共 7 个项目）、道德意志（12、13、20、24、36、45、49 共 7 个项目）与道德行为（17、23、26、34、37、38、47 共 7 个项目）"四结构"层面的分析共 28 个项目；选取家庭美德（5、21、22、23、24 共 5 个项目）、职业道德（9、17、25、26 共 4 个项目）、社会公德（10、11、13、18、19、20 共 6 个项目）和个人品德（12、32、34、36、47、48、49 共 7 个项目）"四内容"层面的分析共 22 个项目；选取传统道德（1、2、3、4、5、6、7、8、9、10 共 10 个项目）、社会转型期道德（14、15、16、27、29、30、31、33、35、37、38、50 共 12 个项目）"两维"层面的分析共 22 个项目（具体见表 4-1）。每一个项目均采用 Likert 自评式 5 点量表法：正向题从"完全同意"、"基本同意"、"无所谓"、"基本不同意"、"完全不同意"依次计为 5 分、4 分、3 分、2 分、1 分，反向题则反向计分，最后各项目累加（或累加平均），得分越高表明大学生道德社会化程度越好。

第四部分，道德社会化的影响因素，共 10 个项目，进行排序选择。

表 4-1　向度分类

道德内容	题号	题　目
家庭美德	5	我觉得家和万事兴
	21	我欣赏爱情只在乎曾经拥有,不在乎天长地久
	22	我认为即使父母做得不对,儿女也要顺从父母的意愿
	23	我觉得如果恋人患了绝症,治愈可能性不大,我会终止我们的关系
	24	我养成了每周至少给家里打一次电话的习惯
职业道德	9	我赞同货真价实,童叟无欺
	17	只要有机会,我也会考试作弊
	25	我感到在汶川地震生死关头,一位老师丢下学生逃出教室是可耻的行为
	26	我有时会抄袭别人作业或者学术成果
社会公德	10	我认为各人自扫门前雪,休管他家屋上霜
	11	我认为参加义务献血是件非常有意义的事情
	13	我经常会主动参加社会上的公益活动
	18	遇见老人倒在地上,我愿意提供帮助
	19	在公交车上我愿意给老弱孕残让座位
	20	我养成了每次吃饭总是争取"光盘"行为的习惯
个人品德	12	我捡到别人东西总是会想办法归还
	32	我觉得为了应付老师上课点名,替同学签到是仗义的表现
	34	我会对生活垃圾进行分类处理
	36	寝室没有人的时候我一定会随手熄灯
	47	我会在学生宿舍使用大功率电器
	48	我愿意在上课前主动去擦黑板
	49	只要我有空,我一般都会打扫宿舍卫生
道德认知	6	我认为勿以善小而不为,勿以恶小而为之
	11	我认为参加义务献血是件非常有意义的事情
	29	我认为网络只是工具,与道德无关
	32	我觉得为了应付老师上课点名,替同学签到是仗义的表现
	33	我认为假冒伪劣的现象是市场经济的必然结果
	42	我认为教师是大学生灵魂的工程师和道德楷模
	44	我觉得大学生的道德水平关键在学生自身修养

续表

道德内容	题号	题　目
道德情感	18	遇见老人倒在地上,我愿意提供帮助
	19	在公交车上我愿意给老弱孕残让座位
	21	我欣赏爱情只在乎曾经拥有,不在乎天长地久
	22	我认为即使父母做得不对,儿女也要顺从父母的意愿
	25	我感到在汶川地震生死关头,一位老师丢下学生逃出教室是可耻的行为
	35	我支持对道德败坏者进行"人肉搜索"
	48	我愿意在上课前主动去擦黑板
道德意志	12	我捡到别人东西总是会想办法归还
	13	我经常会主动参加社会上的公益活动
	20	我养成了每次吃饭总是争取"光盘"行为的习惯
	24	我养成了每周至少给家里打一次电话的习惯
	36	寝室没有人的时候我一定会随手熄灯
	45	我经常向身边的同学学习他们的经验
	49	只要我有空,我一般都会打扫宿舍卫生
道德行为	17	只要有机会,我也会考试作弊
	23	我觉得如果恋人患了绝症,治愈可能性不大,我会终止我们的关系
	26	我有时会抄袭别人作业或者学术成果
	34	我会对生活垃圾进行分类处理
	37	我有时会在网络上匿名揭露他人隐私
	38	我会投诉或者举报网络不良信息
	47	我会在学生宿舍使用大功率电器
传统道德	1	我认为天下兴亡,匹夫有责
	2	我认为己所不欲,勿施于人
	3	我认为一日为师,终身为父
	4	我认为一屋不扫,何以扫天下
	5	我觉得家和万事兴

续表

道德内容	题号	题　目
传统道德	6	我认为勿以善小而不为,勿以恶小而为之
	7	我觉得授人玫瑰,手有余香
	8	我认为无规矩不成方圆
	9	我赞同货真价实,童叟无欺
	10	我认为各人自扫门前雪,休管他家屋上霜
转型期道德	14	我认为只有共产党领导,才能实现中国的现代化
	15	我认为在大学期间争取入党对就业有帮助
	16	只要有机会,我就会通过各种方式了解时事政治
	27	我认为社会制度的公正比个人美德更重要
	29	我认为网络只是工具,与道德无关
	30	如果合法权利遭受侵害,即使维权成本很高,我仍会依法维权
	31	我觉得在社会上办事情,不送礼是很难办成的
	33	我认为假冒伪劣的现象是市场经济的必然结果
	35	我支持对道德败坏者进行"人肉搜索"
	37	我有时会在网络上匿名揭露他人隐私
	38	我会投诉或者举报网络不良信息
	50	我认为在经济全球化的今天,道德滑坡是全世界的趋势

(二)问卷测试

1.研究对象的选取

选取了浙江省的 7 所本科院校作为研究样本,即浙江大学、杭州师范大学、浙江农林大学、浙江万里学院、宁波工程学院、浙江大学宁波理工学院和丽水学院。这 7 所高校都是面向全国招生的,其中部分高校还面向国际招生,影响区域和辐射领域较广,办学模式、生源构成等都较为理想。这 7 所大学中既有国家重点大学("211 工程"、"985 工程"学校),又有省级重点大学;既有师范类高校,也有非师范类高校。地域分布上,既考虑省会城市、计划单列市、地市级高校,又考虑了独立学院的情况,及抽取对象的年级和专业分布,如表 4-2 所示。

最后,采取随机抽样的方法,抽取了 1090 个样本,回收了 995 份问卷,经审定,最终有效问卷为 991 份,有效率为 90.9%,如表 4-3 所示。调研问卷通过各高校学生工作部负责人发放和回收,组织调查的各个环节都有专人负责,样本的可信度、可靠度较高,样本的代表性好,抽样误差相对较低,应当可以通过这些样本初步推断当代大学生的道德社会化的基本情况。

表 4-2　测试基本情况分布

项　目	类　型	人数(人)	百分比(%)
性别	男	434	43.8
	女	557	56.2
政治面貌	共青团员	726	73.3
	中共党员	240	24.2
	其他	25	2.5
专业隶属	理科	396	40.0
	工科	236	23.8
	文科	359	36.2
年级	一年级	307	31.0
	二年级	315	31.8
	三年级	250	25.2
	四年级	119	12.0
独生子女	是	507	51.2
	否	484	48.8
是否学生干部	是	653	65.9
	否	338	34.1
家庭所在地	城市(镇)	459	46.3
	农村	532	53.7
月生活费	600 元以下	64	6.4
	600~1200 元	572	57.7
	1201~2000 元	293	29.6
	2000 元以上	62	6.3

续表

项　目	类　型	人数（人）	百分比（%）
周上网时间	20 小时以上	388	39.2
	14～20 小时	372	37.5
	6～13 小时	202	20.4
	6 小时以下	29	2.9
每学期阅读课外书	1 本及以下	250	25.2
	2～4 本	444	44.8
	5～10 本	200	20.2
	10 本以上	97	9.8

表 4-3　问卷发放和回收情况

序号	院　校	发放问卷数（份）	回收有效问卷数（份）
1	浙江大学	110	78
2	杭州师范大学	110	107
3	浙江农林大学	110	94
4	宁波工程学院	110	105
5	浙江大学宁波理工学院	110	108
6	丽水学院	110	97
7	浙江万里学院	430	402
总　计		1090	991

2.调查工具及时间

调查工具为自编的《当代大学生道德社会化研究调查问卷》,调查时间为 2013 年 6—7 月。

3.统计分析

本研究采用 SPSS 15.0 对问卷数据录入与统计分析。数据分析方法主要采用以下几种:

(1)描述性分析

描述性分析是 SPSS 最基本的统计分析项目,主要用来掌握数据的基本分布特征,包括单变量频次分布(人数、百分比等)与基本统计量数分析(平均数、方差、标准差等)。本研究中学生的人口学背景资料的分布、学生对道德各层面的评价分数分布、道德社会化各个维度上的总体平均数及标准差情况,以及学生对道德社会化的影响因素分析的分布情况都是采用频数分析法。

(2)独立样本 T 检验(Independent sample Test)

独立样本 T 检验是用来推断两个相互独立的来自总体分布的样本均值是否存在显著差异。主要利用 F 检验判断两总体的方差是否相等,利用 t 检验判断两总体均值是否存在显著差异。如果通过 F 检验发现,P 值(概率值)小于显著性水平,认为方差存在显著差异;再通过 t 检验的结果可知,P 值(概率值)都是小于显著性水平,认为两个总体的均值存在显著差异。本研究中的第二部分和第三部分采用了此方法,了解道德各类评价与道德社会化结构、内容、时代维度在性别、独生子女、班干部、城乡上的差异。

(3)单因素方差分析(One-Way ANOVA)

单因素方差分析是用来研究一个控制变量的不同水平是否对观测变量产生了显著影响。单因素方差分析的基本分析只能判断控制变量是否对观测变量产生了显著影响。如果控制变量确实对观测变量产生了显著影响,进一步进行均值的多重比较来分析组中哪一组与其他各组均值间具有显著性差异。本研究中涉及政治面貌、专业隶属、年级、月生活费、周上网时间、每学期阅读课外书等自变量多个水平上的分析都采用此方法。

二、大学生道德社会化调研的数据分析

(一)大学生道德社会化的一般情况

1.当代大学生道德社会化的现状透视及结论

(1)从自评角度看,大学生对个人、大学生群体和教师的道德水平充满自信,对社会整体道德偏向乐观

在现实生活中,每个人的心中都有一杆秤,都有一枚道德的砝码。这枚道德砝码不仅会衡量自己的道德水平,也会对他人和社会的道德水平做出判断与评价。在问卷调查中,我们以自评方式让大学生对自我、大学生群体、教师和社会的道德状况做主观评价,结果大学生对自身的道德水平评价

最高,平均得分是 8.15(分值设置在 0～10 分之间)。在道德他评上,对高校教师的道德评价平均得分是 7.40(分值设置在 0～10 分之间),对大学生群体道德水平也给予了 7.04(分值设置在 0～10 分之间)的高分,对社会道德水平评价平均得分为 6.32(分值设置在 0～10 分之间),均高于调查设置的平均值 5.5(见表 4-4)。

表 4-4　大学生对道德多方面的评估情况

项目	1分	2分	3分	4分	5分	6分	7分	8分	9分	10分	平均分
自我道德评价	0.2	0.2	0.1	0.1	2.5	4.8	12.3	43.2	24.6	11.9	8.15
他人道德评价	0.4	0.1	0.5	1.6	8.4	19.6	32.6	26.5	7.1	3.2	7.04
道德社会评价	0.9	0.2	2.4	6.8	20.3	25.8	21.7	13.2	4.5	4.1	6.32
师德评价	0.3	0.5	0.7	0.6	7.3	12.4	0.1	25.5	32.9	15.8	7.40

注:各分值下列注明的是选择不同分值的人数比例[按百分比(%)来说明],本论题暂时没有做进一步研讨。

从表 4-4 可以看出,大学生普遍对自身和大学生群体的道德水平比较认可,保持一种积极向上的乐观倾向,说明大学生主观上是在意自己的道德品质的。从现实来说,大学生群体接受过高等教育,在社会道德领域确实发挥着引领的作用。对于社会道德水平在评价时平均得分为 6.32(分值区间设置在 0～10 分)。这一结果从侧面反映了大学生认为整体社会道德状况还有较大提升空间。

结合现实来看,绝大多数大学生的道德价值观与社会主导的道德价值观是相符的,内心渴望社会道德的提高,也积极地践行自己的道德主张。近年来见诸媒体和网络的类似老人摔倒无人敢扶,食品、医药、水资源存在安全问题等负面现象,可能引发大学生对社会整体道德状况不太满意,甚至表现出潜在的担忧,因此社会道德水平得分仅为 6.32(分值区间设置在 0～10分),社会整体道德状况也会影响大学生的正向道德社会化。

另外,我们通过数据可以清楚地看到,在大学生的心目中还有一些较低分数的存在,说明当前社会包括大学生自身在内的总体道德还有待进一步完善。

（2）从内容维度看，大学生在社会公德、职业道德、家庭道德和个人品德方面与社会主流道德观念趋向一致

道德社会化的内容体现到每个具体的公民，包括大学生，主要表现在个人对社会公德、职业道德、家庭美德、个人品德的践行上。因为现实的人，离不开人的公共生活区域，以及自己的职业场所、自己的家庭环境和自身状况。因此我们从这四个方面整体考察大学生的道德状况（见表4-5）。

表4-5　"四德"总体情况

四　　德	家庭美德	职业道德	社会公德	个人品德
平均分	3.45	3.40	3.87	3.47

注：本论题"四德"均指"社会公德、职业道德、家庭美德、个人品德"，分值区间为0～5分。

从表4-5可以看出："四德"中，社会公德得分最高，平均分为3.87；其次是个人品德，平均分为3.47；再次是家庭美德，平均分为3.45；最后是职业道德，平均分为3.40。

其中原因可能是，一切道德的社会化，最终指向都是社会公德的提升。社会公德反映了社会各方面的道德整体水平，因此社会公德是检验其他道德内容的总指标，得分最高与道德社会化的最终目标相一致。在进一步具体分析道德的四方面内容时，我们还可以看到以下结论：

第一，大学生社会公德状况呈正面特征，与社会主流道德价值期望基本契合。

当今社会处于转型时期，旧的传统道德不能适应新的社会运行模式，新的道德体系又未能完善和深入人心，西方先进的道德体系又不能完全和现有的国情相契合。因此，人们习以为常的旧有道德规范受到新的经济发展观念的挑战，社会唯利是图的趋势加重，公平在一定程度上受到特权的践踏，正义伸张也遭遇尴尬，公权力在公共领域不同程度的滥用，导致整个社会的公德领域出现前所未有的危机。人们在公德维护方面往往手足无措，无所适从。一个老人摔倒扶不扶，本在传统社会里根本不用追问的问题，竟然成为整个国家讨论的热点，公德建设问题的严重性由此可见一斑。大学生关于社会公德类的题干得分如表4-6所示。

表 4-6　大学生社会公德状况

项　目	背离度(%)	不确定(%)	符合度(%)
(10)我认为各人自扫门前雪,休管他家屋上霜	48.2	18.9	32.9
(11)我认为参加义务献血是件非常有意义的事情	7.0	17.0	76.0
(13)我经常会主动参加社会上的公益活动	5.1	20.4	74.5
(18)遇见老人倒在地上,我愿意提供帮助	5.9	10.8	83.3
(19)在公交车上我愿意给老弱孕残让座位	3.8	7.4	88.8
(20)我养成了每次吃饭总是争取"光盘"行为的习惯	7.2	19.0	73.8

从表 4-6 可以看出,大学整体公德状况处于正向分布,与社会主流道德价值期望基本契合,在大是大非方面大学生爱憎分明。其中,在尊老爱幼方面处于较高的水平,"遇见老人倒在地上,我愿意提供帮助"的正向符合度为 83.3%,"在公交车上我愿意给老弱孕残让座位"的正向符合度为 88.8%。

但是,在"我认为各人自扫门前雪,休管他家屋上霜"的选项上,却呈现出两边倒的趋势,答案相对分散,背离度为 48.2%,符合度为 32.9%,两者相差不大,说明大学生中也存在着事不关己、高高挂起的心态,与遇到老人倒地等出手相助的高符合度难以契合。这正反映了当下大学生对待社会公德的矛盾心理:心里愿意做好事,面对现实却又犹豫不决,这值得教育者进一步探讨。

第二,大学生对现行基本的职业道德价值认同度较高,但存在对己对人尺度不一的现象。

作为准社会人的大学生虽尚未进入职场,但是在平时的生活、学习、社会实践、兼职、实习等过程中的表现,如对待买卖公平的态度、考试是否诚信、爱心奉献、志愿服务等行动方面可以预期将来的职业道德状况。本次调查选取与学生生活实际密切相关、大学生关于职业道德类的题干得分如表 4-7 所示。

表 4-7　大学生职业道德状况

项　　目	背离度(%)	不确定(%)	符合度(%)
(9)我赞同货真价实,童叟无欺	6.0	9.2	84.8
(17)只要有机会,我也会考试作弊	50.7	20.3	29.0
(25)我感到汶川地震生死关头,一位老师丢下学生逃出教室是可耻的行为	20.3	14.9	64.8
(26)我有时会抄袭别人作业或者学术成果	40.0	21.0	39.0

从表 4-7 可以看出,大学生对"我赞同货真价实,童叟无欺"的符合度为 84.8%,对"我感到汶川地震生死关头,一位老师丢下学生逃出教室是可耻的行为"的正向符合度为 64.8%,对"只要有机会,我也会考试作弊"和"我有时会抄袭别人作业或者学术成果"背离度为 50.7% 和 40.0%。以上数据可以从两个方面理解,大部分大学生对基本职业道德是认同的,对买卖公平、教师的职责有着正向的理解和评价,说明在未来的职业场中大学生对职业责任和义务的认同意识是较高的。

但是从反向对比分析,可以明显感觉到大学生的职业道德有着严于律人、宽以待己的心态。当涉及自己的利益时,道德标准下降,对考试抄袭和学术造假不是坚决反对,背离度仅为 40.0%,情况堪忧。这要求在高校德育教育过程中,更多关注纠正学生在职业道德上知行分离的倾向。

第三,大学生对传统家庭美德认可度高,但在婚恋观上有功利倾向。

家庭美德是维护家庭成员间亲情的磁场,也是维护一个社会和谐、人际关系正常交往的前提。一个人如果对家人都缺乏爱心,连维护最基本的家庭人伦道德都难以做到,那就更不会热爱社会或国家。如春秋时,法家先驱管仲临死前劝诫齐桓公勿重用易牙、竖刁等佞臣(易牙烹子献糜,竖刁为了对齐桓公表示忠心而自行阉割),这些人连自己的儿子和身体都不爱惜,怎么可能真心爱惜国君呢?可见家庭美德对于个人社会化是极其重要的。大学生关于家庭美德类的题干得分如表 4-8 所示。

表 4-8 大学生家庭美德状况

项　　目	背离度(%)	不确定(%)	符合度(%)
(5)我觉得家和万事兴	2.6	2.9	94.5
(21)我欣赏爱情只在乎曾经拥有,不在乎天长地久	47.1	17.0	35.9
(22)我认为即使父母做得不对,儿女也要顺从父母的意愿	45.1	11.1	43.8
(23)我觉得如果恋人患了绝症,治愈可能性不大,我会终止我们的关系	62.4	12.8	24.8
(24)我养成了每周至少给家里打一次电话的习惯	7.6	9.8	82.6

从表 4-8 可以看出,对"我觉得家和万事兴"的认同度最高,符合度达 94.5%,对"我养成了每周至少给家里打一次电话的习惯"符合度为 82.6%。这组数据反映出大学生对和谐的家庭关系的向往,对家庭和自己的父母有着很深的一体化情结。

对"我觉得如果恋人患了绝症,治愈可能性不大,我会终止我们的关系"背离度达到 62.4%,对"我认为即使父母做得不对,儿女也要顺从父母的意愿"的符合度仅为 43.8%。从中可以看出相当一部分大学生对感情负责的决心不够坚定,体现爱的能力较弱,对个人的价值地位的现代性强调与传统的顺从父母的要求之间差异较大。

第四,大学生个人品德状况较好,但存在一定的利己倾向。

个人品德是外在的道德社会化要求与人的禀赋、认识的内化所相互作用的结果。个人品质的好坏,直接折射出社会的道德状况,同时也反映社会的道德社会化水平和个人的道德素质程度。社会道德状况是每个人的道德状况的综合反映,如果每个公民都有着极高的道德素养,那么社会的整体道德状况就较高,反之,大多数人道德败坏,社会道德风气不可能良好。大学生关于个人品德类的题干得分如表 4-9 所示。

表 4-9　大学生个人品德状况

项　　　目	背离度(%)	不确定(%)	符合度(%)
(12)我捡到别人东西总是会想办法归还	3.4	12.5	84.1
(32)我觉得为了应付老师上课点名,替同学签到是仗义的表现	33.2	27.9	38.9
(34)我会对生活垃圾进行分类处理	13.5	25.7	60.8
(36)寝室没有人的时候我一定会随手熄灯	7.6	12.2	80.2
(47)我会在学生宿舍使用大功率电器	52.1	17.2	30.7
(48)我愿意在上课前主动去擦黑板	31.5	35.8	32.7
(49)只要我有空,我一般都会打扫宿舍卫生	10.3	21.5	68.2

　　从表 4-9 可以看出,在个人品德方面,符合度和背离度比较分散。对"寝室没有人的时候我一定会随手熄灯"的符合度为 80.2%,对"只要我有空,我一般都会打扫宿舍卫生"的符合度为 68.2%,可以说明大学生有着良好的节约意识和生态意识,大多数学生在生活细节上,自觉遵守道德原则。

　　在涉及公共事务上,大学生的道德参与热情并不高,这也和当下的社会风气有一定的契合度。"我会在学生宿舍使用大功率电器"的背离度达到52.1%,折射出相当一部分大学生只顾自身便利,而不顾集体的安全,体现了大学生具有一定的利己倾向。在尊师的表现上,对"我愿意在上课前主动去擦黑板"的符合度仅为 32.7%,可以看出大学生对擦黑板不能为自己带来直接利益而导致行为参与热情低。

　　(3)从逻辑维度看,大学生道德存在"知高、情中、行低"的局面

　　大学生道德社会化从逻辑发展看,可以从社会发展角度划分为传统、现代、后现代的社会逻辑发展顺序,也可以从学生个体角度,从感知、情感、意志、行为的相互影响,相互促进的逻辑关系的角度进行分析。从中国国情分析,目前社会主要发展逻辑还是从传统道德向现代道德的转型。现实中,不少学生的道德社会化状况与现代化建设和发展需要的现代道德还有一定差距。在道德逻辑发展上,我们重点就个体道德的心理结构逻辑发展进行考察,具体分析大学生道德社会化的逻辑发展现状,选取了逻辑结构中知、情、

意、行四个方面的选题,对学生进行具体考察,以便掌握学生道德发展的具体过程和知、情、意、行的相互关系。

大学生道德"四结构"总体情况如表 4-10 所示。

表 4-10　大学生"四结构"总体情况

四结构	道德认知	道德情感	道德意志	道德行为
平均分	3.65	3.46	4.05	2.83

注:本论题的"四结构"均指"道德认知、道德情感、道德意志、道德行为",分值区间为 0~5 分。

从表 4-10 可以看出:在大学生道德社会化逻辑结构层面上,道德意志的得分最高,平均分为 4.05;其次是道德认知,平均分为 3.65;再次是道德情感,平均分为 3.46;最后是道德行为,平均分为 2.83。可以看出整体上大学生的道德社会化逻辑状态是"知高、情中、行低"的局面。再进一步具体分析道德的逻辑结构,我们还可以看到以下结论。

第一,大学生道德认知水平较高,对社会主流价值体系充分认同。

大学生对道德的认知水平直接影响道德情感、道德意志的形成和道德行为的完成,道德认知是道德情感、意志、行为形成和完成的前提,居于十分重要的位置。因此,我们选取了与大学生道德社会化密切相关的传统、网络、市场、爱心等方面道德认知命题进行考察,结果如表 4-11 所示。

表 4-11　大学生道德认知状况

项　目	背离度(%)	不确定(%)	符合度(%)
(6)我认为勿以善小而不为,勿以恶小而为之	1.7	3.7	94.6
(11)我认为参加义务献血是件非常有意义的事情	7.0	17.0	76.0
(29)我认为网络只是工具,与道德无关	55.3	13.1	31.6
(32)我觉得为了应付老师上课点名,替同学签到是仗义的表现	33.2	27.9	38.9

续表

项　目	背离度(%)	不确定(%)	符合度(%)
(33)我认为假冒伪劣的现象是市场经济的必然结果	48.0	18.6	33.4
(42)我认为教师是大学生灵魂的工程师和道德楷模	7.0	14.6	78.4
(44)我觉得大学生的道德水平关键在学生自身修养	5.0	9.1	85.9

从表 4-11 可以看出,大学生对传统道德要求"我认为勿以善小而不为,勿以恶小而为之"的符合度达 94.6%,对与大学生生活学习相关的内容,其中"我认为参加义务献血是件非常有意义的事情"的符合度达到 76.0%,"我认为教师是大学生灵魂的工程师和道德楷模"的符合度达 78.4%。从中可以看出,大学生总体在从善去恶的认知方面水平是比较高的,认同社会的主流价值。

但在微观领域的道德认知显得不够理性,在对网络道德的认知判断中,对"我认为网络只是工具,与道德无关"符合度仅为 31.6%,似乎认为网络本身便有善恶的特性。实际上网络是科学发明的应用工具,本身与道德无关,有关的是应用网络的人的道德问题。网络道德的实质是人的道德问题,而不是网络本身有什么道德问题。道德的主体是人,不是工具,因此教育的根本是人,而不是对工具的封堵。

第二,大学生道德情感主流健康,但局部还有待提升。

情感直接影响一个人的行为的趋向性、忠诚度和持久力,对道德行为的情感体验影响一个人的行为表现。虽然情感不是完全理性的,有时是非理性的,比如宗教徒对宗教的信仰,有的就不是建立在完全的理性的基础上,但是宗教的热情在宗教信仰中起到了很重要的作用。热情可以说是行为的催化剂,如果热情能建立在正向有益于人的发展的立场上,就可以强化道德实践,能够放大行为的参与度和深入度,我们通过几个日常道德行为,透视大学生的道德情感,结果如表 4-12 所示。

表 4-12　大学生道德情感状况

项　目	背离度（%）	不确定（%）	符合度（%）
(18)遇见老人倒在地上,我愿意提供帮助	5.9	10.8	83.3
(19)在公交车上我愿意给老弱孕残让座位	3.8	7.4	88.8
(21)我欣赏爱情只在乎曾经拥有,不在乎天长地久	47.1	17.0	35.9
(22)我认为即便父母做得不对,儿女也要顺从父母的意愿	45.1	11.1	43.8
(25)我感到在汶川地震生死关头,一位老师丢下学生逃出教室是可耻的行为	20.3	14.9	64.8
(35)我支持对道德败坏者进行"人肉搜索"	42.3	22.1	35.6
(48)我愿意在上课前主动去擦黑板	31.5	35.8	32.7

从表 4-12 可以看出,大学生在尊老爱幼、对待老幼的道德情感上,大多数人的道德情感是积极向上的,其中,"遇见老人倒在地上,我愿意提供帮助"的符合度为 83.3%,"在公交车上我愿意给老弱孕残让座位"的符合度为 88.8%。

在对待恋人的情感观念上,对"我欣赏爱情只在乎曾经拥有,不在乎天长地久"的背离度仅为 47.1%,在情感专一性上和传统相比更显功利。在家庭情感方面,大学生也不是传统的唯父母之命是从,而是有着自己的相对独立性,对"我认为即使父母做得不对,儿女也要顺从父母的意愿"的符合度仅为 43.8%。

在职业道德情感上,"我感到在汶川地震生死关头,一位老师丢下学生逃出教室是可耻的行为"的符合度为 64.8%,表现出大学生较好的职业道德素养和情感,但其背离度和不确定也达到 35.2%,说明大学生在职业道德的情感上有待加强。

在个人隐私的情感态度方面,大学生表现出比较理性和谨慎的态度,对"我支持对道德败坏者进行'人肉搜索'"的符合度仅为 35.6%。

第三，大学生道德行为水平虽较高，但呈现出"知行不一"的现象。

道德行为是人的知情意在行动上的综合体现。知情意还局限在人的意识形态，还处于未现实对象化的状态，道德并非纯精神的意识，而是对象化的活动。道德价值最终体现在人的实践之中，道德实践是道德社会化的最终目标。通过现实道德行为考察大学生的道德现实状况，结果如表4-13所示。

表4-13　大学生道德行为状况

项　　　目	背离度(%)	不确定(%)	符合度(%)
(17)只要有机会，我也会考试作弊	50.7	20.3	29.0
(23)我觉得如果恋人患了绝症，治愈可能性不大，我会终止我们的关系	62.4	12.8	24.8
(26)我有时会抄袭别人作业或者学术成果	40.0	21.0	39.0
(34)我会对生活垃圾进行分类处理	13.5	25.7	60.8
(37)我有时会在网络上匿名揭露他人隐私	66.3	12.3	21.4
(38)我会投诉或者举报网络不良信息	38.9	35.8	25.3
(47)我会在学生宿舍使用大功率电器	52.1	17.2	30.7

从表4-13可以看出，大学生现实道德实践状况和道德意识有一定差距。如"只要有机会，我也会考试作弊"的背离度为50.7%，说明接近一半的学生曾有作弊动机，这与他们在道德认知调查中"我认为勿以善小而不为，勿以恶小而为之"高达94.6%的符合度相去甚远。在爱情观方面设置的事实判断中，"我觉得如果恋人患了绝症，治愈可能性不大，我会终止我们的关系"的符合度为24.8%，不确定的为12.8%，说明近四成的大学生在感情上存在只能同富贵、不能共患难的功利色彩。"我有时会在网络上匿名揭露他人隐私"的符合度为21.4%，说明在保护个人隐私权益方面大多数学生意识较高。"我会投诉或者举报网络不良信息"的符合度为25.3%，这一数据反映学生在举报不良行为方面积极性不高，这可能需要从学生自身和社会制度等多方面来考量。"我会在学生宿舍使用大功率电器"的符合度达到30.7%，不能确定的占17.2%，说明近五成大学生明知公共安全的重要性，

但为了自身便利往往把公共危险抛之脑后。

纵观调查的知情意行的现状,大学生整体道德认知、道德情感在符合度上较高,但在道德行为中存在功利主义色彩,知高于行。

(4)从时代维度看,大学生对传统道德文化的认同高于对转型期道德文化认同

人不可能脱离传统而存在,同时也不可能依靠传统而存在,在人类发展的过程中,面对出现的新现象、新问题,要及时用新的价值观念来解释、指导。通过从传统和社会转型时期两个不同时代维度考察大学生道德现象的评价,从而了解大学生道德社会化的继承和发展状况,为大学生道德社会化提供现实依据。

大学生道德"两维"总体情况如表 4-14 所示。

表 4-14 大学生"两维"总体情况

两　　维	传统道德	转型期道德
平均分	4.30	3.28

注:本论题的"两维"均指"传统道德"和"转型期道德",分值区间为 0~5 分。

从表 4-14 可以看出,总体上传统道德平均分为 4.30,转型期道德平均分为 3.28,前者高于后者,可见大学生对传统道德认可度较高,对大学生的道德社会化影响也较大。再进一步具体分析道德的时代维度,我们还可以看到以下结论:

第一,大学生传统道德认可度高,接受传统道德社会化的程度也较高。

传统道德的内容十分丰富,我们主要选择了包括爱国、行善、无私、守规、尊教等与大学生密切相关的几个方面,其结果如表 4-15 所示。

从表 4-15 可以看出,大学生在传统道德认同方面认同度较高,其中在传统的爱国情怀上,"我认为天下兴亡,匹夫有责"的符合度为 95.1%,大学生具有良好的爱国传统,以天下为己任的道德情怀和道德意识还有着非常坚固的地位。在对传统的为仁、行善方面的"我认为己所不欲,勿施于人"和"我认为勿以善小而不为,勿以恶小而为之"的符合度分别为 95.2% 和 94.6%,说明传统儒家道德在当代大学生中仍有着极大的影响。在传统的尊师观念上,对"我认为一日为师,终身为父"的符合度为 88.4%,在现代普

表 4-15 大学生传统道德状况

两维	题号	题　目	背离度（%）	不确定（%）	符合度（%）
传统道德	1	我认为天下兴亡,匹夫有责	1.8	3.1	95.1
	2	我认为己所不欲,勿施于人	1.5	3.3	95.2
	3	我认为一日为师,终身为父	3.9	7.7	88.4
	4	我认为一屋不扫,何以扫天下	4.9	10.6	84.5
	5	我觉得家和万事兴	2.6	2.9	94.5
	6	我认为勿以善小而不为,勿以恶小而为之	1.7	3.7	94.6
	7	我觉得授人玫瑰,手有余香	2.2	4.5	93.3
	8	我认为无规矩不成方圆	3.0	6.3	90.7
	9	我赞同货真价实,童叟无欺	6.0	9.2	84.80
	10	我认为各人自扫门前雪,休管他家屋上霜	48.2	18.9	32.9

遍讲究平等、自由的大背景下这一比例还是非常高的。在对待制度的态度上,对"我认为无规矩不成方圆"的符合度为90.7%,也反映大学生对传统规则意识的认可。在无私奉献的情怀上,学生也表现了较广的胸怀,对"我觉得授人玫瑰,手有余香"的符合度为93.3%,这一数据也透视出学生积极乐观的处世情怀。

总之,传统主流道德在大学生的心目中仍处于非常重要的位置,对大学生道德社会化也有着较大的影响,传统血脉根深蒂固地流淌在大学生成长的血液里,时时左右着大学生的成长与成才。

第二,大学生认为社会转型时期社会道德处于多元不确定性之中,良莠不齐。

在传统社会的基础被瓦解后,随着封建王朝的垮台,稳定的以农耕社会为主要形态的中国,逐渐向以工业化为目标的现代社会迈进。本来不在人们日常生活中出现的新事物、新观念慢慢地生根发芽,传统的东西在现代意识的觉醒中慢慢地退去。随着社会发生本质的变化,人的道德观念也在改变,目前大多数国人的道德观念状态既不是完全脱离传统的,又不是彻底达到现代社会要求的目标,是以一种比较特殊而复杂的形态存在着。针对转型期社会道德的情状,我们从市场经济中的原则、社会负面现象、网络社会、社会制度等对大学生发展和道德社会化有着直接影响的项目进行考察,了解学生的现实道德状况,分析其局限性和进步性,为进一步促进大学生道德社会化进步提供现实的支撑。结果如表 4-16 所示。

表 4-16　大学生转型期道德状况

两维	题号	题　目	背离度(%)	不确定(%)	符合度(%)
转型期道德	14	我认为只有共产党领导,才能实现中国的现代化	18.6	20.4	61.0
	15	我认为在大学期间争取入党对就业有帮助	7.1	20.4	72.5
	16	只要有机会,我就会通过各种方式了解时事政治	7.2	24.8	68.0
	27	我认为社会制度的公正比个人美德更重要	23.2	18.7	58.1
	29	我认为网络只是工具,与道德无关	55.3	13.1	31.6
	31	我觉得在社会上办事情,不送礼是很难办成的	62.1	19.7	18.2
	33	我认为假冒伪劣的现象是市场经济的必然结果	48.0	18.6	33.4
	35	我支持对道德败坏者进行"人肉搜索"	42.3	22.1	35.6
	37	我有时会在网络上匿名揭露他人隐私	66.3	12.3	21.4
	38	我会投诉或者举报网络不良信息	38.9	35.8	25.3
	50	我认为在经济全球化的今天,道德滑坡是全世界的趋势	41.3	18.5	40.2

　　从表 4-16 可以看出,大学生对经济伦理方面的观点比较分散。"我认为假冒伪劣的现象是市场经济的必然结果"的符合度为 33.4%,态度不确定的占 18.6%,背离度为 48.0%,这一组数据结果比较分散,多数同学不认可假冒伪劣是市场经济的必然结果,这一结论总体与市场经济的价值导向一致。市场经济是法治经济,以契约诚信和平等交换为原则,因此完善的市场经济与假冒伪劣产品难以共存。之所以大学生还有 33.4% 的人持赞成态度,可

能是社会现实状况的影响。在当下我国的市场经济不够完善的情况下,法治在一定范围内受到影响,国内市场假冒伪劣现象比较严重,同时学生对市场经济理论缺乏深入研究,所以凭感觉判断,认为假冒伪劣现象是市场经济的必然结果。

在制度与个人美德的关系上,大学生对"我认为社会制度的公正比个人美德更重要"的符合度为58.1%,说明现代社会大学生知道社会制度对个人美德的影响是至关重要的,但也有四成多同学对此持模糊和否定的态度。可见提升大学生对社会制度重要性的意识还是很有必要的,必须在高度认同的基础上,将人的共同意识上升到制度高度。制度融合了大家共同的意愿,是维护社会良好美德的基础。

网络是现代社会科技发展的产物,网络的出现改变了大家的生活方式,拓展了人的生活空间。在对"我认为网络只是工具,与道德无关"的评价上,符合度为31.6%,背离度为55.3%,从中可以看出,大多数大学生对道德和工具的关系认识是比较模糊的,把道德败坏的原因指责为网络的原因是没有认识到事物的本质。

(二)不同变量与大学生道德社会化

1.道德社会化在性别上的差异比较分析

道德社会化在性别上的差异比较,具体调查结果如表4-17所示。

表4-17 道德社会化在性别上的比较

		男生(434人)		女生(557人)		T
		均值	标准差	均值	标准差	
内容维度	家庭美德	3.57	0.705	3.35	0.591	5.428***
	职业道德	3.54	0.738	3.29	0.657	5.487***
	社会公德	3.91	0.614	3.84	0.516	2.002*
	个人品德	3.60	0.599	3.38	0.494	6.279***
结构维度	道德认知	3.74	0.561	3.57	0.465	5.127***
	道德情感	3.61	0.650	3.35	0.556	6.708***
	道德意志	4.05	0.580	4.04	0.527	0.231
	道德行为	3.09	0.822	2.63	0.698	9.517***

续表

		男生(434 人)		女生(557 人)		T
		均值	标准差	均值	标准差	
时代维度	传统道德	4.29	0.495	4.30	0.517	−0.267
	转型期道德	3.46	0.624	3.14	0.516	8.893***

注：* 表示 $P<0.05$，** 表示 $P<0.01$，*** 表示 $P<0.001$（下同）

T 检验判断两总体均值是否存在显著差异。如果通过 F 检验发现，P 值（概率值）小于显著性水平，认为方差存在显著差异，再通过 T 检验的结果可知，P 值（概率值）都是小于显著性水平，认为两个总体的均值存在显著差异。

从表 4-17 可以看出，不同性别大学生的道德社会化存在显著的差异（除道德意志和传统道德外），有的差异甚至达到极其显著（$P<0.001$）的程度，总体而言，男生的道德社会化高于女生。

在心理学的研究中，道德是否存在性别差异一直存在争论。赫尔斯坦因（1976）的研究表明：在道德推理上具有性别差异，女性的道德判断受移情和感情的影响，而男性的道德判断较少受移情的影响。[1] 但沃尔干却认为这种差异只能在开放式采访过程的情境中引出，而不能通过客观实证研究得出。如果没有统一的客观译码图式，就不可能区分男、女道德判断上的差异。[2]

分析认为，存在这一现象可能基于以下原因：一方面是由男女本身的生物、生理因素造成的。男性相对理性，在关注政治事件、社会现象和道德问题等方面表现出极大的热情，而女性相对感性，更习惯关注自身内在心理、人际关系、家庭事务等方面。因此，男生与女生的道德内化与生成都会存在差异。另一方面是由男女的社会角色形成的。即便当前社会普遍提倡男女平等，但现实生活中，赋予男性的社会责任相对更大，男性会承受更多的成长、成功压力，这使得男性在生活中需要做出更多的道德关注和道德示范，女性也似乎认同这一点。因此，习惯化的思维和行为定势，使男性大学生在

① Holstein C. Development of Moral Judgment：A Longitudinal Study of Males and Females[J]. Child Development，1976，47：51-61.

② Walker L J. A Longitudinal Study of Moral Reasoning[J]. Child Development，1989，60：157-166.

道德社会化上走在了前面。

2.道德社会化在政治面貌上的差异比较分析

道德社会化在政治面貌上的差异比较,具体调查结果如表 4-18 所示。

表 4-18 道德社会化在政治面貌维度上的比较

		共青团员		中共党员		其 他		F
		均值	标准差	均值	标准差	均值	标准差	
内容维度	家庭美德	3.45	0.643	3.46	0.690	3.26	0.515	1.119
	职业道德	3.42	0.694	3.36	0.744	3.37	0.578	0.594
	社会公德	3.88	0.548	3.85	0.607	3.81	0.524	0.398
	个人品德	3.46	0.551	3.51	0.564	3.38	0.516	1.003
结构维度	道德认知	3.66	0.510	3.61	0.531	3.45	0.513	2.623
	道德情感	3.46	0.605	3.48	0.650	3.29	0.401	1.051
	道德意志	4.04	0.526	4.07	0.622	3.94	0.546	0.799
	道德行为	2.82	0.768	2.83	0.856	2.95	0.732	0.330
时代维度	传统道德	4.30	0.476	4.29	0.593	4.22	0.523	0.340
	转型期道德	3.28	0.585	3.30	0.592	3.24	0.620	0.160

从表 4-18 可以看出,不同政治面貌大学生的道德社会化平均分虽有差异,但是并不存在统计学意义上的差异($P>0.05$),也就是说,不同政治面貌大学生的道德社会化不存在显著差异。

分析认为,当前学生的政治面貌不能直接反映人的道德水平,一方面是学生加入党团组织后,组织对学生党员的理想信念教育和道德教育的实效性有待提升,学生党员的同辈榜样示范和先进性作用发挥不够;另一方面是现在大学生组织发展比例较多年前有较大幅度提升(目前虽然有所控制),这一定程度上也很难反映不同政治面貌的大学生之间的道德差异。

3.道德社会化在学科背景上的差异比较分析

道德社会化在学科背景上的差异比较,具体调查结果如表 4-19 所示。

表 4-19 道德社会化在学科背景上的比较

		理科		工科		文科		F	事后比较LSD法
		均值	标准差	均值	标准差	均值	标准差		
内容维度	家庭美德	3.47	0.667	3.52	0.656	3.38	0.629	3.542*	2>3
	职业道德	3.45	0.673	3.44	0.731	3.33	0.715	3.235*	1>3
	社会公德	3.89	0.523	3.84	0.578	3.87	0.592	0.567	n.s
	个人品德	3.49	0.541	3.53	0.572	3.42	0.552	2.642	n.s
结构维度	道德认知	3.68	0.486	3.64	0.530	3.60	0.536	2.224	n.s
	道德情感	3.49	0.578	3.49	0.652	3.40	0.619	2.467	n.s
	道德意志	4.06	0.478	4.02	0.586	4.04	0.600	0.422	n.s
	道德行为	2.86	0.755	2.94	0.825	2.72	0.788	6.299**	1,2>3
时代维度	传统道德	4.32	0.428	4.29	0.469	4.28	0.603	0.437	n.s
	转型期道德	3.33	0.575	3.32	0.611	3.20	0.580	4.774**	1,2>3

注:1为理科,2为工科,3为文科,n.s表示没有比较性(下同)。

从表 4-19 可以看出,不同学科背景的大学生在家庭美德、职业道德、道德行为和转型期道德上都存在显著差异。进一步两两比较发现,总体趋势是理工科高于文科,而理科与工科之间无显著差异,可以说,理工科大学生的道德社会化高于文科学生。

分析认为,存在差异可能与理工科与文科的教育教学目标有关。理工科学生从事的是自然科学研究,往往要求其思维方式是客观的、确定的、必然的关系,教育过程更加关注逻辑性、科学性、准确性,因此,形成了较为踏实的学风和严谨求实、追求真理的学习态度。这对理工科学生的道德内生与外化有着潜移默化的影响,有助于顺利实现道德社会化。反之,文科学生从事的是社会科学研究,接触的是主客观双重的世界,主观、感性的因素占主导,其思维方式往往是发散的、多元的,久而久之便习得多元并存的思维模式,在道德社会化过程中,面对多元、多变的道德观念,时常发生思维的矛盾冲突,甚至无所适从,从而影响其道德社会化水平。

4.道德社会化在年级层次上的差异比较分析

道德社会化在年级层次上的差异比较,具体调查结果如表 4-20 所示。

表 4-20　道德社会化在年级层次上的比较

		一年级		二年级		三年级		四年级		F	事后比较 LSD 法
		均值	标准差	均值	标准差	均值	标准差	均值	标准差		
内容维度	家庭美德	3.40	0.588	3.55	0.688	3.31	0.646	3.58	0.664	8.745***	4>3,1 2>1,3
	职业道德	3.37	0.637	3.52	0.715	3.25	0.708	3.50	0.769	7.748***	4,2,1>3 2>1
	社会公德	3.87	0.514	3.90	0.580	3.81	0.617	3.92	0.504	1.395	n.s
	个人品德	3.38	0.512	3.56	0.570	3.41	0.556	3.62	0.546	9.684***	2,4>1,3
结构维度	道德认知	3.62	0.468	3.70	0.537	3.58	0.536	3.71	0.520	3.165*	2,4>3
	道德情感	3.40	0.543	3.54	0.620	3.37	0.662	3.59	0.609	6.669***	2,4>1,3
	道德意志	3.99	0.516	4.09	0.514	4.03	0.634	4.10	0.534	1.984	n.s
	道德行为	2.76	0.706	2.98	0.838	2.64	0.699	3.03	0.913	12.407***	2,4>1,3
时代维度	传统道德	4.29	0.452	4.34	0.420	4.22	0.670	4.36	0.442	3.231*	2,4>3
	转型期道德	3.21	0.526	3.39	0.636	3.18	0.541	3.39	0.638	8.860***	2,4>1,3

注:1 为一年级,2 为二年级,3 为三年级,4 为四年级。

从表 4-20 可以看出,除社会公德和道德意志两个项目外,不同年级大学生的道德社会化水平都存在显著的差异。进一步两两比较发现,呈现的总体趋势是二年级和四年级得分高于一年级和三年级,而且一年级得分高于三年级(虽然不存在统计学意义上的显著差异)。可以说,"90 后"大学生道德社会化在年级上的发展并不是直线式的,而是阶梯式的。

分析认为,这种阶梯式特点与前期做过的大学生心理特点、思想特点等类似,大三成为学生道德社会化的转折点,这或许是因为大学生本身的心理与行为发展造成的。进一步分析,大一学生的主要任务是适应生活环境、学习方式、人际关系等,往往无暇顾及道德层面的学习和提升。大二学生则进入适应后的稳定期,更多地参与专业学习、能力锻炼和社会实践等,并在这些活动中实现道德内生与外化。大三学生则随着学习和实践的深入,接触的社会和道德现象会多样化,多元价值观的选择会让他们感到无所适从,出现道德社会化的徘徊期。大四阶段,随着知识的积累、生活阅历的丰富、视野的拓展,学生会更多、更全面地关注自身成长和发展,作为即将进入职场、成为真正意义的社会人,他们会更主动学习社会角色需要的相关道德知识和行为,不断形成较为成熟的道德理念,提升自身的道德社会化水平。

5.道德社会化在家庭结构上的差异比较分析

道德社会化在家庭结构上的差异比较,具体调查结果如表4-21所示。

表4-21 道德社会化在家庭结构上的比较

		独生子女(507人)		非独生子女(484人)		T
		均值	标准差	均值	标准差	
内容维度	家庭美德	3.52	0.671	3.37	0.624	3.552***
	职业道德	3.45	0.706	3.35	0.608	2.388*
	社会公德	3.88	0.601	3.86	0.518	0.432
	个人品德	3.50	0.580	3.45	0.523	1.352
结构维度	道德认知	3.68	0.531	3.61	0.498	2.001*
	道德情感	3.51	0.629	3.41	0.591	2.467*
	道德意志	4.05	0.572	4.04	0.527	0.476
	道德行为	2.90	0.822	2.76	0.747	2.741**
时代维度	传统道德	4.29	0.548	4.30	0.461	−0.278
	转型期道德	3.35	0.597	3.21	0.569	3.741***

从表4-21可以看出,除社会公德、个人品德、道德意志、传统道德等方面不存在差异外,在其他项目上独生子女与非独生子女之间都存在显著的差异,都是独生子女得分显著高于非独生子女,可以说独生子女大学生的道德社会化高于非独生子女的大学生。

这与已有的研究有着相似之处:独生子女与非独生子女在道德观念、道德现状上存在差异。① 笔者认为,原因可能与独生子女的生活和成长环境有关。第一,相对而言,独生子女与父母之间能形成平等、民主的亲子关系,能进行有效的沟通和交流,能更多从父母那里习得良好的道德理念和道德行为,潜移默化地促进自身的道德社会化;第二,独生子女的父母相对有更多的能力、时间关注孩子身体和学业、道德与人格,有效促进了孩子道德内生

---

① 董俊.我国独生子女大学生道德社会化的现状及特点[J].经济与社会发展,2010
(7):144—147.

力量的生成;第三,从独生子女自身而言,主体意识和接受能力较强,能敏锐觉知和吸纳新事物、新思想,有助于形成良好的道德认知、丰富的道德情感和积极的道德行为,有利于道德社会化。

6.道德社会化在学生干部上的差异比较分析

道德社会化在学生干部上的差异比较,具体调查结果如表 4-22 所示。

表 4-22　道德社会化在学生干部上的比较

		学生干部(653 人)		非学生干部(338 人)		T	P
		均值	标准差	均值	标准差		
内容维度	家庭美德	3.45	0.659	3.45	0.641	−0.031	0.975
	职业道德	3.37	0.720	3.46	0.669	−1.811	0.070
	社会公德	3.88	0.559	3.86	0.568	0.604	0.546
	个人品德	3.49	0.561	3.45	0.537	1.069	0.285
结构维度	道德认知	3.64	0.517	3.66	0.514	−0.637	0.524
	道德情感	3.48	0.616	3.43	0.604	1.205	0.228
	道德意志	4.06	0.560	4.01	0.531	1.404	0.160
	道德行为	2.82	0.799	2.85	0.768	−0.613	0.540
时代维度	传统道德	4.29	0.514	4.30	0.496	−0.267	0.790
	转型期道德	3.29	0.590	3.26	0.584	0.869	0.385

从表 4-22 可以看出,学生干部与非学生干部的道德社会化水平并不存在统计学上的显著差异($P>0.05$)。

分析认为,当前高校对学生干部也有一定的道德要求,但是学生干部体量大,变更较为频繁,学生干部的系统教育和培训往往不成体系,难以达到预期效果,甚至有部分大学生担任干部的动机主要是从个人功利角度出发的。因此,学生干部身份很难说明其道德水平一定比普通学生高,无差异也是当前社会现实的具体反映。

7.道德社会化在生源地上的差异比较分析

道德社会化在生源地上的差异比较,具体调查结果如表 4-23 所示。

表 4-23　道德社会化在生源地上的比较

		城市（镇）		农　村		T	P
		均值	标准差	均值	标准差		
内容维度	家庭美德	3.48	0.680	3.42	0.627	1.655	0.098
	职业道德	3.42	0.734	3.39	0.677	0.761	0.447
	社会公德	3.89	0.583	3.86	0.543	0.806	0.421
	个人品德	3.47	0.584	3.48	0.526	-0.187	0.852
结构维度	道德认知	3.67	0.542	3.62	0.491	1.545	0.123
	道德情感	3.45	0.645	3.47	0.583	-0.316	0.752
	道德意志	4.05	0.565	4.04	0.538	0.149	0.881
	道德行为	2.86	0.822	2.80	0.758	1.348	0.178
时代维度	传统道德	4.31	0.496	4.28	0.517	1.011	0.312
	转型期道德	3.30	0.617	3.26	0.561	0.991	0.322

从表 4-23 可以看出，不同生源地大学生的道德社会化水平并不存在统计学上的显著差异（$P>0.05$）。这与已有学者的研究不一致[①]。

分析认为，一是由城乡学生道德素质本身客观的同质性产生的。一般意义而言，城乡差异，更多的是经济水平、消费水平、生活方式的差异，其道德素质并没有随着经济、收入的拉大而发生差异变化。二是城乡一体化策略不断推进的累积效应，长期形成的城乡二元经济结构逐步改变，不少农民享受到与城镇居民同样的文明和实惠。即便存在道德素质差异，也在日趋减少。另外值得一提的是来自研究样本的原因。本次选取的全部是浙江省样本且本省生源居多，浙江作为经济比较发达地区，其城市和农村在政治、经济、道德等各个层面，都优先感受社会良好政策的引领。

8.道德社会化在月生活消费水平上的差异比较分析

道德社会化在月生活消费水平上的差异比较，具体调查结果如表 4-24 所示。

---

① 龚春明，王军强.城乡差别视角中农村籍大学生思想道德素质调研报告——以江西 H 高校为个案的透视[J].国家教育行政学院学报，2011（12）：77—80.

表 4-24　道德社会化在月生活消费水平上的比较

		600 元以下		600~1200 元		1200~2000 元		2000 元以上		F	事后比较 LSD 法
		均值	标准差	均值	标准差	均值	标准差	均值	标准差		
内容维度	家庭美德	3.54	0.714	3.39	0.610	3.51	0.691	3.61	0.722	4.239**	3,4>2
	职业道德	3.48	0.722	3.38	0.667	3.43	0.748	3.44	0.800	0.747	n.s
	社会公德	3.94	0.571	3.87	0.500	3.87	0.639	3.85	0.693	0.397	n.s
	个人品德	3.64	0.590	3.44	0.508	3.52	0.604	3.41	0.624	3.603*	1>2.4 3>2
结构维度	道德认知	3.67	0.603	3.63	0.488	3.69	0.535	3.59	0.568	1.095	n.s
	道德情感	3.62	0.670	3.42	0.570	3.50	0.661	3.50	0.658	3.071*	1,3>2
	道德意志	4.12	0.595	4.04	0.505	4.06	0.584	3.95	0.717	1.092	n.s
	道德行为	2.98	0.915	2.76	0.720	2.89	0.837	3.02	0.947	4.050**	1,3,4>2
时代维度	传统道德	4.38	0.410	4.32	0.462	4.26	0.585	4.18	0.576	2.704*	1,2>4
	转型期道德	3.35	0.701	3.25	0.538	3.31	0.642	3.29	0.627	1.074	n.s

注:1 表示 600 元以下,2 表示 600~1200 元,3 表示 1200~2000 元,4 表示 2000 元以上

从表 4-24 可以看出,月生活消费水平不同的大学生,在家庭美德、个人品德、道德情感、道德行为与传统道德上存在显著差异。进一步两两比较发现,这些差异并不是呈现一种线性方式,在家庭美德上,处于消费水平两端的得分最高,第二类得分最低,即低消费和高消费的大学生家庭美德要高于中等消费的大学生;个人品德上,消费水平高的第四类反而得分最低,即高消费的大学生个人品德要低于中等消费和低消费的大学生;道德情感和道德行为上,第二类得分最低,即低消费和高消费的大学生道德意志和道德行为要高于中等消费的大学生;传统道德上,第四类得分最低,即高消费的大学生传统道德要低于中等消费和低消费的大学生。

分析认为,社会物质生活条件决定社会道德,这是马克思学说的基本原理。但是日常生活中人们常常将"物质生活条件"等同于"生活消费水平",从而得出生活消费水平决定社会道德的结论,[①]这是朴素唯物主义的一种观点,是对马克思主义学说的误读。生活消费水平与道德水平虽然有密切联系,但生活消费水平只是影响道德水平变化的一个因素。决定道德水平的

---

① 遒斌.浅谈生活消费水平同社会道德的关系[J].实事求是,1984(6):24—27.

因素是多方面的,除了大学生个性差异、消费心理等因素外,还有教育、家庭、社会等因素的综合作用。

9.道德社会化在周上网时长上的差异比较分析

道德社会化在周上网时长上的差异比较,具体调查结果如表 4-25 所示。

表 4-25 道德社会化在周上网时长上的比较

		20 小时以上		14～20 小时		6～13 小时		6 小时以下		F
		均值	标准差	均值	标准差	均值	标准差	均值	标准差	
内容维度	家庭美德	3.48	0.664	3.45	0.648	3.39	0.621	3.46	0.773	0.687
	职业道德	3.46	0.720	3.36	0.710	3.34	0.662	3.59	0.635	2.382
	社会公德	3.87	0.574	3.88	0.554	3.84	0.558	3.93	0.526	0.428
	个人品德	3.48	0.579	3.50	0.531	3.39	0.524	3.63	0.623	2.516
结构维度	道德认知	3.65	0.549	3.67	0.497	3.58	0.482	3.77	0.499	1.762
	道德情感	3.47	0.626	3.46	0.602	3.41	0.595	3.67	0.655	1.547
	道德意志	4.04	0.536	4.06	0.537	4.02	0.607	4.14	0.523	0.483
	道德行为	2.86	0.787	2.84	0.794	2.72	0.765	2.95	0.863	1.884
时代维度	传统道德	4.30	0.523	4.28	0.519	4.32	0.467	4.38	0.418	0.570
	转型期道德	3.28	0.609	3.30	0.581	3.21	0.544	3.49	0.622	2.330

从表 4-25 可以看出,周上网时长不同的大学生,道德社会化水平并不存在统计学上的显著差异($P>0.05$)。

分析认为,一方面,"90 后"大学生是伴随着网络的发展同步成长的,网络已经成为每一个人学习、生活的必需品。网络对大学生道德社会化影响是巨大的,但是对于个体的道德差异就不一定非常显著。另一方面,大学生上网是属于个人需要的问题,上网时间长短与个人的道德品质没有必然的相关性,或许在深入了解浏览网页的动机和网页内容后可以进一步判断不同学生的道德差异。

10.道德社会化在书籍阅读量维度上的差异比较

道德社会化在书籍阅读量维度上的差异比较,具体调查结果如表 4-26 所示。

表 4-26　道德社会化在书籍阅读量维度上的比较

		1本及以下		2～4本		5～10本		10本以上		F	事后比较
		均值	标准差	均值	标准差	均值	标准差	均值	标准差		LSD法
内容维度	家庭美德	3.56	0.728	3.42	0.625	3.37	0.569	3.44	0.703	3.835*	1＞2,3
	职业道德	3.53	0.734	3.38	0.679	3.32	0.688	3.34	0.732	4.268**	1＞2,3,4
	社会公德	3.89	0.648	3.85	0.547	3.89	0.496	3.86	0.516	0.377	n.s
	个人品德	3.53	0.643	3.46	0.537	3.44	0.465	3.46	0.541	1.193	n.s
结构维度	道德认知	3.73	0.565	3.64	0.515	3.62	0.407	3.51	0.554	4.850**	1＞2,3,4 2＞4
	道德情感	3.57	0.672	3.44	0.595	3.37	0.537	3.45	0.641	4.242**	1＞2,3
	道德意志	3.99	0.620	4.04	0.533	4.09	0.493	4.10	0.548	1.655	n.s
	道德行为	3.06	0.822	2.79	0.769	2.67	0.721	2.74	0.801	10.948***	1＞2,3,4
时代维度	传统道德	4.28	0.581	4.28	0.516	4.35	0.380	4.32	0.490	1.196	n.s
	转型期道德	3.44	0.636	3.25	0.592	3.17	0.472	3.22	0.583	8.795***	1＞2,3,4

注:1表示1本及以下,2表示2～4本,3表示5～10本,4表示10本以上。

从表 4-26 可以看出,不同阅读量的大学生在家庭美德、职业道德、道德认知、道德情感、道德行为和传统道德等方面都存在显著差异。进一步两两比较发现:总体趋势是阅读量越多,大学生道德社会化水平并没有与其呈正向相关的趋势,反而是下降趋势。

分析认为,出现这样的结果可能有两方面原因:一是相对于阅读物的数量而言,道德可能更多与阅读物的内涵与阅读质量相关。正如朱光潜《谈读书》中写道:"读书并不在多,最重要的是选得精,读得彻底,与其读十部无关轻重的书,不如以读十部书的时间和精力去读一部真正值得读的书,与其十部书都只能泛览一遍,不如取一部书精读十遍。"这样,阅读量和道德社会化水平不成正相关似乎就可以理解了。另一方面,道德是生活和实践中的道德,并不是"理论上的道德"。人的存在和发展,都离不开实践活动,人的实践活动不仅要以人的社会性为前提和要素,而且又构成人的社会性的物质载体,这样,人的实践活动就与以提升人的本质为目的的道德社会化相结合,成为马克思人学理论的逻辑必然,因此,单纯的阅读量难以说明道德社会化的程度。

由上可见,"90后"大学生道德社会化在人口学上存在不同程度的差异:

第一,男大学生道德社会化水平高于女大学生;第二,理工科大学生的道德社会化水平高于文科大学生;第三,不同年级大学生的道德社会化水平呈现阶梯式特点;第四,独生子女大学生道德社会化水平高于非独生子女;第五,不同消费水平大学生道德社会化呈现非线性特点;第六,阅读量与大学生道德社会化水平不存在正相关;第七,在政治面貌、学生干部、生源地、上网时间等方面,道德社会化不存在显著差异。

第二节　大学生道德社会化的影响因素

对大学生道德社会化的影响既有宏观层面,又有微观层面,具体包括社会环境、文化、教育、家庭、网络和个人的自身条件等,为了准确掌握诸多因素在道德社会化过程中的影响状况,问卷也设置了部分调查项目。

一、大学生道德社会化的影响因素数据分析

（一）影响大学生道德社会化的社会主要因素

影响大学生道德社会化的社会主要因素,具体调查结果如表 4-27 所示。

表 4-27　影响大学生道德水平的社会主要因素前四位排序分布

选　项	第一位（频率与百分比）	第二位（频率与百分比）	第三位（频率与百分比）	第四位（频率与百分比）	加权累积分
政治制度	119(12.0)	81(8.2)	70(7.1)	64(6.5)	923
社会风气	368(37.1)	244(24.6)	106(10.7)	69(7.0)	2485
文化环境	88(8.9)	191(19.3)	183(18.5)	75(7.6)	1366
市场经济体制	20(2.0)	27(2.7)	57(5.8)	94(9.5)	369
学校环境	54(5.4)	104(10.5)	135(13.6)	127(12.8)	925
班级风气	14(1.4)	33(3.3)	57(5.8)	75(7.6)	344
网　络	13(1.3)	38(3.8)	61(6.2)	80(8.1)	368
明　星	3(0.3)	3(0.3)	1(0.1)	0	23
偶　像	21(2.1)	10(1.0)	10(1.0)	13(1.3)	147

续表

选　项	第一位 (频率与百分比)	第二位 (频率与百分比)	第三位 (频率与百分比)	第四位 (频率与百分比)	加权 累积分
书　报	12(1.2)	13(1.3)	9(0.9)	4(0.4)	109
朋　友	16(1.6)	69(7.0)	97(9.8)	90(9.1)	555
老　师	8(0.8)	27(2.7)	58(5.9)	46(4.6)	275
家　长	86(8.7)	71(7.2)	75(7.6)	75(7.6)	782
个人自律	169(17.1)	77(7.8)	72(7.3)	178(18.0)	1229
缺失值	0	3(0.3)	0	1(0.1)	10

从表 4-27 可以看出,经加权累积分排名后得出影响大学生道德水平的主要因素,排在第一位的是社会风气,排在第二位的是文化环境,排在第三位的是个人自律,第四位的是学校环境。

可见,从宏观层面来说,社会风气是影响和决定个体道德社会化的第一因素,这是符合道德社会化发展现状的。社会风气的好坏直接影响个体的道德社会化,社会风气作为社会公德的综合反映,是决定整体社会道德状况的公共基础。社会风气的好坏很大程度取决于公共领域的道德水平好坏。如果代表社会公共领域的组织或团体不代表公意,同时,社会又缺乏约束代表公权组织的法治体系,整个社会的风气就不会好,所谓的集体、组织为实现派系利益,以公权名义压抑私权的发挥,迫使个人道德品质在这种社会风气中扭曲,导致个人失德。如果把公民比作水中的鱼,水就是社会风气,水质不好,每条鱼都很难有健康的身体,每条鱼的日子都不会好过。

(二)影响大学生道德社会化的教育因素

影响大学生道德社会化的教育因素,具体调查结果如表 4-28 所示。

表 4-28　影响大学生道德水平的重点因素前四位排序分布

选　项	第一位 (频率与百分比)	第二位 (频率与百分比)	第三位 (频率与百分比)	第四位 (频率与百分比)	加权 累积分
学校教育	154(15.5)	350(35.3)	325(32.8)	152(15.3)	2468
家庭教育	642(64.8)	210(21.2)	97(9.8)	39(3.9)	3431

续表

选　项	第一位 (频率与百分比)	第二位 (频率与百分比)	第三位 (频率与百分比)	第四位 (频率与百分比)	加权 累积分
朋辈教育	138(13.9)	358(36.1)	373(37.6)	114(11.5)	2486
网络教育	57(5.8)	73(7.4)	195(19.7)	685(69.1)	1522
缺失值	0	0	1(0.1)	1(0.1)	3

从表 4-28 可以看出,经加权累积分排名后得出影响大学生道德水平的四个因素中,排在第一位的是家庭教育,第二位是朋辈教育,第三位是学校教育,第四位是网络教育。

说明大学生普遍认同家庭教育的重要性。所谓"家长是孩子的第一任老师",在孩子的道德观念形成中,家长的行为起到至关重要的作用。同辈朋友的影响列于第二位,可能是因为同辈群体是学生的日常交往对象,彼此的影响更直接。学校教育位列第三位,说明学校教育在大学生的道德观念形成中仍旧发挥着重要的作用。学校的教育将伴随学生度过求学时光,而在这一时期,学生也将由幼稚走向成熟,学校的道德教育会对学生产生潜移默化的影响。网络环境对大学生的影响居第四位,说明大学生虽然身处网络时代,但还是能够认清现实与虚拟生活的差别,能辨别道德观念的对错,而不被网络所裹挟和左右。

（三）影响大学生道德社会化的有效教育方法

影响大学生道德社会化的有效教育方法,具体调查结果如表 4-29 所示。

表 4-29　最有效的大学生道德教育方法前四位排序分布

选　项	第一位 (频率与百分比)	第二位 (频率与百分比)	第三位 (频率与百分比)	第四位 (频率与百分比)	加权 累积分
专业课程教学	65(6.6)	33(3.3)	50(5.0)	38(3.8)	497
思想品德课	63(6.4)	100(10.1)	45(4.5)	60(6.1)	702
家长身教	381(38.4)	165(16.6)	132(13.3)	62(6.3)	2345
校风校训熏陶	62(6.3)	145(14.6)	108(10.9)	137(13.8)	1036
课外阅读	24(2.4)	47(4.7)	71(7.2)	92(9.3)	471

续表

选　项	第一位 (频率与百分比)	第二位 (频率与百分比)	第三位 (频率与百分比)	第四位 (频率与百分比)	加权 累积分
榜样示范	45(4.5)	78(7.9)	91(9.2)	69(7.0)	665
社会实践	169(17.1)	128(12.9)	129(13.0)	108(10.9)	1426
专题讲座	10(1.0)	29(2.9)	17(1.7)	15(1.5)	176
党团活动	8(0.8)	29(2.9)	50(5.0)	27(2.7)	246
校园文化	64(6.5)	105(10.6)	162(16.3)	133(13.4)	1028
创业教育	16(1.6)	16(1.6)	22(2.2)	58(5.9)	214
社团活动	18(1.8)	37(3.7)	51(5.1)	71(7.2)	356
心理健康教育	66(6.7)	74(7.5)	60(6.1)	118(11.9)	724
缺失值	0	5(0.5)	3(0.3)	3(0.3)	24

从表 4-29 可以看出,经加权累积分排名后得出,排在第一位的是家长身教,第二位的是社会实践,第三位的是校风校训熏陶,第四位的是校园文化。

家长身教被排在第一位,说明父母是孩子的第一任老师,家长的言传身教对大学生来说还是最为有效的。社会实践、校风校训熏陶、校园文化分列第二、三、四位,说明在高等教育中,这些因素对大学生的道德影响也是至关重要的。

(四)影响大学生道德社会化的发展因素

影响大学生道德社会化的发展因素,具体调查结果如表 4-30 所示。

表 4-30　对自身今后的发展影响较大的因素前四位排序分布

选　项	第一位 (频率与百分比)	第二位 (频率与百分比)	第三位 (频率与百分比)	第四位 (频率与百分比)	加权 累积分
家庭条件	181(18.3)	96(9.7)	126(12.7)	132(13.3)	1369
自身外表或 智力	113(11.4)	158(15.9)	79(8.0)	96(9.7)	1180
老师的水平	28(2.8)	51(5.1)	79(8.0)	39(3.9)	462
学校的档次	42(4.2)	55(5.5)	52(5.2)	102(10.3)	447

续表

选 项	第一位 (频率与百分比)	第二位 (频率与百分比)	第三位 (频率与百分比)	第四位 (频率与百分比)	加权 累积分
学校对学生的组织和管理	18(1.8)	36(3.6)	37(3.7)	67(6.8)	321
学校的硬件设备	8(0.8)	25(2.5)	40(4.0)	22(2.2)	209
同学朋友的影响	38(3.8)	73(7.4)	129(13.0)	95(9.6)	724
社会发展和变化	49(4.9)	68(6.9)	107(10.8)	108(10.9)	722
自身的拼搏和努力	369(37.2)	151(15.2)	88(8.9)	48(4.8)	2153
个人的道德水平	89(9.0)	156(15.7)	109(11.0)	59(6.0)	1101
机遇和运气	56(5.7)	115(11.6)	139(14.0)	219(22.1)	1066
缺失值	0	7(0.7)	6(0.6)	4(0.4)	37

从表 4-30 可以看出,经加权累积分排名后得出,关于对自身今后的发展影响较大的调查中,排在第一位的是自身的拼搏和努力,第二位是家庭条件,第三位是自身外表或智力,第四位是机遇和运气。

自身的拼搏和努力排在第一位,可见大学生能够理性认识到在社会中个人努力奋斗的重要性。内因是决定一个人成败的根本因素,外因只是推动内因发展的条件。

(五)影响大学生道德社会化的德育问题

影响大学生道德社会化的德育问题,具体调查结果如表 4-31 所示。

表 4-31　目前的道德教育存在问题前四位排序分布

选 项	第一位 (频率与百分比)	第二位 (频率与百分比)	第三位 (频率与百分比)	第四位 (频率与百分比)	加权 累积分
目标空洞	264(26.6)	148(14.9)	148(14.9)	166(16.8)	1962
手段落后	76(7.7)	165(16.6)	128(12.9)	138(13.9)	1193

续表

选　项	第一位 （频率与百分比）	第二位 （频率与百分比）	第三位 （频率与百分比）	第四位 （频率与百分比）	加权 累积分
理念过时	64(6.5)	122(12.3)	157(15.8)	117(11.8)	1053
德育在教学 中没地位	136(13.7)	139(14.0)	162(16.3)	174(17.6)	1459
教育者自身 水平不高	91(9.2)	96(9.7)	90(9.1)	76(7.7)	908
教育内容与 社会实际脱节	286(28.9)	227(22.9)	135(13.6)	114(11.5)	2209
德育效果无 法测评	74(7.5)	90(9.1)	163(16.4)	201(20.3)	1093
缺失值	0	4(0.4)	8(0.8)	5(0.5)	33

从表 4-31 可以看出,经加权累积分排名后得出目前的道德教育存在问题排第一位的是教育内容与社会实际脱节,第二位的是目标空洞,第三位是德育在教学中没地位,第四位的是手段落后。

从数据结果可以看出,教育内容与社会实际的脱节和德育目标空洞成为道德教育的最大问题,分别被排在第一位和第二位。这里实际包含有几层意思:一是教材的内容、目标和社会现状脱节,教材说的理想的道德目标与话语和现实的不道德现象反差极大。二是教师讲的道德内容与道德目标和教师自己的实践不符合,教师要学生怎么样,而实际教师也做不到自己提出的要求、标准。这几个问题实际揭示了大学生知高于行的原因,道理虽然知道很多,可是在现实中,因为法治不全、诚信不彰、好人并不一定有好报等实际情况的存在,阻碍了人按照自己的真知和道德目标去行动。表面看是教材内容和实际脱节以及道德目标空洞的问题,实际不是教材内容是否正确和道德目标是否空洞的问题,而是社会实际和教材涉及的道德目标和内容严重脱节的问题,不是教材的目标和内容不合道德要求,而是现实中的潜规则,与教材的内容与目标对立,这才是根本。至于德育在高等教育中的地位、手段,相对于教育目标及内容和社会实践的脱节,处于次要位置。

（六）大学生道德社会化的现实关切

1.大学生关注的热点事件

大学生关注的热点事件，具体调查结果如表 4-32 所示。

表 4-32　对热点事件关注度前四位排序分布

选　项	第一位 （频率与百分比）	第二位 （频率与百分比）	第三位 （频率与百分比）	第四位 （频率与百分比）	加权 累积分
十八大	206(20.8)	77(7.8)	88(8.9)	77(7.8)	1308
习奥庄园会晤	38(3.8)	87(8.8)	27(2.7)	37(3.7)	504
各地 PX 项目	43(4.3)	60(6.1)	90(9.1)	57(5.8)	589
4.20 雅安地震	174(17.6)	181(18.3)	131(13.2)	118(11.9)	1619
复旦投毒事件	70(7.1)	127(12.8)	120(12.1)	77(7.8)	978
莫言获诺贝尔 文学奖	37(3.7)	50(5.0)	64(6.5)	77(7.8)	503
H7N9 禽流感	138(13.9)	112(11.3)	109(11.0)	82(8.3)	1188
菲律宾海警枪 杀台湾渔民	18(1.8)	24(2.4)	39(3.9)	30(3.0)	252
杭州最美司机	27(2.7)	25(2.5)	34(3.4)	52(5.2)	303
朝鲜核试验	11(1.1)	6(0.6)	12(1.2)	33(3.3)	119
就业最难年	77(7.8)	73(7.4)	81(8.2)	91(9.2)	780
重大节假日小 客车免费通行	6(0.6)	21(2.1)	25(2.5)	18(1.8)	155
神十升空	23(2.3)	33(3.3)	53(5.3)	111(11.2)	408
《钓鱼岛》白皮 书发布	108(10.9)	81(8.2)	66(6.7)	60(6.1)	867
埃及神庙到此 一游事件	15(1.5)	30(3.0)	47(4.7)	64(6.5)	308
缺失值	0	4(0.4)	5(0.5)	7(0.7)	29

从表 4-32 可以看出，经加权累积分排名后得出学生对热点事件的关注度中第一位的是 4·20 雅安地震，第二位是十八大，第三位是 H7N9 禽流

感,第四位是复旦投毒事件。

从数据结果看,学生对学生、对同胞的生命关怀和关爱也处于很高位置,4·20雅安地震被排在第一位,其次是党的十八大,说明中国人关心政治的传统在大学生心里依然坚固,学生有关注国家命运和管理国家的主人翁意识。H7N9禽流感排在第三位,复旦投毒事件排在第四。从这总共15个选项中学生选出的前四结果,可以看出学生关心政治和社会公共事务安全等,对国家和社会及同胞的生命有着深厚的感情。

2.大学生感兴趣的电视栏目

大学生感兴趣的电视栏目,具体调查结果如表4-33所示。

表 4-33　感兴趣的电视栏目前四位排序分布

选　项	第一位 (频率与百分比)	第二位 (频率与百分比)	第三位 (频率与百分比)	第四位 (频率与百分比)	加权 累积分
新闻周刊	230(23.2)	163(16.4)	132(13.3)	129(13.0)	1802
中国财经报道	81(8.2)	114(11.5)	84(8.5)	63(6.4)	897
星光大道	80(8.1)	112(11.3)	194(19.6)	96(9.7)	1140
足球之夜	46(4.6)	41(4.1)	45(4.5)	109(11.0)	506
佳片有约	130(13.1)	164(16.5)	105(10.6)	104(10.5)	1326
道德观察	110(11.1)	96(9.7)	90(9.1)	114(11.5)	1022
军事科技	53(5.3)	91(9.2)	78(7.9)	69(7.0)	710
影视同期声	76(7.7)	75(7.6)	118(11.9)	147(14.8)	912
百家讲坛	185(18.7)	128(12.9)	140(14.1)	152(15.3)	1556
缺失值	0	7(0.7)	5(0.5)	8(0.8)	39

从表4-33可以看出,经加权累积分排名后得出,排在第一位的是《新闻周刊》,第二位的是《百家讲坛》,第三位是《佳片有约》,第四位是《星光大道》。

从数据结果可以看出大学生比较关注新闻时事和有学术品味的节目,《新闻周刊》和《百家讲坛》分别列在第一位和第二位。《佳片有约》和《星光大道》分别列第三和第四位,说明大家比较关注娱乐类节目。

3.大学生反感的行为

大学生反感的行为,具体调查结果如表 4-34 所示。

表 4-34　大学生对一些事情反感的程度前四位排序分布

选　项	第一位 (频率与百分比)	第二位 (频率与百分比)	第三位 (频率与百分比)	第四位 (频率与百分比)	加权 累积分
赌博	160(16.1)	122(12.3)	99(10.0)	94(9.5)	1298
打架斗殴	179(18.1)	207(20.9)	112(11.3)	121(12.2)	437
上课迟到早退旷课	41(4.1)	48(4.8)	89(9.0)	46(4.6)	532
买饭插队	63(6.4)	105(10.6)	120(12.1)	164(16.5)	971
破坏公物	32(3.2)	51(5.1)	97(9.8)	116(11.7)	591
上课接电话发信息	17(1.7)	24(2.4)	20(2.0)	24(2.4)	204
宿舍玩牌喝酒	25(2.5)	42(4.2)	48(4.8)	37(3.7)	359
通宵上网而夜不归宿	20(2.0)	23(2.3)	28(2.8)	54(5.4)	259
捡到东西占为己有	37(3.7)	70(7.1)	65(6.6)	93(9.4)	581
公众场合男女行为不得体	115(11.6)	106(10.7)	117(11.8)	52(5.2)	1064
考试作弊	55(5.5)	82(8.3)	70(7.1)	53(5.3)	659
偷窃	246(24.8)	106(10.7)	118(11.9)	131(13.2)	1669
缺失值	1(0.1)	5(0.5)	8(0.8)	6(0.6)	41

从表 4-34 可以看出,经加权累积分排名后得出,排在第一位的是偷窃,第二位是赌博,第三位是公众场合男女行为不得体,第四位是买饭插队。

大学生最反感的行为是偷窃,排在第一位,第二位是赌博。大学生通过多年来知识的学习和积累,对于社会中如偷窃、赌博等恶劣的破坏社会正常生活秩序的行为和不劳而获的赌博行为,明显存在着反感,甚至是深恶痛绝的情绪。

4.大学生心目中的典范

大学生心目中的典范,具体调查结果如表 4-35 所示。

表 4-35　心目中的榜样、模范的前四位排序分布

选项	第一位 (频率与百分比)	第二位 (频率与百分比)	第三位 (频率与百分比)	第四位 (频率与百分比)	加权 累积分
知识渊博、 学识高超	330(33.3)	404(40.8)	114(11.5)	72(7.3)	2832
职业诱人、 工作出色	110(11.1)	236(23.8)	359(36.2)	136(13.7)	2002
容貌出众、 外表堂堂	24(2.4)	49(4.9)	143(14.4)	207(20.9)	736
家世显赫、 背景深厚	45(4.5)	42(4.2)	87(8.8)	176(17.8)	656
道德高尚、 品质良好	442(44.6)	204(20.6)	112(11.3)	83(8.4)	2687
收入丰厚、 待遇优越	40(4.0)	52(5.2)	168(17.0)	315(31.8)	967
缺失值	0	4(0.4)	8(0.8)	2(0.2)	30

从表 4-35 可以看出,经加权累积分排名后得出,排第一位的是知识渊博、学识高超,第二位是道德高尚、品质良好,第三位是职业诱人、工作出色,第四位是收入丰厚、待遇优越。

可以说,大学生心目中的榜样、模范,在一定程度上是基于大学生的个体情况,综合自身的认知水平、文化素养等因素,而选择的相对在心理认可度较高的偶像。因此,榜样、模范的道德化水平也能在一定程度上,体现着大学生对于自己希冀能够达到的道德化水平。从数据结果看,大学生道德社会化的价值取向是正确的,在心目中知识渊博、学识高超,道德高尚、品质良好的人,是他们学习的最佳榜样,而收入丰厚、待遇优越只排在第四位,说明大学生内心向往的不是绝对物质利益化的道德价值取向,学识与道德是他们追求的目标。也许是因为现行的社会整体运行体系中包含诸多道德不公和唯利是图的行为,使大学生内心中道德高尚的价值取向难以在现实中显现。

5.大学生最需要的素养

大学生最需要的素养,具体调查结果如表 4-36 所示。

表 4-36　自身目前最需要提高的方面前四位排序分布

选　项	第一位 (频率与百分比)	第二位 (频率与百分比)	第三位 (频率与百分比)	第四位 (频率与百分比)	加权 累积分
待人处事	386(39.0)	190(19.2)	169(17.1)	114(11.5)	2566
专业学识	258(26.0)	279(28.2)	171(17.3)	113(11.4)	2324
道德修养	112(11.3)	184(18.6)	223(22.5)	135(13.6)	1581
外形外貌	22(2.2)	38(3.8)	64(6.5)	171(17.3)	501
应对各类考试的技巧	35(3.5)	81(8.2)	90(9.1)	135(13.6)	698
赚钱发财的本事	40(4.0)	59(6.0)	82(8.3)	110(11.1)	611
创新创业的能力	138(13.9)	156(15.7)	189(19.1)	210(21.2)	1548
缺失值	0	4(0.4)	3(0.3)	3(0.3)	21

从表 4-36 可以看出,经加权累积分排名后得出,排第一位的是待人处事,第二位是专业学识,第三位是道德修养,第四位是创新创业的能力。

从数据结果看,大学生目前认为自己最需要的是待人处事的能力,排在专业学识、道德修养、创新创业能力的前面。

其中原因,可能是觉得现实社会,人际关系在人的发展中往往起到决定性作用,所谓的"人脉"论,就是现实社会对腐朽的拉帮结派关系、裙带关系的变异说法,社会不排斥正常的人际关系交往,但当交往的目的是为了破坏公平获得自己不正当的利益时,这种交往实际是对人性善的破坏,往往是一种恶的表现。大学生不因自己的道德修养不足、专业学识不够而有紧迫感,却以待人处事能力作为自己的第一选择,反映对现实社会关系的不良风气的妥协,不以善恶标准为自己的行事准则,在处理"义利"关系方面,具有一定的狭隘性,值得教育者反思。

二、大学生道德社会化的影响因素理论探析

对于大学生道德社会化影响因素的研究,多数学者认同并应用"社会化四大承担者"说,社会化四大承担者即主要影响因素,包括网络媒介、同辈群体、学校教育和家庭教育。同时,有学者还就四大社会化承担者对学生道德社会化的贡献率做了进一步研究,提出四大社会化承担者对道德社会化的影响程度从大到小排列为:网络媒介、同辈群体、学校、家庭。[①] 当然,四大社会化承担者的影响排序不会是一成不变的,会随着时代变迁而发生排序的变化,体现着时代的烙印。

在本次问卷调查中我们获悉,大学生认为对于他们的道德水平高低的最重要影响因素先后顺序:首先是家庭教育,其次是同辈环境,接着是学校教育,最后为网络环境,这与先前的研究有了一定差异。现就这些影响因素进行较为全面的理论探析。

（一）家庭教育与大学生道德社会化

1.家庭、家庭教育和家庭道德伦理

家庭是在一定经济关系的基础上由婚姻、血缘或收养关系所组成的社会生活的基本单位,是人类历史发展到一定阶段的必然产物,其本质属性是社会性,它既是自然的范畴,也属于社会范畴。家庭功能包括经济功能、生育功能、满足性需要功能、抚养和赡养功能、教育和社会化功能、情感交流功能六大功能[②],具有多样性、基础性、独立性的特征,并随着社会生产力发展水平的不断提高以及社会制度和规范的不断完善而发生改变,进而更加的丰富和充实。

吴奇程与袁元在《家庭教育学》中提出:"家庭教育是指在一定的家庭文化背景下,由父母或其他年长者对未成年的子女或其他的年幼者施加的有助于他们社会化和形成健全人格,德智体全面发展的教育影响活动。"家庭教育包括有意识教育和无意识教育两个方面,是人们接受的最早、最直接、最经常的教育。有意识教育指的是父母从思想、品格、知识诸方面来教育孩

---

① 李季.青少年社会化的"第一影响源"[J].教育创新.2000(4).

② 吴增基,吴鹏森,苏振芳.现代社会学(第三版)[M].上海:上海出版社,2005.

子;无意识教育,指的是父母通过日常生活中的言谈举止,潜移默化地对孩子的成熟和发展所起到的教育影响作用。家庭教育的目标是在孩子进入学校教育之前,保证孩子身心健康快乐地发展,为接受集体教育打好基础,使孩子进入校园后能尽快地融入集体中去,认真学习并全面发展。家庭教育的关键是教会孩子如何学"做人",重点培养孩子优秀的道德品质和行为习惯。著名心理专家郝滨曾说过,"家庭教育是人生整个教育的基础和起点",它深刻地影响着家庭成员人生目标的实现和价值观念的确立,影响着人的一生。

家庭的教育和社会化功能即家庭教育。家庭教育作为教育人的起点和基点,一般是指由家庭中的父母及其他成年人对未成年孩子进行教育的过程。德国著名教育家福禄贝尔认为家庭教育在培养个体人生观、世界观、价值观的教育中有着重要作用。瑞士教育家斐斯塔洛齐也指出:道德教育的最主要场所是家庭。而道德的教育在家庭教育中主要表现为对人生观、世界观、价值观的培养和对行为习惯以及思维习惯的训练。因此,家庭教育是道德教育重要的基础支撑之一。福禄贝尔还说:"国家的命运与其说是掌握在当权者的手中,倒不如说是掌握在母亲的手中。"这句话很有哲理性。它深刻地说明了家长在教育子女中所起到的作用,父母与孩子之间有着天然的血缘关系和密切的亲缘关系,父母的行为举止和性格习惯强烈地感染着身边的孩子。因此,父母有意或无意营造的家庭氛围都会对孩子产生无形的、潜移默化的影响,这种影响深远而持久,甚至是终身的。

在家庭教育下会形成家庭道德。家庭道德是在特定的历史条件下,通过传统习惯、社会舆论、内心信念或法律法规形成的,它是调节家庭成员情感和利益关系的行为规范,也是家庭成员在和其他人交往时所遵循的价值观念与行为规范的总和。家庭的伦理道德功能具体表现为:第一,是维系家庭成员之间情感的重要纽带和家庭成员获得情感满足的重要源泉。爱是家庭伦理中最基本的表现形式,家庭的最大职能是让家庭成员感受到爱,其表现是多方面的。家庭作为满足个体情感需要的重要场所,家庭伦理道德的存在确保了家庭更好地实现其情感满足功能,这是其他社会伦理无可替代的。第二,具有教育和塑造的功能。家庭道德在个体思想道德品质的形成过程中发挥着基础性和关键性的作用。家庭是人一生中最重要的学习场所之一,是每个人接触最密切的一个环境,每个人这一生都需要不停地和家庭成员进行交流和互动,在这个互动过程中,我们能从家庭中学到一些风俗、思想、习惯、技能等。而这些将逐渐成为我们道德观念的重要组成部分。家庭伦理道德是人们道德品质形成的基础,对个体的影响极其深远。个体在走向社会之前,只有先经过系统的家庭伦理道德的熏陶,才能将尊老爱幼等社会规范真正深入人心,做到"老吾老,以及人之老;幼吾幼,以及人之幼",进而促进个体思想道德品质的形成。第三,家庭道德具有导向功能,这一功能也是家庭道德的开拓创新功能。与其他道德一样,家庭道德是依靠人们的信念、习惯、传统、舆论和教育的力量来实现的,对维护家庭的幸福和社会的稳定有着巨大的作用。

随着我国改革的不断深入,包括家庭在内的各种形式的社会组织都在不断地随时代发展而变动改革,具体表现如下:一是"丁克家庭"的出现,即出现了以核心家庭为主要形式的家庭结构。随着人们生活节奏的加快和人才竞争的加剧,越来越多的人更关注自身的存在与发展。同时由于经济方面的压力和婚姻不确定性等因素,人们对未来缺乏信心,于是选择不要孩子,享受两人世界。二是主干家庭从妻而居的形式呈现增加趋势。由于妇女地位的提高,更多的女性参与了社会管理,有了自己的经济基础。同时,妇女的学历开始提高,传统的婚姻观念逐渐改变。这些使得作为我国城市家庭结构主要形式的主干家庭改变了传统的从夫而居的形式。三是"留守儿童"家庭和"留守儿童"数量呈现增加趋势。随着经济社会的发展,社会横向流动速度加快,沿海地区有相当一部分人利用各种方式出境打工挣钱,由此出现"留守儿童"家庭,内地地区有相当一部分人流动到沿海地区挣钱,由此出现"留守儿童"家庭。这些都给人的心理、生活方式等方面带来了巨大的变化。四是非婚同居现象呈蔓延趋势。非婚同居的特殊社会现象不仅对人们的婚姻家庭观念和行为产生了巨大的影响,而且也对现有的婚姻制度产生了严重冲击。

与此同时,家庭伦理关系也发生着微妙的变化。一是由传统的重亲子关系转变为重夫妻关系。随着社会经济的进步和发展不断推动着家庭变革,我国越来越多家庭存在形式由独生子女家庭向以夫妻关系为中心的核心家庭转变,家庭的一切活动都围绕着夫妻关系这个中心来扩展和运转。

在这样的家庭里,夫妻不仅分担家务劳动,共同管理和决定家庭事务,还拥有平等的家庭财产占有权、支配权和继承权。二是家庭成员关系由紧密型向松散型转变。随着交通的日趋便利,空前加剧的人口流动速度造成了家庭成员在地域上的分离和空间分布的扩展,通婚半径也随之拉长。人口流动使代际间的生活照顾关系和情感培养受到制约或趋于弱化,更多的家庭出现了两地分居,家庭成员间的关系不断疏离,"跨境家庭"和"跨国家庭"的出现影响着家庭成员的正常情感交流。三是家庭代际关系重心由长者移至年轻者。当前,年轻一代往往在文化程度和经济独立能力等方面超过老一代,同时,"年轻的文明"是现代文明的特色和标志,他们在现代化的信息、生产、生活技能等现代生活中出现了"文化反哺"的现象。这些现实变化使得家庭话语权已经逐步从老一辈转移到年轻一代,子辈不尊重长辈甚至忤逆行为时有发生,冲击了传统社会里有严格伦理等级的长幼辈分,甚至出现部分家庭成员间血缘关系的凝聚力减弱。

家庭是个体道德社会化的第一站。对个体道德社会化起到了十分重大的作用。首先,家庭教育是一种耳濡目染、潜移默化的教育,父母的言行举止以及家风、家教都会影响着孩子的性格的品德的形成。① 第二,家庭教育是一种个别教育和训练的教育模式,因材施教有利于个体个性的培养。第三,家庭教育是一种定向的教育,它具有天然性、长期性、权威性和反复性。另外,根据社会化理论,家庭对个体道德社会化的影响是深远而持久的。个体道德社会化随着个体发展阶段的推移,社会化场所也在发生变化,但是家庭始终是个体社会化不可脱离的场所。因此,家庭教育也是一种终身教育,对大学生的道德社会化同样发挥着强大的作用。

2.现代家庭教育对大学生道德社会化的影响

家庭是大学生成长的最重要的首属群体,对大学生的道德社会化有着明显的影响。从家庭教育对大学生道德社会化的积极影响来看,一是家庭成员素质的提高有利于大学生接受更良好的教育。家长的受教育程度及其素质状况对大学生的健康成长起着举足轻重的作用。近年来,随着教育的

---

① 曹红战.试析我国当前家庭教育对青少年思想道德教育的影响[D].吉林:东北师范大学,2007.

普及和国民整体文化水平的提升,家长的受教育程度及其素质得以普遍提高,同时提高的还有教育孩子的能力。[①] 更为重要的是,家长的教育观念逐渐好转,良性家庭教育行为逐渐形成,更多的家长能够尊重孩子的人格、承认孩子的权力和地位,遵循孩子身心发展的客观规律和年龄特点,从独立的社会人角度开展适度的家庭教育。家庭教育目标比较明确,内容不断深化和拓展。二是逐渐形成有利于大学生健康成长的家庭教育环境。在现代社会中,精神生活日益丰富,物质生活不断富足,重视教育子女的良好家庭教育环境,建设良好的家风并言传身教的氛围逐渐形成。同时随着家庭经济状况整体好转,家庭教育的经济投入也明显增加,营造了良好的家庭文化氛围,开展喜闻乐见的文化娱乐活动,促进孩子健康成长和发展。三是家庭教育的目标趋于理性,方法和手段更加多样,内容丰富多彩。当前,社会充满竞争,许多家长已经充分地认识到提升综合素质对参与社会竞争和全面发展的重要性,他们开始在学会做人的教育、心理健康教育、创新精神和实践能力的教育等综合素质的提升方面付出努力。同时,家长对作为父母的职责有了更加正确的认识,能够通过网络媒介,提高对家庭教育方法和规律的认识,还时刻注意用自己良好的习惯和生活方式为子女树立榜样,为科学、正确地教育孩子创造了条件。在家庭教育的内容上也显得丰富多彩,传统文化教育和新型的挫折教育、创新教育并存。

在看到家庭教育对大学生道德社会化取得可喜成绩的同时,也要看到家庭教育对大学生道德社会化也存在的负面影响。

一是家庭教育观念存在一定的误区。随着对教育重要性的深入认识,对子女的教育投资也越来越重视,愿意花费金钱给孩子上补习班,愿意花费时间去督促孩子认真学习,但大多数家庭普遍存在重智力、轻德育的倾向,忽略了对孩子的社会道德教育。特别是现代家庭中很多都是独生子女,家长把孩子当成手中宝,对其宠爱有加,无条件地满足孩子的各种要求,对孩子所犯的错误不加以批评指正,缺乏正确有效的教育引导,由此造成小孩唯吾独尊、自私自利、性格粗暴等不良习气,使孩子缺乏道德意识。

---

① 吴俊.论家庭教育对个体道德社会化的影响[J].苏州丝绸工学院学报,2000(4):69—73.

二是在家庭教育的方法上尚有偏差。① 具体表现有：第一，保护限制型的家庭教育。过分限制孩子的活动，一切劳动由家长包办代替，足不出户，这种"家长超人"导致孩子出现见识少、视野窄、思维慢、竞争力差等情况，会使孩子过分地依赖父母，缺乏独立性、创造性，也没有丰富的想象力，同时孩子的社会适应能力也会越来越差。第二，自由放任型的家庭教育。父母平时忙于工作和应酬，片面认为教育是学校、老师的责任，也或许是因为自己的温饱问题还有待解决，没有足够的精力管教孩子，使孩子从小缺乏教育和关心，任其自由放任，这会造成孩子性格内向，对人冷淡，兴趣缺乏，同时也会使得孩子的情绪消沉。第三，专制独裁型的家庭教育。父母采用严厉、高压、强迫命令式的教育，他们信奉"棍棒底下出孝子"，认为"不打不成材"，只从父母的主观意志出发，不考虑孩子的心里想法，经常打骂、体罚等，使孩子容易发展为顺从、懦弱、缺乏自信或冷酷、残暴等性格。这种方式培养下的孩子不仅学习被动，更会让孩子的心理蒙上一层阴影。第四，顺从溺爱型的家庭教育。多见于独生子女家庭，随着经济的宽裕和满足，孩子的生活环境也越来越好，父母对孩子的要求完全顺从，导致孩子在同伴中表现出任性、自私、傲慢等状态，进入社会也容易到处碰壁。此外，还有简单粗暴型的家庭教育等。

三是问题家庭和不良的家庭环境也会对大学生社会化产生制约作用。在独生子女的家庭教育方面，独生子女家庭的比例越来越大，并逐渐成为我国社会的主流，这也给家庭教育带来新的课题甚至问题。在越来越多的单亲家庭的家庭教育方面，部分生活在单亲家庭中的青少年长期无法享受来自完整家庭成员之间的温暖和关心，有的家庭甚至出现经济上的沉重负担，使得部分单亲家庭的孩子出现心理和思想问题的比例偏高。经济困难家庭对大学生的身心健康和成长成才同样有着较大的影响，不仅表现在生活质量和身体健康方面，甚至还会造成孩子的思想负担和心理压力。隔代抚养为主的家庭教育存在的问题也不容小觑。部分隔代家庭教育往往会存在教育不当的问题。其最大的问题是溺爱，导致孩子在成长过程中一切以自我

---

① 黄国波.论当代大学生社会化中的家庭教育[J].福建论坛(社科教育版),2009(4)：148—150.

为中心,自私任性,缺少无私的奉献和牺牲精神。

四是家庭教育与学校、社会尚未形成合力。具体表现在:第一,家庭教育与学校教育相脱节。部分家长认为,大学生进入高校,家长就不用再管教了,教育的好坏全是高校的责任,还有部分家长由于自身工作忙,无暇顾及孩子的教育,放任自流,他们往往很少主动和学校进行联系。第二,家庭教育与社会公民教育相脱节。部分家长缺乏家庭教育与社会教育一体化的观念,在家庭教育中缺乏社会责任感和公民意识的教育,导致孩子的社会责任意识和融入社会的能力均较差。

(二)高校德育与大学生道德社会化

高等教育的根本任务是立德树人。高校教育涉及方方面面,下面主要从高校德育的视角来探讨高校德育与大学生道德社会化之间的关系。

1.高校德育及其特征功能

培养什么样的人,如何培养人,这是高校德育应明确回答,并紧紧围绕的首要问题。[①] 相对于其他德育工作来说,高校德育工作有自己的特殊性。因高校德育所涵盖的内容和本身的性质,使其成为高等教育的重要组成部分之一,同时,高校德育又是由多方面构成一个相对独立的复杂系统工程。在实践中,要把握好整体工作间的紧密联系,结合相关的因素和力量去加强与完善工作,保证高等教育的质量,为国家培养优秀的祖国栋梁。

高校德育具有复杂性、抽象性和艰巨性。高校德育面向当代大学生,因其身心都处在不断完善成熟的阶段,易受到来自家庭、社会、老师等多方面的影响。这些影响或有利或不利于大学生的身心成长,且这部分群体更易受到西方新潮思想的影响。此时高校德育的作用就显得尤为重要,应该有计划、有组织地对大学生进行正确的引导,使其接受正确的思想,抵制不利于身心成长的思想。

高校的德育体系包括思想政治理论课的理论教学(第一课堂)和大学生的日常思想政治教育内容(第二、三课堂)。其中,思想政治理论课的理论教学是高校德育的主渠道,主要是依托课堂教学,把理论系统化地传授给大学生,这种方法相对稳定地提高了学生的思想品德理论素养,是大学生思想政

---

①　沈壮海.论高校德育的人本追求[J].思想理论教育导刊,2009(11):85.

治教育的重要方式。大学生日常思想政治教育是高校德育的主阵地。主要是让大学生亲身参与到校内外各种活动中去,通过更加人性化、灵活化的社团活动、社会实践活动等进行思想政治教育,减少和避免大学生在教育活动中的抵触心理,提高德育实效性。

高校德育具有明显的特征和功能。从高校德育的特征来看,一是系统性。从各方面来看,身心尚未发育成熟的大学生,易受到来自校内外、社会和家庭的各方面影响,所以我国高校开设了培养学生思想道德素质方面的教育课程,对大学生进行全方位的道德素质渗透教育,内容包括:道德生活、道德规范、道德关系等。与此同时,要更加努力地完善校园文化和开展班级活动、社会实践等,把思想政治教育深入到学生的生活、学习中。二是可控性。以社会要求和大学生成长发展的实际需求为出发点,有目的、有计划地保障学生的健康成长和全面发展。利用各种积极因素教育大学生,抵制各种消极因素对大学生的影响和腐蚀,以社会发展的实际需要,为学生合理规划和积极引导。三是正面性。我国高校要始终传授给学生正能量,为学生建立正确的世界观、价值观、人生观而坚持不懈地努力,希望通过一系列的正面教育与引导,使大学生成为社会主义合格人才。四是引导性。引导性具体表现为教育方向和培养目标,以关注大学生个体的发展为主旨;尊重大学生自由意志和人格,实现非强迫的教学承诺,从不同角度引导大学生道德社会化朝着正确的方向发展,通过施教者自己的言行对大学生潜移默化地发挥引导作用。通过班级活动、社会实践等活动对大学生道德社会化起到引导作用。

从高校德育的功能来看,一是导向功能。① 引导学生认清社会发展的方向和时代潮流,使大学生树立正确的思想道德观念,培养良好的思想道德品质。二是激励功能。就是要充分开发和利用人的感情因素这一巨大力量,激发大学生的政治热情和学习积极性。三是管理功能。一系列的规章制度和干部管理、典范榜样在管理中至关重要。管理是受多方面因素共同影响的,主要的管理目标在于生活、行为和学习等。通过科学的制度规划管理,

———

① 唐亚豪.论高校德育目标的内涵、功能及其实现[J].经济与社会发展,2005(2):172—174.

青年学生的行为可逐步实现社会发展和学校要求的统一化,维护正常的教学秩序和生活秩序。四是抑制功能。高校教育通过教导青年学生分辨是非善恶的能力,使其了解什么是正当该做的,什么是不正当不应该做的,什么样的事情是要避免接触的,从而减少青年学生违法违规事件的发生。教育的指导和制定系列规范的制度,对于青年学生实施严格的奖罚制度,有效地避免青年学生违反法律和道德的事件发生,使高校德育的抑制功能得到充分的发挥。五是服务功能。当然高校的教育工作并不仅仅是严格的奖罚教育,管理和引导青年学生的成长,还应该是为广大学生服务。这一功能在过去相当长的时期内常常被人们忽视。高校的德育系统,要求学校全体工作人员始终都要有服务学生的意识,工作人员包括教师、宿舍管理人员、食堂工作人员、医务人员等等,不但是从思想上、学习上教育引导他们,而且还要从关心大学生的生活做起。要有为他们的学习和生活提供各种帮助的实际行动,而非只是思想上。一所高水准的学校不只是看师资力量是否雄厚,更为重要的是看工作人员为学生服务的意识是否强烈。

2.高校德育对大学生道德社会化的影响

从高校德育对大学生道德社会化的积极影响来看,一是高校德育促进了大学生对主流道德文化的继承和发展。在主流道德文化方面,高校道德教育是传播和弘扬我国道德主流文化的有效途径,为大学生的社会核心价值观的培育和引导奠定坚实基础。在道德亚文化方面,由于道德亚文化相对于主流道德文化而言,是处在次一级地位上的道德观念体系,一般条件下与道德主流文化方向一致,并在维护和改善社会道德秩序上表现积极,但也存有弊端。高校德育能帮助当代大学生树立正确的世界观、人生观、价值观,使之拥有理性判断和选择道德亚文化的能力,抵制消极、落后文化对大学生身心的侵害。在道德反文化的抑制方面,高校德育也有义不容辞的责任,对于批判和抑制道德反文化同样也有重要的作用。二是高校德育在大学生个体道德素质的引导和培养中起到至关重要的作用。在高校德育的长期教育过程中,大学生的道德心理和道德行为会逐步接受并慢慢发展成为稳定的内在品质,对道德的认知、态度、能力、行为等方面都有明显的促进作用。当代大学生道德素质的高低,不仅反映了大学生心理和思想健康成长的状况,也是考察我国高校德育教育的实施成效的主要途径。培养大学生对社会主义道德文明素质重要性的认识,深刻牢记我国特色社会主义的道德心理和道德行为,使当代大学生树立正确的世界观、价值观和人生观是高校德育的目标。

从高校德育对大学生道德社会化的消极角度来看。一是高校德育目标的问题。目前高校德育目标虽然有了很大的发展,但依然存在目标过于注重方向性,定位相对空泛,偏离现实生活,缺乏时代性和层次性的问题。二是高校德育内容的问题。① 主要表现在:高校德育忽视学生发展需要的问题仍较严重,高校德育内容体系在关注学生现实发展需要、贴近学生实际生活方面依然存在不足;高校德育内容脱离社会现实问题仍较突出,德育内容并未摆脱实践性不强、不适应社会发展的现状、缺乏对社会现实问题的关注等困窘;高校德育的"知识化"倾向依然存在,高校德育课程设计依然是围绕考试的要求来进行,缺乏对知情意行的全面发展、良好品质的形成的重视和关注;高校德育内容体系的构建缺乏整体性,存在着较为严重的要素缺失、比例失衡、结构无序或要素关系混乱等问题。"两课"教学和日常思想政治教育之间相互配合不够,整体功能发挥不明显,不同学段之间的德育内容不衔接,重复和缺失问题尚未明显改观,甚至出现"顾此失彼"的现象。三是高校的德育方法和手段问题。具体表现在:高校德育过于偏向政治思想教育,缺乏对道德教育的重视,高校的道德教育更多注重培养学生的政治立场、世界观、人生观和价值观,往往把道德教育与政治、思想教育混杂在一起;高校德育的手段和方法创新不够,会场和课堂的灌输仍然是思想教育的主要方式,难以跟上时代进步、社会发展以及信息技术更新的步伐,无法很好地表现出道德生活的改变,甚至存在不切实际的问题;重传授道德知识,轻培养道德情感和实践,导致部分大学生出现知行分离、言行不一的情况;部分教师由于道德素质较低,对育人工作缺乏敬业精神和奉献意识,上课马虎,课后基本不参与其他育人工作,不仅影响了教学质量,更影响了大学生的道德社会化进程。

---

① 刘志山.当前我国高校德育的困境和出路[J].华中师范大学学报(人文社会科学版),2005(3):136—139.

(三)同辈群体与大学生道德社会化

1.同辈群体及其功能特征

同辈群体又称同伴群体或同龄群体,主要指在相同年龄层次上的,具有某些共同兴趣爱好、相同经历情感的人组成的关系亲密的群体,是非正式群体中很重要的一种群体。同辈群体强调的两个关键词是"同辈"和"意愿"。"同辈"是指群体成员年龄的相近性,决定了群体的年龄层次;"意愿"是指个体在自愿选择基础上的自由结合,决定了同辈群体选择的自愿性。由于年龄的相近和选择的自愿,使得同辈群体之间有了更多的共同语言和兴趣爱好,因此群体成员间会结成更紧密的关系和友谊。[①]

在同辈群体的分类研究中,学者们持有很多不同的观点。[②] 同辈群体有不同的类型,如以交往目的为依据,同辈群体可以划分为情感上相互支持的知己型同辈群体、兴趣爱好相似的娱乐型同辈群体、学习上互相帮助的求知型同辈群体等;以年龄为依据,可分为青少年同辈群体、中年同辈群体和老年同辈群体;以地位为依据,可分为下层同辈群体、中层同辈群体和上层同辈群体等。在众多的分类中,美国学者克拉克(Clark. B. R)的同辈群体分类最为著名。他把学生分为四种类型:娱乐型群体、生活型群体、违规型群体、学习型群体。

在大学生群体中,同辈群体也具有德育功能。[③] 首先,同辈群体能满足大学生的心理需求。人最普遍的需求是社会交往,尤其是大学生。进入大学,大学生的自主自立意识逐渐加强,从内心希望他人把他们当作有独立能力的人对待,但又很难完全自觉学会全面发展。共同的个性特点和心理的需要使得大学生走到一起,他们更多地倾向于与同龄人交往,与父母的交流逐渐减少。他们在同辈群体中能够得到理解、关心、帮助和信任,也能向其他成员表达自己的想法,倾诉自己的思想,通过同辈群体的交往使得他们的人生需求得到较好的满足,这也是他们最主要的需求之一。此外,在同辈群体中大学生还可以满足自我发展的需要。他们在交往的过程中彼此合作、

①　高中建,孙嵩.青少年同辈群体道德养成分析[J].教育探索,2009(2):90—91.

②　余芳.同辈群体与"90后"大学生成才研究[D].华中师范大学,2012:2—3.

③　吴康宁.学生同辈群体的功能:社会学的考察[J].上海教育科研,1997(8):5—6.

竞争,交流经验、互相学习,从而能增强自我调节的能力,更好地发展个性心理品质。同辈群体成员之间的交往既给了大学生提升大学生适应社会能力和锻炼社交能力的机会,也给大学生提供了一个应对社会独立处理问题的机会。在交往中,大学生可以通过同伴的评价对自身的行为进行反思,从而不断调整自己的行为,使自身的能力得到锻炼和提高。其次,同辈群体影响大学生的道德社会化进程。从生物人转变成社会人是个体在与社会的互动中,通过学习角色知识和内化社会文化,逐渐养成独特的人格和个性,同时也学会适应社会生活的过程。人际互动理论表明,相近的年龄、家庭背景、思想观念、兴趣爱好比较容易产生人际吸引和人际影响。而同辈群体恰恰存在这样的特性,这些特性又使得大学生从属于一个或多个同辈群体中,在每一个同辈群体中,他们有相同的价值观念和行为规范。同辈群体一般都是由核心人物和一般成员组成,群体内成员"各司其职",在群体相互交往中,逐渐学会角色的扮演,认识团队和规范等方面的实质。从这个意义上来说,同辈群体其实是为大学生社会化提供了锻炼的平台,个体都可以在其所处的群体中找到自己特定的角色和地位。此外,同辈群体在发展的过程中会逐渐形成对大学生的行为具有约束作用的群体规范。同辈群体中的大学生,时刻都会感受到来自群体规范的无形压力,使得大学生会自觉遵守这些规范以避免受到排斥。再次,同辈群体影响大学生价值观的形成和发展。个人价值观对人的思想和行为具有重要的导向和调节作用,它是人们认识和评价事物的重要观念系统。青年期往往是价值观念趋于稳定的关键时期,大学阶段是这个关键时期的重要阶段。同辈群体之间的价值观念和行为模式很容易相互影响、互相传递,因为他们之间心理和感情彼此相容,互相信任。大学生影响自身价值观念往往通过模仿同辈群体的方式来实现外显行为的相互认同和转化,最终实现自己的期望倾向。由于同辈群体性质的不同,会使得其承载的群体文化性质也会不同,从而对大学生价值观的影响有积极方面也有消极方面,所以同辈群体对大学生价值观的影响是存在性质差异的。

　　大学生的同辈群体还具有比较明显的特征。① 一是成员关系平等。同辈群体成员之间的地位一般是平等的,因为同辈群体是在有共同的兴趣、爱好、价值观、行为方式基础上而建立起来的。个体在群体中有着自己的角色和地位,彼此相互尊重,从而组成了一个相对稳定、地位平等的人际关系网。一般群体活动都是在集体商议后进行的,每个成员都有发表自己观点、表达自己思想的机会,每个人的意见都会受到同辈群体的重视;群体活动的导向是由核心人物指挥的,各个成员在心理上和行为上都愿意接受他的"领导"和"指挥",但这种导向依靠的是魅力权威而并不因此享有特权。同时,因为同辈群体的成员之间兴趣爱好相同,各成员之间都会根据自己的意愿来安排具体活动内容,每个人都有充分展示自我的机会,这也就促使同辈群体形成自己的价值准则和行为规范标准。二是成员价值观趋同。在同辈群体的形成过程中,"地缘"(如邻里)关系、"血缘"(如家庭)关系和"业缘"(如班级)关系只是其中的有利因素,最主要的特点是同辈群体各个成员之间有着相同或相似的地位、年龄、兴趣、爱好、价值观。由于这些相同、相近的特性而形成一个非正式群体。正因如此,群体成员之间具有较高的心理认同感和价值趋同性。这种价值观趋同是群体存在的基础,也是群体存在的前提。同时,每个群体中各成员之间价值取向必定不会完全相同,但是他们之间差异不会太大,从而使他们的价值观念基本一致。偶尔的差异也能够通过协商、谦让,或者核心人物的"权威"影响达到彼此的沟通与价值的认同。三是群体交往开放。同辈群体的形成一般具有偶然性和随意性,成员之间在交流方式、交流言语和交流话题等方面都不存在特别严格的规章制度彼此约束和限制,具有一定的开放性。每个成员无论是谈论的话题还是交往的对象都可以自由地表达各自的想法,这样就促使同辈群体之间具有和谐的团体氛围,也能使各成员之间扩大个人的交流领域。此外,人为设定的壁垒在同辈群体中也是不存在的,同辈群体的准入标准是开放的,他们一般不会过分地限制新人的进入,只要进入的新人在年龄、兴趣爱好等方面与群体成员相近都可以看成该群体中的一员,能够很容易地被吸纳进来。四是群体联

---

　　① 吴亚荣.同辈群体及其对青少年社会性发展的影响[J].北京青年政治学院学报,2009(1):32—34.

系互动。群体内部成员间的互动和群体与外部环境之间的互动是一个群体实现良性运转和发展的前提。同辈群体也是如此,通过模仿、暗示、感染等,同辈群体成员可以获取社会性发展的基础性知识和能力,成员之间通过互动、依赖、制约等关系,逐步学会自我评价和与人交往,以便成为一个合格的"社会的人"。大学生同辈群体之间的互动既可以是一种良性的互动,如发展、学习等,也可能会是一种恶性的互动,如犯罪、斗殴等。同辈群体的开放性决定了群体成员必定会与外界的信息和物质进行交换。这种交换主要有两种形式:第一种形式就是从群体内到群体外,即把群体内的亚文化和信息传递给社会,向社会传递诉求和愿望,得到社会的认可和重视;第二种形式是从社会向群体内传递,即社会中的信息传递给同辈群体内各个成员,让同辈群体成员了解社会,知道社会发展情况和社会要求,从而能促进群体成员的个人社会化发展,逐步在同辈群体中成员成为合格的社会人。五是核心人物影响力大。在同辈群体中往往存在核心人物,其个人的品德、能力、人格魅力等因素被同辈群体成员所认可而成为同辈群体的核心人物。由于核心人物在同辈群体中有较强的影响力,从而能潜移默化地影响整个群体的思想和行为。特别是在关键时刻核心人物能起到带动、协调与控制群体的作用。因此,群体核心人物的言行举止、为人处事、行为模式常常成为群体其他成员模仿和参照的对象,对群体其他成员起指引作用。在核心人物的带领下同辈群体成员能团结互助、共同进步。但是,如果核心人物思想言行偏离了社会主流的行为规范,则会在思想和素质等方面错误地引导同辈群体成员,以致造成不良后果。六是交往内容广泛。同辈群体的主要功能之一就是给成员提供了情感交流和信息获取的平台。由于个体成员之间的平等关系,同辈群体成员可以在这个平台上频繁交流、畅所欲言,自由讨论自己感兴趣的话题。特别是随着网络媒介的发展,大学生通过网络的交流范围更加广阔,网络同辈群体也逐渐形成并不断发展。

2.同辈群体对大学生道德社会化的影响

独特的同辈群体是一个极其重要的社会化因素,一方面,在大学生道德社会化发展中,同辈群体体现了很重要的积极作用。它能帮助大学生锻炼社会技能,培养社会意识,增强社会责任感。另一方面,同辈群体对大学生社会化发展也有很明显的消极影响。大学生的人生观、世界观和价值观在大学期间还未完全成熟,特别是一些辨别能力差的大学生,由于群体内成员之间的模仿性、趋同性,会产生消极的影响,甚至走上犯罪的道路。

同辈群体对大学生道德社会化的积极影响具体表现在:一是平等的同辈群体交往能促进大学生的情感交流与发展。[①] 大学生交往的需要、归属的需要及尊重的需要可以通过同辈群体间相互的理解与支持、关心与尊重来实现,这样一方面促进了大学生的身心健康发展,另一方面避免因正常需要得不到满足而带来的消极的不良的情感。此外,同辈群体作为一种特殊的情绪接触形式,群体成员可以通过识别自己是哪一个团体的成员来体验到群体精神和同伴间的互助,这样有利于大学生的自立,也可以使他们得到一种极为重要的情绪安定感。人是社会的动物,大学生也需获得心理满足和情感慰藉,这种感觉需要他们从融入的社会组织中得到支持与认同。对于大学生而言,还没有独立自主生活,物质上还需要父母的支持,在这样的情况中他们的行为很容易受到父母的约束,同时作为学生也会受到老师的约束和管教。这种限制在一定程度上往往和他们内心渴望自由相矛盾。在这样的环境下就有了同辈群体的需求,因为在这样的群体中他们可以得到自由,是一个完全属于自己的世界。此外,相同的价值观和生活目标,也让他们体验到快乐和满足。同辈群体的交往、活动和文化认同,让大学生产生了归属感,通过在群体中一定的角色扮演来证明自己的存在价值,在沟通中还可以宣泄烦恼、排遣郁闷,得到情感上的抚慰。因此同辈群体交往不仅满足大学生的某些内在需求,也让他们收获了珍贵的友谊。二是和谐的同辈群体环境有助于实现大学生道德社会化进程的角色体验。在成长的过程中,人们不断适应社会文化、掌握社会规范的过程称之为社会化。大学生的社会化即指大学生学习社会习俗、社会规范和角色知识等在内的从生物人转化为社会人的过程。通过这个过程,大学生才能成为社会中合格的一员,在社会中担任自己相应的角色,并且按照这个角色的任务和规范来立足于这个社会。一个和谐、积极的同辈群体环境是学生能在道德社会化过程中承担各种角色的保证,能促进他们今后顺利地进入成人社会。大学生道德社会化角色体验主要包括两个方面:一方面是大学生在同辈群体中能够体验

---

① 陈正良.同辈群体对青少年的影响[J].宁波大学学报(教育科学版),2004(5):61—63.

到角色的多样性;另一方面是同辈群体中各个成员互相学习,频繁接触,开展各种活动,努力协调成员对群体高度的认同感,积极维护群体利益,并向社会期待的角色过渡。三是健康的同辈群体亚文化有利于大学生形成正确的价值观。亚文化是相对主流文化而言的,大学生共享和自己创造的文化称为大学生同辈群体文化。这种文化是"组织话语权"的强势文化,对每一位成员都有很强的影响力。一般情况下,人的初始人生目标选择是受家庭的影响,但是随着年龄的增长,接触的人和事物更广阔,家庭的影响也就随之减弱。大学期间,是同辈群体成员间频繁交往和相互信任的活跃时期,他们能够自由地探讨问题、交换意见。由于心理和感情上的相容,他们也容易接受其他成员的影响。因此,大学生的生活目标和价值观念确立期间,同辈群体的意见逐渐取代了父母的态度,一定程度上有利于大学生形成正确的价值观。

同辈群体对大学生道德社会化的消极影响具体表现在:一是大学生心理健康会受到消极的同辈群体交往影响。[①] 大学生在同辈群体中都有独立的角色,有自己的地位,他们都在潜意识中遵守群体内不成文的规范和标准。这就使他们从大学生变化为社会人,能够认识到自己的角色。但是,如果在一个消极的同辈群体中,很可能出现打架斗殴等不良行为消极现象,这会影响大学生的心理健康。作为青年发展的核心阶段,大学生有着强烈的自主意识和愿望。在每一个同辈群体中都有核心人物,如果核心人物的言行偏离了正确的轨道,群体成员也就会跟着误入歧途,产生一些不利于社会发展的行为。此外,同辈群体的活动有时必然与学校的一些活动相冲突。一些大学生往往过于热衷同辈群体活动,而对集体性群体活动,如班级活动的参与度和热情度不高,从而影响除同辈之外的其他形式群体性活动的开展。二是消沉的群体环境会影响大学生的道德养成。同辈群体是影响大学生成长发展的重要外部环境因素,是大学生由以自我为中心向社会转换的重要过程和场所。人生中身体和智力发展的高峰时期是在大学阶段。这一时期,大学生身心都在快速地变化,容易动摇不稳定,情感表现强烈,他们的

---

① 汪艳.同辈群体对大学生道德社会化影响及对策研究[D].成都:成都理工大学,2011.

人生观、价值观等也逐步形成。因此,大学生道德品质在很大程度上受他们生活的群体环境好坏的影响。目前,我国大学生大部分是独生子女,在家庭中缺少年龄相近的交往对象,所以,他们对寻找与自己志趣相投的伙伴结成同辈群体的需求是非常迫切的。这就表明缺乏理性的指导、易导致意气用事的单一情感纽带是维持同辈群体存在的主要因素,具有明显的不稳定性,从而导致不良同辈群体产生。最终导致的直接结果就是:一些尚且缺乏明晰、是非观念的大学生在不良同辈群体的消极影响下,走上了道德堕落甚至犯罪的道路。三是不良的同辈群体亚文化影响大学生价值观和行为规范。同辈文化对大学生思想道德的培养有很多有利的地方,但也存在一些不利的因素。不良的大学生文化对大学生的价值观和行为规范有重要影响。由于大学生群体有着不同的性质,文化传递的特质也不相同。许多研究表明,大学生更多地从属于亚文化的同辈群体,而非主流文化的同辈群体。如果主流文化与亚文化相对立,那么这种亚文化就成为对大学生自身发展有害的因素,一些不良文化对大学生具有很大的诱惑性,极易为其吸收和接受,对大学生的道德社会化产生不良影响。

（四）网络媒介与大学生道德社会化

随着网络媒介的发展和网络社会的形成,人们的生活环境从单一的现实社会环境拓展衍生到网络的虚拟环境中。网络作为媒介通信工具的同时,兼具了社会生活平台的属性,业已成为大学生新的一种生活方式、生存方式、思维方式,冲击着大学生传统的道德观念和行为方式,对大学生道德社会化有着重要的影响。

1.网络媒介及其网络道德

自20世纪90年代进入我国以来,互联网得到了迅速发展。2014年1月,中国互联网络信息中心(CNNIC)发布《第33次中国互联网络发展状况统计报告》显示,截至2013年12月底,中国网民规模达到6.18亿,全年新增网民5358万;互联网普及率较上年底提升3.7个百分点,达到45.8%。中国手机网民规模达到5亿,较2012年底增加8009万人,网民中使用手机上网的人群占比由2012年底的74.5%提升至81%。未来,手机上网依然是带动中国网民增长的重要因素。在互联网应用方面,以社交为基础的综合类平台类应用发展迅速;手机网络游戏迅猛增长;网购和团购持续增长,成为增长亮点。①

随着网络信息的发展和网络应用的普及,社会的道德问题从现实社会延伸到虚拟的网络世界。同样,网络使用的主体是社会人,网络道德从一定程度上是现实领域中的道德问题在网络世界中的反映。

网络道德作为一种新型的伦理道德,是在网络伦理学或信息伦理学的平台基础上形成的。20世纪四五十年代,控制论的创始人罗伯特在《人有人的用处》中就指出了新技术应用过程中涉及计算机伦理问题的例子,这也是关于计算机伦理学的非正式兴起。② 网络道德从单一的哲学属性范围延伸到社会生活的方方面面,我国目前关于网络道德的研究随着网络应用的普及和网络问题的凸显,呈现出兴盛的态势。目前,学界对于"网络道德"的界定基本一致,即认为网络道德是人们利用互联网进行相关活动时所应遵循的原则和规范的总和。但对于"网络道德"研究范围的界定,不同学者有着不同的分歧。

罗沉思指出,随着信息网络的发展,也带来了许多政治、法律、伦理道德和社会问题。③ 在此基础上,提出的网络道德是基于网络整体平台之下的研究。张军在《网络道德含义释析——兼论网络道德主体的建构》中提出,"网络道德"应有广义和狭义之分。广义的网络道德是指有了计算机网络的现实社会道德,狭义的网络道德是"只有"计算机网络的虚拟社会道德。④ 因此他认为真正意义上的网络道德应是现实生活中的道德规范失去对其规范力的网络活动行为,网络道德的研究与局限于所遵循的道德原则、价值取向的现实生活明显不同,只在参与网络活动过程中出现的道德失范现象。

无论是在广义基础上网络整体平台下提出的网络道德,还是基于狭义层面就单一网络行为活动中的网络道德,其本质都是道德伦理规范在网络环境中的实践。从主体上看,网络的使用群体是社会人;从行为上看,社会群体使用网络奉行"共享与自由、信息与知识、互助与奉献、自由与平等、开

---

① 第33次中国互联网络发展状况调查统计报告. http://www.cnnic.net.cn/hlwfzyj/hlwxzbg/hlwtjbg/201403/t20140305_46240.htm.

② 蒋海升.青少年网络道德建构研究[M].济南:山东大学出版社,2011:3.

③ 罗沉思.关于加强信息网络道德建设的思考[J].成都教育学院学报,2005(11).

④ 张军.网络道德含义释析——兼论网络道德主体的建构[J].前沿,2004(11).

放与兼容"的原则,使用网络的行为本身就是一种社会行为。网络道德以现实道德为基础,但与传统道德相比,由于网络的虚拟性等网络特殊的媒介属性和媒体表达形式,网络道德在身份认同上会与现实社会传统道德存在差异。在网络空间里,道德主体不再有现实社会复杂人际关系的束缚,不再有现实生活外在他律性规范的制约,道德实现的环境显得更为宽松。

作为一种新建构起来的社会道德,网络道德提供了一种全新的道德观念,主要呈现几个特征[①]:一是道德主体的平等性。以数字化的信息为中介的现代网络社会,道德主体自愿参与,享有充分的平等和自由,对自己的行为拥有极大的自主性。二是道德生成的协商性。网络无国界的信息传播,使得不同主体既要认识到伦理文化的异质性,同时又要关注到不同伦理文化之间的同一性与共通性,这样,网络道德就无法对现实社会道德进行简单移植,需要在实际磨合中平等协商,并彼此接受,达成共识的价值观和道德规范。三是道德规范的不确定性。网络的飞速发展和网络的庞杂,使得现有的网络道德只能适用一定阶段和一定范围的网络空间,普遍共识的网络道德规范甚至网络道德底线尚未形成。四是道德适用的技术性和发展的普适性。网络道德是随着网络技术的缘起而出现的,同样网络道德的发展也需要依托网络技术的发展来实现;网络道德的发展趋势是构建网络社会所普遍需要和共同认同的价值精神和道德规范。

网络道德的表现形式也是全新和多样的,具体表现如下[②]:一是道德环境的网络化。网络媒介不是单纯的一个平台,还承载着特定的文化伦理内容,网络媒介的道德环境,会深刻影响着人们的文化伦理观念和道德行为模式。二是道德主体的符号化。在传统文化中,文化的任何内容都在现实存在和主体思想中得到映射,都在真实理想或现实框架下得到塑造,在网络空间,道德主体则蜕变为一个没有任何身份,与现实无关的、失去了透视世界和改造世界的游荡式的符号,不仅人们的伦理行为被符号化,连人们的伦理观念也被符号化了,由此造就了道德主体也只能是一种虚拟的符号。[③] 三是道德观念的大众化。网络媒介面向大众不断得以发展,网络媒介的内容具

---

① 万峰.网络文化对大学生伦理道德影响的研究[D].上海:上海师范大学,2009:45—47.

② 万峰.网络文化对大学生伦理道德影响的研究[D].上海:上海师范大学,2009:47—53.

③ 孙伟平,贾旭东.关于"网络社会"的道德思考[J].哲学研究,1998(8).

有娱乐性、通俗性、时效性和空幻性等特征,因此随之形成的网络道德也就有了大众化的色彩。四是网络道德的多元化。开放的社会背景以及多元的社会道德判断和道德选择,使得网络道德呈现多元性。五是道德实践的市场化。网络的诞生就植根于市场的土壤,并得益于商业的运作,"人类的文化与人类的价值观有史以来第一次为追求利润最大化的电子媒介所左右"①,网络媒介体现了商业化运作、快餐化消费的市场实践的本质特征。

2.网络媒介对大学生道德社会化的影响

当代大学生是在 20 世纪 90 年代以后,与我国网络技术兴起、发展同步成长起来的。当代大学生正处于学习知识技能,接受新鲜事物,认知道德价值能力最强的时期。在对各学历人群互联网普及率的调查中,大专及以上学历人群中互联网使用率在 2011 年已达 96.1%。② 随着网络媒介的发展,互联网的开放性、信息的多样性、交流方式的多样性为大学生提供了一个超越时空的社会环境。网络不仅是大学生获得知识和信息的一个重要来源,同时,在以崇尚自由、个性为特点的网络文化环境中,网络还直接作用于大学生的心理特征、人文思想和道德认知,对大学生的思想道德产生很大的影响。

从网络媒介对大学生道德社会化的积极角度来看,一是网络媒介有助于拓展大学生的思想视野。网络丰富的信息量,宽广的涉及领域,强大的交互参与功能,有效地满足了不同兴趣爱好的青少年的需求。"网络包含了现实生活的方方面面:有学习上的学术探讨、交流,也有相关的参考资料、期刊报纸;有社会人生的百味广角,教你创业、择业;还有情感之间的交流和表现……网络内容的多样性在满足大学生生活的各种需要的同时,也开阔了大学生的视野。"③大学生视野的开阔使大学生能够形成多维度的道德认知,思想道德的认知趋于全面和理性,有助于大学生个性的形成和发展。同时,在多元信息资料环境下,大学生能够发挥主动性和积极性,淋漓尽致地展现自我、发展和完善自我。二是网络媒介有助于对大学生的社会行为进行预知演练。网络的"虚拟环境"是大学生在步入社会前进行各种社会角色实践

① [美]莱斯特•瑟罗.资本主义的未来[M].北京:中国社会科学出版社,1998:80.

② 第 29 次中国互联网络发展状况调查统计报告. http://www.cnnic.cn/gywm/xwzx/rdxw/2012nrd/201207/t20120709_30807.htm

③ 张鸿雁.网络环境与高校德育发展[M].北京:首都师范大学出版社,2009.

的绝好场所,在网络的"虚拟环境"中,大学生可以进行各种各样的"角色换位"、"角色演习"等社会行为,实现多元交互,通过不同角色的变换尝试和反复多次的实践验证,不仅可以从中领会到不同角色的社会需求和应尽的责任义务,而且能够把自己在现实社会中扮演的各种角色掌握得恰到好处,这对于大学生在实践中明晰社会活动和社会行为应有的道德规范和道德约束有很大的提升作用。三是网络媒介有助于大学生形成发散多元的思维方式。作为以网状形式来构建和处理信息的超文本表现形式,网络以其独特的媒体形式和媒介表达形式,影响着和挑战着大学生传统的思维方式。集合文字信息、图画、声音等多种媒体元素在内的表达方式,要求大学生在对信息表达形式有效解读的基础上,能够拥有发散性的多元能力。思维方式的发散多元让大学生在面对生活、学习、实践等不同属性和不同性质的事件中,形成合理以及相应的道德认知和道德判断。

网络伦理道德的研究相比于网络、网络道德的认知具有一定的滞后性。网络社会的"无政府"特征,政策法规的滞后,道德规范的脆弱,加之人的自律性无法完全驾驭,导致大学生的网络道德偏差不断出现,严重阻碍了大学生的道德社会化。一是网络媒介使得部分大学生的传统价值观产生道德背离。网络是一个没有地域、没有国界和拥有极大自由度的国际性传媒载体。信息全球化的实现,让各种信息发布、展示和浏览变得简单和便捷。"网络形成的高度信息共享,将不同的文化传统、风俗习惯以及价值观念传播给大学生,大学生在吸收各民族优秀文化和先进思想的同时,也在一定程度上吸收了一些民族的劣质文化和低俗思想。长期接受不良网络信息,势必导致个人社会价值观的多元化,甚至造成个人道德紊乱与沦丧。"①网络信息的泛滥,混淆大学生对于正确道德的认知,冲击着大学生的价值理性,多元的价值选择和价值判断使得大学生道德判断力下降。同时,网络的开放性打破了政府对于信息的垄断和社会舆论的统一。不同民族、不同国家、不同政党的政治文化在网络平台上得以展现和融合,西方国家利用网络文化传播的超地域性、快捷性倾销自己的道德与价值观念,以美国文化为主流的西方文化,其表面上具有一定的说服力、诱惑力和感染力,迎合了正处于生理、心理

---

① 于姗姗.试论网络传播与大学生社会化[J].理论界,2009(4).

叛逆期的大学生崇尚自我、追求个人价值、渴望突破封闭的心理,使得部分大学生出现意识形态的西化、本位道德的退化和国家民族意识的淡化,对于正确的人生观和道德观的理解发生了扭曲。二是网络媒介使得部分大学生的行为角色产生道德缺失。大学生的人格和价值观尚未完全成熟,在好奇心理、表现心理、技术崇拜心理等心理因素的影响下,常常出现行为道德缺失现象,如近几年不断出现的大学生网络黑客现象。另外,网络游戏中形成的网络暴力同样对大学生思想道德产生不良影响。暴力游戏中,施暴者的角色扮演,体验真实格斗屠杀的快感,满足自身争强好胜的心理,网络暴力让大学生在行为方式、处事原则和思维思想上变得单一,甚至使大学生形成暴力能够解决一切问题的错误认知和极端倾向。三是网络媒介对部分大学生的情感道德产生异化。大学生作为成年独立的社会个体,具有社会人的一般属性,但由于特殊的身份角色,尚缺乏独立承担社会责任和接受社会道德审判的能力,处于青春发育期的大学生渴望友谊、理解和交流,网络媒介的强大社交功能让大学生在网络上体验到新鲜的情感交流方式。但网络环境的净化与网络发展的不同步性,色情网站监管滞后,泛滥成灾的网络色情信息会让大学生出现情感恋爱观上的道德异化。另外,在网络媒介的社交活动中,人际交往由复杂、多元的社会交往萎缩为单一的"人—机"交往关系,一次性的快餐式交往行为盛行,大学生在好奇心和寻求刺激等心理因素影响下,出现网婚、网恋等放纵自己的行为,这种快餐式的交往方式满足了大学生对于婚恋和性的渴求,同时又可以规避社会责任,使大学生淡化了责任意识,出现情感道德偏差和缺失。

第三节　大学生道德社会化调研的启示与建议

大学生的道德观念和道德社会化程度在整体上是令人满意的,大学生普遍具有爱国、敬业,追求正义、富有爱心、乐于奉献等优良品质,同时在马克思人学理论指导下的大学生道德社会化成效明显,大学生的个人意识显著增强,在取得成效的同时也存在明显不足。

一、调研启示

问卷调查的相关分析,从个人道德、家庭美德、职业道德、社会公德与人紧密相连的道德内容,从知、情、意、行道德发展的逻辑结构和传统、转型时期两个时代维度,全方位剖析了当代大学生的道德状况,揭示出大学生在道德社会化过程中呈现四个特征:取向功利性、知行矛盾性、后天差异性、价值多元性,值得我们进一步研究和探讨。

(一)大学生在道德社会化过程中的取向功利性

从历史上说,中国传统的理想道德原则和人类的理想是相通的,都追求人的幸福、仁义、道德、和谐。但是在实际生活中,大家选择的行为准则往往又是和自己倡导的理想道德的原则有相违背之处。道德在终极的意义上说是一种调解人的各种关系的准则,维护的是包括自身在内的所有人的最大的善,暗含的是人对人的爱护,它的唯一标准就是合人性。中国历史上的政治人物不以民生为重,为了满足自己的个人权欲互相争斗,同时统治者穷奢极欲,劳民伤财致使民众苦不堪言。历朝历代都夹杂着这些内忧外患。这些制造战乱、争权夺利的"好斗者",往往都打着道德的旗号,以追求和平的替天行道的名义,把道德主张作为实现自己私利野心的手段,名为和平,实生战乱,夺权后不兑现先前的承诺,充斥着言和行的背离。"中国的主导性传统伦理,则是在形式上把道德抬到无以复加的至上地位、当作目的,在实践中却把道德由目的异化为达致个人功利目的的手段。"①经常把国家的统治权说成是"有德者居之,无德者失之",这是把道德和人的等级功利联系起来的统治者的愚民之术。所以在古代封建专制中国,在政治取向上是没有真正的道德精神的,道德不是为人而是为治人,这种非人道的行为被冠以道德的名义和合法性,把自己占有统治权说成是民心所向和自己道德高尚的结果,把不能获取权势者诋毁为不德,因此在专制王朝,道德成了披在统治者身上最华丽的衣裳。这些封建集权专制虚伪的政治传统影响在当今社会仍未被完全消除,导致有的大学生沾染上功利主义恶习,一切以功利为行动

---

① 肖群忠.论"道德功利主义":中国主导性传统伦理的内在运行机制[J].哲学研究,1998(1).

的标准,把趋利避害当成人的本性而不看作是物性,使人在物性面前丧失超越为人的勇气。真正的人性应该是把为己和为人的发展相统一的人的特质,而不是为了自己不顾他人利益的单向掠夺。人的德性是升华了物性的人的特质,是区别人与物的本质特征。现代社会随着对人权、自由、平等、民主、科学的认识的发展,以对话解决问题成为主流。人与人的包容性不断扩大,逐渐洗清封建遗毒,慢慢改变不以公民利益为主导的自私行为,"和"的思想、平等的和谐思想逐渐深入人心,人的言和行在自觉和不自觉中得以矫正,逐渐地走向一致。

调研中我们发现,在道德评价中有的学生以功利为原则,对自己和他人采用双重标准。如在抽象的不针对任何人的一般判断中,大学生的道德评价要求都是极高的,但当涉及自己的利益和他人的利益或集体的利益冲突时,有的学生会出现选择先己后人或先己后公的功利取向。如对"我认为勿以善小而不为,勿以恶小而为之"和"我赞同货真价实,童叟无欺"两项的符合度分别为94.6%和84.8%,因为这是比较抽象的道德原则,但当具体涉及学生学业时,在"我有时会抄袭别人作业或者学术成果"方面基本同意和完全同意的为39.9%,接近四成的人有抄袭的动机,说明诚信的缺失较为严重。

但取向功利性的特征并不否定大学生整体道德的积极性。如在问卷调查的第二部分的观点题中对观点31:"我觉得在社会上办事情,不送礼是很难办成的",调查结果显示,62.1%的大学生对该观点持否定的态度。在社会主导道德上这是一个破坏公平道德的观点,所以数据说明,大多数的大学生道德取向还是积极向上的,追求公平、公正。但也有近四成的大学生对此持赞同或模糊的无所谓态度,这从侧面说明了,还是有相当一部分的大学生对"我觉得在社会上办事情,不送礼是很难办成的"持默认的、赞同的态度。这是当今社会道德缺失的表现,对潜规则的纵容的现实反映,是道德的退化。这也证明道德的选择与周围大众的生活现状、社会环境有着直接的关系。

(二)大学生在道德社会化过程中的知行矛盾性

大学生在某些道德知行方面呈现出矛盾性,即在道德认知方面认为应该如此,可是在采取道德行为的时候,又往往降低要求,不能够做到言行一致。如大家都认为尊老爱幼是人的基本道德。可是在面对现实困境时,面对老人摔倒扶不扶的问题,大学生也表现出比较矛盾的心理,不能够做到凡是道德行为我就应该克服一切困难去做。在公共场合可以遵守社会道德，可是回到学生宿舍或者小群体范围就不顾道德，出现内外不一的矛盾现象。比如有的同学出门把自己收拾得干干净净，可是宿舍内垃圾乱丢、床铺不整、语言不文明等现象屡见不鲜。"君子戒慎乎其所不睹，恐惧乎其所不闻。莫见乎隐，莫显乎微，故君子慎其独也。"(《中庸》)尽管大学生在自评时，对个人评价分数在诸选项中得分最高，但是不是真实情况还要具体看大学生的行为表现。"判断一个人，不是根据他自己的表白或对自己的看法，而是根据他的行动。"①在个人利益和集体利益冲突时行为的矛盾，如在宿舍中有的学生不顾他人需要休息的权利，宿舍熄灯后仍然大声喧哗等现象都说明这一点。

　　在调查中我们发现了这一现状，学生对"我认为勿以善小而不为，勿以恶小而为之"的符合认同度高达 94.6％，可谓对善的认知是极高的。但是在"我有时会抄袭别人作业或者学术成果"这一选择上，认同和不确定的比例高达 60％，显然与"我认为勿以善小而不为，勿以恶小而为之"的高比例认知相背离。

　　大学生的道德认知和道德行为的矛盾，大学生内与外不一的矛盾根源在于，物质社会的物化对人的影响，人对自身意义的认识有了偏差。具体地讲，就是部分大学生的需要只停留在对低层次物质需要或自身利益需要的满足上，而忽略对精神等高层次需要的追求，所以，道德需要也很难成为他们的"优势需要"(在需要结构中占有主导地位的需要)，在道德认知和道德实践上采取双重标准而导致知行矛盾。联合国教科文组织国际教育发展委员会《学会生存》报告指出，学生的人格被分裂成为两个互不接触的世界，即"在一个世界里，学生像一个脱离现实的傀儡一样，从事学习；而在另一个世界里，他通过某种违背教育的活动来获得自我满足"②。这种现象应该引起教育者普遍关注。这种矛盾的化解不是通过道德的说教可以解决的，要从社会存在的根源去理清，为什么在有的情境中学生不愿道德地生活。要消除这些现实存在的根源，不是简单的指责，如为什么拜物、攀比、追求虚荣、

---

　　①　列宁选集(第 2 卷)[M](第 2 版).北京:人民出版社,1995:221.

　　②　联合国教科文组织国际教育发展委员会.学会生存:教育世界的今天和明天[Z].上海:上海译文出版社,1979:14.

不诚信等等。这些都有着很深的社会制度和习俗根源,往往不是一个人的力量能够改变的,需要教育者和社会共同的努力。

(三)大学生在道德社会化过程中的后天差异性

大学生除先天自身特质不同会导致道德社会化的结果呈现差异性外,一些后天因素也会影响大学生道德社会化的结果。先天差异难以改变,但是后天因素可以通过后天学习以减少大学生在道德认知和道德实践水平方面的差异,提升人的道德品质。由于社会环境、地域、阶层、经济、家庭、风俗等众多后天因素的不同,大学生在道德社会化的成效方面会存在明显差异。因此,大学生在一所学校里作为一个群体,虽然接受的是同一层级的教育,但由于以上这些后天的差异导致学生在道德认知和道德实践方面的水平参差不齐。生源背景的复杂化,在现有的高校大学生道德社会化的模式下,不可避免地带来了大学生道德水平显著的差异化。了解大学生在道德社会化过程中因后天教育因素的差异导致的学生的道德社会化结果的差异的原因,对现有高校大学生道德社会化的措施改进有着重要的意义。将道德素养多样化的学子整合为一个集体,向着一个公认的道德目标前进,整体提升学生道德水平是高校大学生道德社会化目的的题中之意。

在调查中我们发现,在传统道德和转型期道德两维中,在知情意行发展的结构中,在社会公德、职业道德、家庭美德、个人品德中,存在着众多后天差异。这些后天差异值得从事高等教育的专家和教师去研究,针对不同对象的差别原因有的放矢地设计教学内容,选择教学方法,优化教学效果。

(四)大学生在道德社会化过程中的价值多元性

价值多元性呈现的现实样态主要是:有的信奉中国传统道德观念多一点,有的信奉前卫、新潮的现代思想多一点。传统道德和西方现代道德理性地与中国实际结合,在不同情况下在每个人身上有不同的表现。多元性的产生与我国处于发展转型的特殊时期有关。由于世界的不同国家处于不同的发展层次,社会组织形态呈现出多元价值观取向,有的国家专制传统的思想占上风,有的国家自由民主的现代思想占主流。而从世界范围来看,民主自由是现代社会组建的基础和方向。同在 21 世纪,同在地球村,但是国家发展差距却很大,发达国家、中等发达国家、发展中国家的政治、经济、文化、信仰差异也很大。中国作为发展中国家,传统的因素较多,正在向现代国家转变,而发达国家有的已经完成了现代化进入了后现代社会。因此在转型过程中,中国社会同时受到传统、现代和后现代思想的影响,大学生处于这样一个全球化时代背景下,作为接触世界最积极的群体,更容易接受现代和后现代思想的影响,因此在道德社会化过程中呈现出多元价值观念。

在问卷调查中我们发现在不同的选项上学生呈现出的多元价值选择。

传统在大学生心目中仍然处于重要位置。中国传统老百姓常说不谈政治,那是因为谈政治存在人身风险。实际上国人对政治的关注度一直居高不下,因为政治和每个人都密切相关,生活在社会中的人不可能离开政治。大学生对政治仍然沿袭传统,保持着极高的关注度,在对调查中截取的15个热点事件中,关注度排在第二位的是党的十八大,可见政治关注度非同一般。在道德上,也仍然沿袭了传统重德的风气。在大学生心目中的榜样和模范,排第二位的是道德高尚、品质良好的人等等,可见大学生仍然把传统爱国重德思想凝聚于心。

现代个人主义、功利主义、实用主义影响大学生价值选择。在传统观念中大多数同学都将道德列在人的首要因素,但是在现代经济社会影响下,学生开始受到现代个人主义和功利主义影响。在自身目前最需要提高的方面,排在第一位的是待人处事,第二位是专业学识,第三位是道德修养,第四位是创新创业的能力。把待人处事和专业学识排到了道德修养的前面,因为待人处事和专业知识在现实中可以转化为自己对利益获取的条件,因此舍德求利,但又似乎背离了自己善为先的心理主张。在社会公德类选项中,对"各人自扫门前雪,休管他家屋上霜"符合度为32.9%,超过三成,如果包括无所谓的18.9%,表示不反对的人达到五成多,可见个人、实用和功利主义的影响之深。

二、调研建议

通过调查问卷的数据结果分析,我们发现大学生道德社会化在教育及社会宏观和微观领域,从学生外部和内部影响因素等方面呈现出外部宏观因素的差异性和微观领域及外部与内部的影响的差异性。根据这些不同的结论,为高等教育和高等学校的德育实施者提供了改进工作的事实依据,调查的结论在德育工作方面给人以启示。据此,我们依据调查的结论提出以下建议:

（一）注重传统道德的现代转化

从调查总的结果进行分析，基于对传统道德和转型期道德两个调查的维度方面，分析可得学生的传统道德观念重于转型期道德观念。所谓现代转型，按照通常理解"是指从自然经济占主导的农业社会向商品经济占主导的工业社会演化的过程"①，这是个系统全面的工程。"作为物质文化、制度文化转型的精神先导和思想反映的观念文化，也在这一过程发生深刻的变异，诸如神本转向人本，信仰转向理性，宗教转向科学。"②因此，在现实中我国传统道德教育在失去原有的经济基础以后，正在向现代的社会道德转化。

调查的结果，从积极方面看，说明我们的传统道德教育在大学生道德社会化中发挥了巨大作用，把传统的观念思想植入学生的心中，为传承中华传统起到了重要作用。但从另一面来看，中国的传统道德文化生长的背景是封建专制等级制度。传统观念中无形地隐藏着奴化人的动机，比如孔孟的忠孝思想，如果不加以辨别，就很容易演变为集体中的家长制作风、宗派主义，演变为下级对上级的个人崇拜和绝对服从等，会严重影响人的自由发展，偏离马克思主义政党的政治主张。因此学习传统文化，进行传统的道德教育，不是完全地回到过去，学习传统道德的目的是有利于国家的现代化建设，要把传统中能转化为现代社会道德内容的精华部分继承下来。因此，在高校教育中，应从传统道德教育的得失分析中批判地学习吸收，而不是过于夸大美化封建道德，开历史的倒车，阻碍中国人现代化的发展。

（二）重视因性施教

我们在四德、知情意行四结构和传统与现代等维度的调查中，男女有着显著差异。在四德方面男生显著高于女生。在知情意行四结构方面除道德意志无差异外，在知、情、行方面男女差异明显，男生高于女生。在传统方面男女无明显差异，但是在现代道德方面，男性高于女性。

男女性别差异导致学生在道德表现上的差异到底是先天的还是后天

---

① 湖北大学中国思想文化史研究所.中国文化的现代转型[M].武汉:湖北教育出版社,1996:2.

② 湖北大学中国思想文化史研究所.中国文化的现代转型[M].武汉:湖北教育出版社,1996:2.

的,目前尚无定论。心理学上对男女的道德判断差异有着争论,有的心理学家认为道德判断是客观存在的,有的认为没有绝对的客观差异存在。赫尔斯坦因(1976)曾进行了一项纵向研究表明:在道德推理上具有性别差异,女性的道德判断受移情和感情的影响,而男性的道德判断较少受移情的影响。① 但是也有人不支持这一观点。沃尔干认为这种差异只能在开放式采访过程的情境中引出,而不能通过客观实证研究得出。如果没有统一的客观译码图式,就不可能区分男女道德判断上的差异。② 可见,男女两性道德判断方式是否存在先天差异的争论在理论和实验上还没有解决。

但从国内的现实根源分析,男女在受后天因素影响导致对道德的认知和行为的差异是明显的。在大学阶段,男女均已经比较成熟。就国情来说,重男轻女的思想痼疾并没有完全消除,在社会环境中随时会出现男女不平等、歧视妇女的现象。妇女仍然没有成为和男性平等的社会力量,更没有成为主导社会的决定力量。妇女很多时候还是男权社会的附属,在较多领域处于被动状态。在此后天现实背景下,导致在道德方面、社会责任方面女性普遍认为男性应该承担更多的道德责任,应该是道德社会的主角,男性也在这种社会暗示中,始终扮演者男子汉大丈夫的角色,对道德状况、对知情意行的关注重于女性。这个结论可能也折射出传统社会男尊女卑的影响的消极存在,作为对人进行培养,促进人发展的高校不应受这种消极甚至是封建落后观念的影响,应该在马克思人学理论的指导下,从人的平等和发展的角度去开展教育,应该鼓励女性成为道德社会的主角,而不是被动地接受,不仅在道德领域,在其他领域也应鼓励女性参与实践,全面发展。

(三)重视全程施教

调查发现学生在年级上也存在不规律差异。这些调查结论给我们提供了一个事实,大学生的道德水平在年级上不是恒定的和自然延伸的,不是随着知识的提升而提升,不存在大二好于大一的情况,有时会出现不规则的逆转。这一现象不一定有普遍性,但是给了我们一个启示,道德教育要全程实

---

① Holstein C. Development of Moral Judgment: A Longitudinal Study of Males and Females[J]. Child Development,1976,47:51-61.

② Walker L J. A Longitudinal Study of Moral Reasoning[J]. Child Development,1989,60:157-166.

施。无论在哪个环节松动,道德的水平就可能下降,因为不同年级的学生在不同的学习阶段面临的问题不同,因此道德水准会出现波动。比如大一学生刚到高校,离开家庭独立生活、学习、交往,可能不是很快就能适应,此时道德心理也会产生变化。大三学生离毕业只有一年,面临着毕业、就业的实际问题,存在一定的压力,同时在面临即将走入新的社会环境,在心理、情绪上也会产生一定的波动,这些都是正常的。高校应该根据不同年级学生道德波动的特点,有选择地进行针对性教育,巩固道德教育成果。

（四）重视分类施教

除了在学生年级、性别等因子上高校学生表现出道德社会化的具体差异,同时在学科专业、城乡、独生子女和非独生子女、贫富（月消费）、网络等方面,也不同程度地存在影响。因此要对学生分类施教,不能千篇一律。要分析这些影响因素背后的具体原因,要化解这些现实差异,让每个学生在基本道德发展上处于一个相对均衡的水平。

如在文科、理科、工科学生身上,人们一般会想当然地认为文科学生的道德水平高于理科或工科学生,实际调查的结果却是:在四德方面,不同专业大学生在家庭美德、职业道德上存在显著差异,而在社会公德和个人品德上不存在显著差异。进一步两两比较发现,在家庭美德上,工科高于文科,职业道德上,理科高于文科;在知情意行四结构方面,不同专业大学生仅在道德行为上存在显著的差异。进一步两两比较分析,文科显著低于理科和工科,而在其他维度不存在差异,调查结果显示文科学生在社会公德和个人品德方面不及理科和工科学生。

同样,在年龄、城乡、独生子女和非独生子女、贫富（月消费）、网络使用时间长短等方面,道德社会化也出现这样那样的差异,作为高校应该定期开展实际调查,分类了解学生的道德状况,根据情况分类有针对性地施教。

第五章 大学生道德社会化的 生成机制与路径选择

　　道德社会化是道德内化于心和外化于行的过程。在道德社会化的过程中,既要重视主体内在自觉认同的途径,也要重视优化道德实践的外部机制。因此,大学生道德社会化的形成发展是两大机制共同作用的结果:一是个体内在建构机制,即内生动力;二是社会外部机制,即外生动力。这两个原动力的建构有效促进了大学生道德社会化的实现。

第一节 大学生道德社会化的生成机制

一、道德内化及其机制

　　道德内化是从内化这一概念延伸而来的。内化的概念最早是由法国社会学家涂尔干提出的,是指社会意识向个体意识的转变。更多国外学者认为内化是外部客观现象转化为内部主体精神结构的过程。近年来,不少国内学者对道德内化也有各自的阐释。易法建教授认为:"道德内化是指道德社会化的主体——人经过一定方式的社会学习,接受社会的道德教化,将社会道德标准、价值观、道德规范和行为方式等转化为其自身稳定的道德人格特质和道德行为反应模式的过程。同时,道德内化又是道德知识逐步转化为个人内心道德信念的过程。"①胡林英博士则认为:"道德内化,就是指人们的精神被提升到普遍状态,化天性为德性,从而实现完善自我道德的过程。"②唐凯麟先生指出:"所谓道德内化,是指个体在社会实践中,通过对社会道德的学习、选择和认同,将其转化为自身内在的行为准则和价值目标,形成相应的个体道德素质的过程。"③这里的"选择",体现了道德内化过程中的主体性,表现了社会道德与个体道德之间的互动。吴发科认为:"道德内化过程实质上是道德事物在人脑中的'模仿、整合、再认、转化、存贮、再现'的心理表征过程,也是道德内化表征形式及表象外显形式相互间的作用过程。"④这主要是从心理学角度来理解道德内化,并在宏观上将道德外化包含在内化过程之中。易小明则认为,"道德内化是个体道德主体对社会道德的学习、选择、改造、发展的过程,是个体根据时代精神和个体内在要求对现存社会道德体系进行积极扬弃,从而形成个体道德素质和道德人格的过程"⑤。他进一步强调了道德内化过程中主体的参与性,指出如果缺少主体的积极参与,道德自律就难以真正形成。以上的这些定义,除了内涵的差异外,还存在不足之处:一是没有区分未成年人与成年人之间的道德内化的巨大差异;二是对道德内化的逻辑层次、现实发展和道德主体的身心成长过程没有明确的划分,甚至混为一体。就研究对象为已经成年的大学生而言,笔者更倾向于易小明教授的观点,他强调了道德内化的主体性和能动性,即大学生道德社会化的内化机制是从大学生个体心理和社会调控的角度,去探讨大学生作为道德主体在内化道德观念和道德规范的过程中的内在演进机制。

(一)大学生道德内化的个体心理机制

道德内化的手段是观念性的,过程是精神性的。它包括个体的道德心理活动、道德认识和情绪体验活动、道德意志活动等内容,贯穿于人的道德活动的全过程,是实现道德意识和道德行为相统一的重要内容。在道德实践中,大学生依靠其内心信念来维系道德生活,通过把道德认知、道德情感、

① 易法建.论道德内化[J].长沙电力学院学报,1998(2):25—29.
② 胡林英.道德内化论[M].北京:社会科学文献出版社,2007.
③ 唐凯麟.伦理学[M].北京:高等教育出版社,2001.
④ 吴发科.道德的内化表征及表象外显形式探析[J].思想教育研究,2002(1):19—21.
⑤ 易小明,赵静波.道德内化中的主体张扬[J].北京师范大学学报,2006(5):92—97.

道德意志和信念、道德行动等方面转化为道德规范,形成大学生的自觉行为,并逐渐成为大学生的道德品性。因此,研究大学生道德内化的心理机制,对大学生道德意识的形成、道德信念的培养等有十分重要的意义。

1.知、情、意的先导机制

道德内化是一个复杂的系统。依据道德主体人格的知、情、意统一的特征,道德内化也是由认知、情感和意志构成道德主体的人格要素,并实现道德认知、道德情感和道德意志的高度统一。知、情、意既是个体道德心理的基本单位,又是道德内化的先导环节。

道德认知处于道德内化的起始阶段,是道德活动的一种重要方式,就是指道德主体对道德对象的观念把握,道德认知的冲突使道德内化呈现出内在可能性;道德情感是道德主体对外在行为、状态的价值的情绪体验和自身的内在需要与动机,是建立在道德认知基础上的理智情感,反映主客体之间的价值关系,表达主客体之间的价值态度,是道德内化过程中的重要目标;道德意志是保障道德认知和道德情感得以顺利实现的主体性条件,建立在一定的道德认知和道德情感之上,是道德主体为履行道德义务而进行的确定目的、支配行为的活动。

在道德内化过程中,道德主体自我意识逐步形成并不断发展,道德认知、道德情感、道德意志三者既相互协调、共同作用,又错综复杂,常常矛盾冲突,相互限制,道德主体要超越这种限制就必须对三者之间的关系进行协同和梳理,使之共同作用,从而达到协调和统一,这也是道德主体逐步把握道德必然性,从而获得道德自由的过程。

在大学生的道德内化中,当代大学生的经历各异,情感丰富,有广泛的信息接收渠道。在道德认知方面,虽然已经有了较为自觉的道德认知,但是对同一道德现象,也往往会产生不同的理解和感受;在道德意志方面,具有较大的波动性和随意性,甚至会出现此一时彼一时的状况,面对外界的诱惑,不少涉世不深的大学生会甘受诱惑,沉湎其中,放纵自己。由此反映在道德行为方面,就是大学生道德"逾矩"的现象屡有发生。只有使道德认知、道德情感、道德意志三者能够相互协调,共同发生作用,走向高度统一,大学生的道德情感和道德意志才能趋于稳定,同时把道德情感和道德意志自觉地纳入道德自我意识,形成理性和稳定的运作系统。

2.本能—需要—动机的动力机制

心理学研究显示,心理要素及其相互作用构成了道德内化的驱动系统,个体的一切行为都是其心理驱动系统作用的结果。驱动系统的基本要素是由本能、需要和动机组成的。作为精神现象和精神存在的道德,需要和动机对道德内化具有重要的作用。

所谓本能,是人和动物都具有的自然属性,而道德内化是人所独有的社会现象,有着社会性。我们先从人的本能的自然属性中去理解人的社会属性的基点。弗洛伊德创建的精神分析理论认为,主宰人的行为并占据心理活动重要位置的是潜意识。在潜意识中,人在内心深处把求得身体快乐当成至高无上的目标,快乐原则成为行为的最高原则,人的理性对欲望抑制的自我力量及良心都不过是保障快乐成为现实的工具。因此,以快乐为原则,以符合并能满足人的本能需要来设置内容和方法的道德内化,就更容易引起人的关注,受到人们的接纳。马克思认为,如果人的动物本能脱离了人的社会机能(人的机能),脱离了人的其他活动,并使它们成为人行动的最后和唯一的原因,那么在这种抽象中,它们就只是动物的本能,而不再属于人了。

所谓需要,就是指有机体缺失什么或者要求什么的状态,是个体对某种东西缺乏时,心理上出现的一种匮乏状态。心理学表明,需要是由本能转化而来的,需要的内容远比本能丰富,它不是本能的简单复制也不是本能的重复相加。任何活动的发生和发展总是受一定的"需要"支配,需要是促使活动发生和发展的内在动力,也叫原动力。

道德内化活动是人类有目的的高级精神活动,它的发生和发展离不开个体的"需要"。"我们可以说,你需要什么,就是什么样的人。如果你需要和人们在一起,我们就说你是与人友好的、外倾性的、爱交际的;如果你需要努力工作,以便超过他人,我们就说你雄心勃勃、精力旺盛;如果你求胜心切,为了目的而不择手段,我们就说你是无情的、不诚实的、残忍的。这样在某种程度上,你所需要的事物是什么样的,你的个性就是什么样的。"①这也就是说,需要决定着个体道德内化的总体方向,需要也最终决定着个体道德人格的发展水平和发展层次。马斯洛指出,个体的行为和动机来源于个体

---

① 叶奕乾等.个性心理学[M].上海:华东师范大学出版社,1993:43—44.

的内在需求,个体的需要有高低不同的层次结构,包括生理的需要、安全的需要、归属和爱的需要、自尊的需要、自我实现的需要这五个不同的层次。理论和实践都表明,人一旦有了这些需要,就有为满足需要而努力的心理趋向和行为态势,并成为推动个体进行道德内化活动深入发展的持续动力。

所谓动机,是指人"以一定方式引起并维持人的行为的内部唤醒状态"①。人的任何行为都是在动机的感召和推动下产生的,而动机又是在需要的基础上产生的。需要与动机之间是一对因果循环的关系,"需要激发动机,动机推动行为,然后又引起新的需要,进而激发新的动机,最后又推动新的行为"②。不同的需要就会产生不同的动机。

动机对个体道德内化具有明显的推动作用。首先,动机构成道德内化的直接动力,并决定着内化的发展方向。其次,动机促进个体以能动的态势进行道德内化活动。它作为本能和需要的直接或间接的表现形式,对个体行为有着原始推动力。动机在影响个体活动的过程中是可变的,当外部环境发生改变,社会价值导向出现新的趋向时,都可能引发个体动机的变化。因此,在道德内化的过程中,要充分探索动机在一定社会发展阶段中的表现形式及其变化规律,以建立起科学、合理的诱导方式,使个体的消极动机得到合理的抑制,使道德内化的内容和手段尽可能与个体的积极动机保持一致,并向主导价值目标靠拢,使个体在对道德信息进行认知、选择以及整合的过程中始终不偏离主体道德目标。

3.以自我意识为核心机制

"德"是后天习得的,需要经历一个由外到内生成的"内化"过程,这个过程不是传统的灌输理论下的道德实践。在这个过程中,学生是完全主动而不是被动的,因此,自我意识始终是道德内化的关键因素。

道德内化是不断从道德需求到道德实践的转化过程,在这个转化的过程中,道德主体是促成转化的直接力量,也就是说,道德内化要尊重道德主体的主体性。自我意识是个人主体精神的源泉。马克思主义认为,自我意识是人的本质的重要方面,它是在人们改造自然和改造社会的过程中不断

---

① 教育大辞典(第5卷)[M].上海:上海教育出版社,1990:328.

② 时蓉华.现代社会心理学[M].上海:华东师范大学出版社,1989:162—163.

形成并发展起来的,是人类的自由能动本质的具体体现。

所谓自我意识,是人"对自己作为一个独特存在的个体的认识,是作为主体的我对自己以及自己与周围事物的关系,尤其是人我关系的意识,包括自我观察、自我评价、自我体验和自我监控等形式"[①]。

自我意识是道德内化的中心环节。自我意识是个体品德形成的内在心理基础,心理学认为,具有积极健康的自我意识的个体,具有较强的主体意识,能够自觉、能动地促进个体产生积极、强烈的道德需求,总是以一种开放的心态应对现实事物和道德现状,能够坦然地面对过去与现在、理想与现实、理论与实践的矛盾甚至冲突,并努力寻求解决矛盾冲突的办法。自我意识还是个体欲望的内在调节阀,具有抉择与监控的作用。首先,道德认知只有通过个体的自我意识,使之与自己的思想、情感相结合,才能成为思想认识和道德信念;其次,自我意识在道德内化和形成的过程中起着反馈、调控和升华的作用。只有通过自我意识的活动对道德的价值、道德的需要进行分析、体验和控制,并与自我的思想、感情、愿望相结合,社会道德才能变成自我的道德需要和道德信念。自我意识的缺陷也会成为道德内化的障碍,对道德内化具有破坏性影响。

4.态度和行为的整合机制

道德内化的整合机制表现在态度和行为两个方面,它是在先导机制、动力机制和核心机制基础之上表现出来的心理倾向和行为倾向,是对前面三种机制的整合。

"态度是由认知、情感、意向三个因素构成的,比较持久的个人的内在结构,它是外界刺激与个体反应之间的中介因素。"[②]态度是一种带有倾向性的心理反应方式,它体现和说明个体对生活的体验、认识以及行为的潜在指向。态度的基本特征主要包括:一是对社会、对集体和对他人的态度;二是对劳动、对工作和对学习的态度;三是对自己的态度。

态度对道德内化的作用可以从四个方面来表述。其一,态度是个体对学习生活的一种反映形式。它随着社会生活环境的变化和个人经历的不同

① 教育大辞典(第5卷)[M].上海:上海教育出版社,1990:385.
② 时蓉华.现代社会心理学[M].上海:华东师范大学出版社,1989.

而不断地发生改变,这种改变是个体适应环境、促进心理发展的重要因素。其二,态度总是与一定的对象相联系。个体的态度不是抽象的,它总是与某一具体的对象有着密切的联系。不同层次的态度倾向性决定了个体对道德内化内容的选择指向是不完全一致的。其三,态度具有一定的惯性和稳定性。从心理学的角度看,态度是在一定指向、认识和观念的基础上产生的心理反应倾向,它一旦形成,就具有一定的稳定性,并能够产生一定的行为惯性,使个体行为方式不会轻易因外界干扰而发生改变。其四,态度是心理结构与行为结构的中介,也是内化向外化转变的中介。在整个道德内化机制中,个体态度与心理、思想和行为不仅有着密切的联系,也有明显的区别。

态度是个体道德内化可持续发展的重要因素,影响个体一生的道德内化过程。因此,在道德内化活动中,注重对道德态度的培养将会影响个体一生的发展。

道德行为是道德内化有效的外化形式,也是道德内化活动追求的最终目标,是道德内化活动完整性的体现。在我国,把道德行为作为道德内化过程中的重要机制,还有着极为重要的现实客观原因。首先,"知""行"统一是道德内化的内在要求。"行"不是心理的基本结构,而是与心理相对立的外在动作表象。在个体道德形成和发展的过程中,"行为"与观念始终相生相伴。其次,行为是道德内化的逻辑终点。道德内化的终极目标是"知""行"统一,如果不把道德的认知内容与实践相结合,不把良好行为的培养纳入整个内化过程,那么道德内化在客观实际面前,会显得苍白无力。最后,行为是检验道德内化成效的客观依据。因此,道德行为在道德内化和个体发展过程中占有十分重要的地位。

以上分析说明,道德主体的道德内化心理机制是由先导机制、动力机制、核心机制和整合机制这四方面组成的。它们之间相互联系、相互影响,形成了一种动态的、变化的、交融的、牵制的工作机制,每一个环节都是内化过程不可或缺的部分。它们之间既具有矛盾性,又具有同一性。

(二)大学生道德内化的文化传承机制

历史中的人是文化的人,人生活在自己所创造的文化中。文化总是以无形但又现实的方式内在,潜移默化地影响和制约着生活于其中的每一个人,赋予人的行为以合理的根据和实际意义。文化对人的影响是深层、持久和稳定的。① 大学生是在一定的社会文化的熏陶下成长和发展的,同时也对社会文化有着明显的促进作用。

1.物质文化对大学生道德内化的作用

物质文化是人类文化中最基本的部分,是人通过自己的生产劳动,与自然进行物质交换,赋予自然以意义和价值而生成的,包括生产性文化和消费性文化,具有明显的"人化自然"的特征。

生产性文化规定着道德的存在方式。生产性文化是在一定生产方式下进行生产劳动的过程中形成的,是人的思维方式、价值观念和行为方式的总称。作为社会决定性力量的生产方式,是在生产过程中形成的人与自然、人与社会、人与人之间某种特定关系的决定性因素,同样对道德也是起着决定作用的。也就是说,在生产力水平低下、物质生活匮乏、贫困落后的地区或国家,不可能建设高度的精神文明和道德,道德必须立足于现实的经济发展水平之上。② 同样,物质文化的飞速发展为促进个体的道德内化提供了更多的机会。

消费性文化影响着人的生活观念和价值选择。消费性文化是指人们在消费自己生产的物质产品和精神产品时所形成的消费观念和消费方式,包括生存型和享受型两种消费观念和消费方式。社会主导的消费性文化会对人们生活方式的选择、思维模式和意识观念的形成产生深层影响,这也要求道德内化和人们的现实生活以及实际需求息息相关。

2.制度文化对大学生道德内化的作用

制度文化是人们在生存活动和群体社会活动中,通过交往和实践形成的,比物质文化具有更深层次的文化内涵,对人们的道德心理具有更为直接的影响,包括经济制度、政治制度、文化制度和教育制度等。

经济制度规定着道德内化的基本内容。马克思主义认为,任何道德都受到社会经济发展状况的制约,是在一定经济基础上产生并为一定阶级的经济利益服务的。这也就是说,社会道德状况对社会经济制度有着特殊的依赖性,一定社会的经济制度决定着个体道德社会化的基本内容和主要方

---

① 邱吉.道德内化论[M].北京:民族出版社,2004:124—155.
② 罗国杰.伦理学百科全书·伦理学原理卷[M].长春:吉林人民出版社,1993:395.

向：一定时期社会经济关系所体现的利益，直接决定着道德的基本原则和主要规范；某一社会经济制度的变革或变化将导致社会和阶级道德体系的更迭或内部变化；经济的发展变化也会对每个个体的道德素质要求发生变化。

政治制度调控着道德内化的性质、目标和环境。政治是经济关系最直接和最集中的反映，政治制度既制约着道德体系在社会生活中的地位，也影响着道德的具体内容和具体规范，其中法律制度就是对"底线道德规范"的约束和限制，使人们在外在强制力约束和督促下践履道德责任，由他律走向自律。不同的政治制度也会对教育体制和教育目标提出要求，干预和调控公民道德教育和高校德育的原则、内容和方法，而这种道德教育模式和文化性质对大学生的道德社会化影响是非常直接的。

3.精神文化对大学生道德内化的作用

精神文化是人与其他存在物最本质的差别，是人类在满足自身生存需求的基础上，创造和超越基本需要的一种创造性和自由性的观念和价值。具体表现有主流文化、大众文化和精英文化等。

主流文化对道德内化有着导向作用。主流文化是社会占统治地位的意识形态，反映着统治者的根本利益，决定着社会道德体系的方向。社会主流文化通过家庭、学校和社会等主要载体对个体道德内化施加影响，社会主流文化的变迁也会使道德内容发生变化和更新。

大众文化是指一般民众的自在文化模式和社会文化心理。其在道德领域对大学生的道德内化也有着深层影响，大众文化的社会文化心理决定了大学生对道德内容的认知和接受；社会道德风尚是一种弥漫在道德生活中的社会意识现象，无处不在，无形而强大的制约力量直接引导着大学生的道德内化；受大众文化影响的人际交往也作用于大学生的道德内化。

精英文化推动着大学生道德走向超然境。精英文化是理论化的文化和系统化的文化，是人文知识分子所代表的自觉文化精神。道德领域的精英文化既包含道德的现实性，也包含道德超越性，是对世界和人的命运的自觉反思和有机整合。精英文化因其自身所具有的自觉特性决定了它能够尽其力维护和构建适应现代社会的伦理机制。[①]

---

① 邱吉.道德内化论[M].北京:民族出版社,2004:124—155.

（三）大学生道德内化图式与过程

所谓道德内化图式，是指主体在思维、实践活动、人际交往、情感表达、行为选择等过程中所有道德意识和心理要素综合而成的相对稳定的结构及其功能。它直接影响着人的道德认知、道德情感等道德心理过程的各个方面，引导和制约着道德主体的道德心理倾向以及个体道德的发展水平。[①]

道德内化图式是大学生接受、过滤、筛选外部客观道德信息刺激的工具，大学生的社会生活和道德实践是道德内化图式的最初内容和发展基点，道德内化图式归根结底源于大学生的道德实践和社会文化生活的积淀。在其构成上说，道德内化图式是道德内化大学生先存的各种道德意识状态的综合统一体，各种道德意识状态是相互融合、浑然一体的，没有独立的和纯粹的意识形态，具有开放性、变动性和稳定性的统一。

道德内化是由外及里，分阶段逐步完成的复杂过程，是从表层的认知到深层的思想内化，具有一定的层次序列。首先是道德内化图式被激活的过程，也就是道德内化的起点，这里包括道德经验和情感共鸣两个环节。其次是道德知识与道德内化图示的沟通，这是道德内化的核心环节，意味着道德主体对进入道德内化视野的道德认知的接受和认同，包括图式匹配和行为取向，实现与主体自身的情感认同、价值观念、人生追求等道德内化图式中的其他因素的紧密联系，超越单纯的道德经验。最后是知行合一，使得德性既以内在人格的形式存在，又有其向外展现的一面，并使德性外化在道德内化过程中起着重要的反馈作用。

（四）大学生道德内化的生成路径

道德内化是人的自主活动，是以人的自由意志为前提的。道德内化的主体是社会人，而且总是发生在人的道德社会化过程中。道德内化会受到社会的客观条件、历史阶段、社会主流价值、人生观等因素的制约和影响。正如马克思、恩格斯所说，现实的人，"如果他要进行选择，他也总是必须在他的生活范围里面、在绝不由他的独自性所造成的一定的事物中间去进行选择的"[②]。道德内化是大学生道德社会化的重要环节，必要的社会调控机

① 胡林英.道德内化论［M］.北京:社会科学文献出版社,2007:119—138.

② 马克思恩格斯全集(第3卷)［M］.北京:人民出版社,1956:355.

制是实现大学生道德内化的有效途径。

1. 明晰道德规范

道德规范是由社会经济关系所决定的,以善恶为标准的,依靠社会舆论、传统习惯和内心信念来维系,并用来调整人与人之间以及人与社会之间关系的原则和规范体系的准则。规范性是道德最为重要的特点之一。在道德内化过程中,人们总是以一定的道德规范为标准,来认识、评价和把握社会生活中人与人、人与社会的关系,并且体现在人们道德生活的各个方面。首先,道德规范是一种非制度化的规范。道德规范不是由某个单位或部门颁布、制定或规定出来的,而是人们长期处在同一社会或同一生活环境共同生活的过程中逐渐累积而形成的秩序要求和理想状态,具体表现在人们的言行举止之间,又深藏于人们的品格、习性、意向之中。其次,道德规范主要借助于传统习惯、社会舆论和内心信念来实现,而非使用强制手段为自己开辟道路。再次,道德规范是一种内化的规范。道德规范只有被道德主体真正接受,并转化为道德情感、意志和信念时,才得以被遵守。

道德规范是在长期的人类社会实践中形成和发展的,总结概括了人们在社会生活中的不同层次、不同类别、不同角度的行为准则,综合反映了一定社会人们具有普遍规律的道德关系,并以此形成规范体系,体现了一定社会和阶级的利益。道德主体的道德内化是有选择的。换句话说,道德规范是道德主体进行道德学习、选择、改良和发展后所遵循的标准体系和价值追求。在现实生活中,道德规范内化为道德主体的责任和良心,并以限制形式表现为道德命令,这无疑是一种极大的限制力量,制约着人们的道德行为。

大学生的道德内化首先是对道德规范的认同过程,其客观上也是一个道德学习、选择的过程。大学生能够接受社会道德规范,一是道德规范必须符合人性的要求,这是最基本的前提;二是道德规范必须与道德主体的个人利益、价值取向同向而行,这才能显示道德规范的生命力;三是道德准则和道德规范必须源于生活又高于生活,有着现实的合理性和环境的相容性。在社会转型期,制定符合时代特征的道德规范是实现道德内化的前提和基础,既要考虑社会功效,又要充分兼顾个体需求,才能有力地发挥其核心价值的统领作用。

2.建立社会赏罚

社会赏罚就是社会组织按照一定组织程序和社会价值标准对其社会成员履行社会义务的表现进行评价,以一定的形式进行正向的奖励和负向的制裁。社会赏罚作为社会调控的重要手段和机制,是社会对个人行为在社会意义上的硬性评价,具有道德或伦理层面的调控功能,蕴含着一定的道德价值导向。

社会赏罚机制具有权威性、功利性、象征隐喻性和外在强制性,对道德主体的道德内化有着十分重要的作用。其一,具有道德意义上的"扬善惩恶"功能。一方面鼓励、支持并推动高尚道德行为的选择及其发生和发展,另一方面禁止、警戒并劝阻不道德行为的发生和发展。社会赏罚实际上是一定社会共同体为实现自身利益的有效机制,肯定和维护了社会成员的正当利益,否定和排斥了社会成员的不正当利益。其二,社会赏罚具有道德意义上的"裁判员"功能,对人们选择合理的道德规范和行为方式有着价值导向作用。其三,社会赏罚一般都是权威的政府部门和正式的社会组织实施的,并加以社会舆论的传播,对社会成员的心理起着道德的渲染感化作用。

社会赏罚是一种利益机制。建立社会赏罚之所以能对道德主体的道德内化发挥调控作用,根本在于道德内化的本质也是一种利益选择。从价值目标来看,道德内化是道德主体的理性追求,无法脱离社会现实,道德主体的道德观念是一定的社会经济关系和利益关系的具体反映,也是道德主体进行道德内化的自觉动力。

当代大学生的道德观念也是在一定的社会经济关系基础上形成和发展起来的。大学生的道德冲突和精神困惑,也是缘于改革开放和市场经济发展所带来的格局变化和利益调整。恩格斯指出:"人们自觉或不自觉的,归根到底总是从他们阶级地位所依据的实际关系中——从他们进行生产和交换的经济关系中,吸取自己的道德观念。"[1]当前,大学生的道德素质和道德觉悟并没有达到不计较个人得失和自觉奉献社会的高度,通过社会赏罚来调整利益关系,维护道德权威,对大学生道德内化进行导向,是行之有效的。

---

[1] 马克思恩格斯文集(第9卷)[M].北京:人民出版社,2009:99.

3.开展社会舆论监督

社会舆论是社会意识形态的特殊表现形式,是指相当数量的公民对社会道德生活中某一问题的共同倾向性看法或意见,反映着一定阶级、阶层、社会集团的利益、愿望和要求,体现了一定社会的道德风尚和道德水平。

在道德实践中,道德内化的基本机制在于通过社会舆论对道德主体的行为做出善恶价值判断,并反馈给道德主体,同时借助社会舆论的肯定或否定,培养道德主体的荣辱感和道德良心,使道德主体的道德认知和道德行为符合社会道德规范的要求。社会舆论一旦形成,就会对道德主体的道德内化起着定向、调节和催化的作用。首先,现代媒介技术的高度发展和广泛运用,为社会舆论影响道德内化提供了物质基础,其深度、广度和力度是传统媒介无法企及的。其次,人的合群性和对群体权威的崇拜,使得道德主体具有相信、依赖和接受社会舆论的心理倾向。最后,社会舆论能够局部化解道德内化过程中的矛盾。道德内化是道德主客体之间相互影响,彼此渗透,塑造再生的复杂的过程,社会道德客体强制性的道德规范要求与道德主体具有意志自由的选择能力之间有时会产生一定的偏差或冲撞。社会舆论会凭借自身的优势通过对道德行为的褒贬,使道德主体符合社会道德规范。

社会舆论对道德主体的道德内化是一个多方位、多层次、多阶段的渐进过程,在很大程度上决定着道德主体道德内化的方向、进程和效果,具有定向、调节、催化的功能。第一,社会舆论对道德内化具有定向作用。社会舆论借助于对特定事件、人物和现象的肯定与否定评价,把社会对个人的道德要求、标准和规范凝聚成一定的道德目标,引导人们做出与社会舆论提供的道德目标相同的道德行为选择,形成符合社会道德要求的道德观念。第二,社会舆论对道德主体的道德内化具有调节作用。社会舆论通过控制作用、矫正作用和升华作用,引导人们采取有效措施改变道德观念,调整道德行为,促使道德内化符合社会道德规范。第三,社会舆论犹如催化剂,加速了道德内化的进程。行为强化原理显示,人的某种行为,通过一定的刺激手段,都可以达到激发或压抑、增强或减弱的效果。社会舆论是行为强化的有效形式,融合了正向强化和负向强化,并通过强化作用充分调动道德主体的主观能动性,从而加速道德内化的进程。

大学生道德内化是社会道德和道德环境之间的有机互动。大学生的道德内化总是在具体的道德环境中进行的,大学生的道德向善效应是道德内化在良好的道德环境中形成的;大学生压抑和扭曲的道德表现是道德内化在不良的道德环境中形成。因此,充分发挥社会舆论的导向和监督作用,营造良好的道德环境显得尤为重要。

4.加强道德教育

道德教育是指一定的社会组织对人们开展有计划、有目的、系统性的道德影响活动,使人们的内心接受社会的道德要求。道德教育包括提高道德认知,陶冶道德情感,锻炼道德意志,树立道德信念,培养道德品质,养成道德习惯。道德教育是培养人的道德理想和道德品质、确立人的道德信念和形成良好社会道德风尚的最基本的途径,是道德社会化的重要手段,是实现道德内化的强大的精神力量。[①]

道德教育对道德主体的道德内化具有十分重要的意义。重视道德教育,把道德教育看作个人道德趋于完善的主要途径,已经成为古往今来的优良传统。道德教育是社会群体影响或完善道德个体的过程,在这一过程中,道德教育具有四项特征:一是整体性。把人作为整体的人,作为知、情、意的统一体,使个人全面发展、品行合一。二是重复性。不仅道德教育是一个充满反复的过程,对受教育者而言,在由道德信念向道德行为、道德习惯转化的过程中也充满着曲折和反复。三是实践性。道德教育不仅是知识的传授和情感上的共鸣,更需要寓学于行,躬身践履,将社会道德标准转化为自己的准则并支配自己的行动。四是渐进性。道德品质的形成需要持续的量的积累,是由微见著、由小善而为大德的渐进过程。

在当前的大学生道德教育中,首先,要保证教育主体的真实可信,弘扬道德形象的正向作用,发挥其道德示范功能。其次,必须注意教育内容的可接纳性,不能虚无缥缈,好高骛远,要着眼实际,源于生活,以生动具体事例给人们的道德行为提供指导。再次,必须注意道德教育目标的层次性和口径的一致性。

---

① 李耀臻.论大学生道德选择教育[D].武汉:华中科技大学,2005:95.

二、道德外化及其机制

道德外化,是在道德内化的基础上,道德主体自主地将内化的道德认知、道德信念转化为现实的具体的道德行为,从而实现自我道德完善的复杂过程。这里蕴含三层意思:一是从思想到行动的具体转化。道德主体在一定的道德环境中能否将内化的道德观念自主转化为道德行为是检验道德生成的标志。二是德行价值目标的实现。德行价值在于内在的德性能否外化为良好的德行。三是道德外化是以回归生活实践为途径。生活实践是道德从内到外转化的唯一途径,离开生活实践,德性就只能永远停留在内隐阶段,无法外化为真实的道德行为。

(一)大学生道德外化的心理机制

心理活动作为大脑器官的特殊机能,是在人体生理活动基础上发展起来的,对道德外化起着基础性的影响作用。心理活动包括理性认同、情感体验和意志激发等,是道德外化的第一阶段,它既是道德外化的心理准备阶段,又是道德外化的内在原动力。

1.理性认同

道德认知是理性认同的基础。"道德认知是对道德规范以及社会伦理秩序的观察和理解,并通过自身道德思考、道德选择与判断,把握和揭示规范的内在本质,更好地使规范被自身所接受。"[①]道德认知的更高层次是理性认同,这也是认同的最高层次。心理学上认同是指认识和感情的一致性,并认为经过认同能够形成人的自我概念。[②] 理性认同不仅是道德主体对社会道德规范的深度认同,而且是在理性选择基础上的深度认同的升华,是道德主体在道德内化基础上进行道德外化的关键,是道德认知转化为道德行为的桥梁。理性认同具有高度的主动性、深度的接受性和态度的坚定性等基本特征,也就是说理性认同不受任何外在力量和压力的干扰,已经高度自觉地接受了社会道德规范,并内化为自己的道德信念,具有不可逆转性。

---

① 俞世伟,白燕.规范·德性·德行:动态伦理道德体系的实践性研究[M].北京:商务印书馆,2009:109.

② 夏征农.辞海缩印本[M].上海:上海辞书出版社,1989:43.

2. 情感体验

情感体验是一种基于主观需要的体验、态度或反映,属于主观意识的范畴,是道德情感基础上的一种复杂的心理活动。心理学认为:"情感是人对客观现实的一种特殊反映形式,是人对于客观事物是否符合人的需要而产生的态度的体验。"[①]道德情感具有以下特点:一是道德情感是个体理性因素和感性因素的有效统一。二是道德情感具有强烈的外显性特征,是个体向善行善时所体现出来的情感。三是道德情感能在一定程度上约束着非理性情感,是推动个体内心向善的主要源泉。情感体验是道德主体在对道德规范的理性认知的基础上产生的道德情感与自身体验活动的有机融合,是道德主体在对社会道德规范的深度认同基础上做出的理性选择,是带有道德情感判断的主动体验,对道德主体做出外化选择具有重要作用。

3. 激发意志

"意志是个体所独具的自我意识的一种特殊的心理现象"[②],道德意志在理性认同和情感体验中发挥着重要作用。道德意志是道德主体以理性认同为基础,依托积极的情感体验,在个体意识层面对道德行为形成稳定的心理定式。道德主体在道德认知和情感体验的基础上,形成道德意志,这也就是道德意志激发的过程。它既是道德行为外化的决策力和支持力,也是对理性认同和情感体验的有力保证,具有主动性、稳定性和方向性的明显特征。它既能保证理性认同和情感体验的方向,又能保证道德主体的理性认同不被动摇,使情感体验持久深入。

(二)大学生道德外化的保障机制

保障道德外化实现的前提是具有道德能力。道德能力是个体认识并理解道德规范,且在面临道德问题时能够对是非善恶进行有效鉴别,然后做出正确道德评价和道德选择,并付诸道德行动的能力。[③]

---

① 李建周.心理学[M].北京:高等教育出版社,1991:113.
② 宜凤云.论个体道德意识的心理机制[J].苏州大学学报(社会科学版),2005(2):43—48.
③ 蔡应妹.论道德能力的涵义及其特征[J].浙江师范大学学报(社会科学版),2006(6):77—80.

1.道德判断能力

道德判断包括道德鉴别和道德评价。道德判断能力在道德外化中处于重要地位,是道德行为的判断能力,是道德主体做出正确道德行为选择的前提。道德判断能力是指道德主体在完全道德内化的基础上,充分分析面临的道德环境和道德问题,做出道德行为是非判断的能力。

2.道德选择能力

在道德外化过程中,道德选择是道德意识向道德行为、道德理性向道德实践转变的关键点。道德选择是一种特殊的社会选择,道德选择具有价值观的表现倾向,它把人们内在的价值观念、道德品质等心理活动以行为活动的形式呈现给自己或别人。① 道德选择能力是道德主体在一定道德判断基础上,自觉、自愿、自主地进行道德选择的能力,包括个体能够有充分把握做出道德选择的客观环境和个体进行道德选择的自由的能力。在具体道德选择过程中,客观环境只是限定了道德选择的应然状态,个体的道德选择能力则是体现了道德选择的实然状态。

3.道德践履能力

道德践履能力是道德主体在道德实践中自觉将内在道德信念转化为外在道德行为的能力。道德践履能力作为具体的实践能力,在道德外化的过程中,支撑着道德行为的最终实现,是道德外化能力中的关键能力。没有道德践履能力,道德就不可能达到真正的外化。在道德外化中,道德践履能力具有自律的基本品格、坚强的意志保障、外显的行为标志等特征。

(三)大学生道德外化的实施机制

在道德外化的过程中,道德外化的核心内容是道德行为。道德外化总是起始于行为意向,经过行为实施,终止于行为结果。

1.行为意向

行为意向是一种行为倾向、行为意图和行为意动,是道德主体对态度对象的反应倾向。在道德外化过程中,行为意向受三方面制约:一是道德内化的程度,二是外化环境的影响,三是外化过程的反馈因素。

---

① 　罗国杰.伦理学[M].北京:人民出版社,1989:344.

2.行为实施

行为实施是在行为意向的基础上，通过心理机制的作用，道德行为从意向走向具体实现的过程，是道德外化的发生和延续过程。道德外化行为结构的核心内容就是行为实施。

3.行为结果

行为结果就是道德外化过程的最终状态，意味着道德外化的真正实现。就道德外化的行为结果而言，之前的行为意向和行为实施是行为结果的前提，离开行为结果，行为意向和行为实施就失去实际的价值，道德外化也就无法最终实现。道德行为在其程度上分，一是合乎规范，二是顺应规范，三是超越规范。不同的道德行为也意味着道德外化的不同程度，超越规范的行为只有在道德外化中才具有道德价值。当一个人的"行为不受任何爱好影响，完全出于责任，只有在这种情况下，他的行动才具有真正的道德价值"①。

(四)大学生道德外化的影响因素

道德外化是一个动态的、开放的、复杂的过程，与道德社会化的整体过程一样，受到诸多因素的影响，这里仅从自我效能、从众心理和其他外在环境因素做一简单的论述。

1.自我效能

自我效能是个体对自身完成既定行为目标所需行动过程的组织和执行能力的判断，即个体对自己能力的一种主观判断而非能力本身。② 自我效能水平的差别会导致不同个体选择不同难度的任务，对大学生而言，自我效能对道德外化的影响是在道德外化过程中，对自己能否顺利道德外化道德行为做出的选择，也就是体现在道德行为实践的进程和道德挫折的应对。

2.从众心理

从众是一种较为常见的社会心理现象，所谓从众是指在社会群体和他

---

① 唐凯麟,龙兴海.个体道德论[M].北京:中国青年出版社,1993:63.
② [美]A.班杜拉.思想和行动的社会基础——社会认知理论[M].林颖,王小明等译. 上海:华东师范大学出版社,2001:552.

人影响下,放弃原来的意见,并在判断、知觉、信仰及行为等方面与大多数人保持一致的现象。[①] 大学生普遍具有从众心理。从众心理一方面能在外部道德情境中做出一定的正确判断和道德行为,有着从众规范的积极心态,另一方面也会出现道德行为的盲从和误判,从而产生不良社会效应。

3.外部环境

外部的环境因素包括社会风气、文化环境、政治经济环境、社会公正、道德权变等等,在之前其他章节有阐述,其理相同,不再一一展开。

(五)大学生道德外化图式和过程

道德外化图式,就是所有参与道德外化过程的道德意识结构,是个体先存的各种道德意识状态的统一体,展示了个体完整、全面的内在构成。[②] 道德外化图式组成是一个复杂的状态,包括个体道德意识中对道德规范的理性认同,又有个体的情感体验和意志激发等,缺少任一因素都会影响道德外化;道德外化图式是一个统一的整体,各构成要素在道德外化图示中都发挥着各自作用。

在道德外化过程中,道德外化图式具有很强的选择定向和反馈调节功能。就其选择定向功能而言,对道德内化的道德意识转化为道德行为,个体具有定向选择的能力,即个体根据道德内化要求,自主做出道德选择,外化为道德行为,形成个体道德标准和道德准则。当个体道德外化为具体行为后,道德外化图式的反馈功能就得以体现:调节行为与目标的偏差,以保证道德外化图式要求;进行行为检验,不断修订道德意识的存在的偏差,甚至错误;为执行道德行为提供信息反馈,促进或停止道德行为的发生。

道德外化是一个复杂的过程,主要包括行为实践和习惯养成两个阶段。行为实践是道德外化图式、外化实施和外化环境三个方面共同作用的结果,经历着稳定、冲突和统一的过程。稳定阶段就是道德外化的各种变量处于平衡状态,一触即发;冲突阶段是道德外化的各种变量处于失衡状态,时间短暂但又是极其重要的过程;统一阶段是道德外化的各种变量重新达到平

---

① 代祺.我国城市青少年从众、不从众和反从众消费行为研究[D].成都:西南交通大学,2007:12.

② 马建国.道德外化与高校外化德育研究[D].石家庄:河北师范大学,2012:58.

衡状态,顺利实现外化。习惯养成阶段就是通过反复多次的道德外化过程,集合形成较为稳固的道德外化图式,难以轻易被其他因素干扰,使道德外化的结果处于相对稳定的状态。其中,强化是习惯养成的主要途径。

三、道德内化和道德外化的互动

道德内化与道德外化在道德形成过程中虽具有不同的机制,却统一于同一个系统中的整体进程。道德内化是道德外化的前提和基础,道德外化是道德内化的目标和体现,没有道德内化就不用探讨道德外化,离开道德外化,道德内化的具体价值也就无从体现。但从理论逻辑来看,道德内化与道德外化虽然联系紧密有时甚至相互渗透,但它们毕竟是两个不同的环节,具体内容也并不对等,有着各自的价值和功能,道德内化与道德外化还受到一定的历史社会条件和不同成员价值取向的限制。

道德内化与道德外化是一个连续不断和循环往复的发展过程。道德内化与道德外化在实践意义上既无起点又无终点,是一个不断发展变化的动态系统。在这个动态系统中,道德现象和道德行为通过接连不断地对道德主体进行信息灌输和传递,道德主体内化后又以外化的方式不断地向社会做出反应,这样一种"连续不断"又"循环往复"的复杂过程,体现了道德内外化关系的错综复杂。虽然,我们可以在具体的研究中将这个动态系统进行分解,对道德内化和道德外化进行有针对性的分析,但是,局部的研究毕竟不能取代整体的、系统的研究,最终都应纳入德育过程大系统的背景之中。

道德内外化过程是辩证统一的。在道德内外化过程中,也还可能出现"小循环"、"小分支"的现象。德育总的趋势和总的方向是要求个体内在的道德需要经过内化转变为道德主体自觉的道德行动。但是,在具体的心理调节机制和社会调节机制的过程中,时常会因为某一环节受阻,造成内外化过程的中断,从而引发"小循环"或"小分支"现象。例如,当对大学生明确了某项道德要求,受教育者并没有按照要求形成良好的思想品德。这里包括:道德认知上接受不了,道德情感上难以产生共鸣,缺乏坚强的道德意志,旧的道德行为习惯阻碍新道德行为的形成等等。当出现这种情况时,教育者应当因势利导,根据获得的反馈信息及时调整要求,或改变方法,或将新的信息灌输下去,以期达到教育目的。

道德内化与道德外化是一个相互作用和相互影响的渗透过程。道德主体的社会性决定了道德内化的社会要求。在现实生活中,道德内化是社会个体实现其社会需要的必然环节,道德主体只有掌握和遵循社会道德,才能获得社会的认同,参与社会生活,才能生存和发展。当道德主体的道德外化产生的道德行为符合社会道德的要求时,他就能获得社会认同,产生归属感和安全感;当道德主体的道德外化产生的道德行为背离社会道德的要求时,他就无法获得社会认同,甚至被社会遗弃。道德外化是道德内化的具体目标。道德分为社会道德和个体道德。社会道德是个体道德内化的本质内容,也是道德外化的表现形式。社会道德规范影响、制约和作用着道德内化的过程。道德内化与道德外化是相互渗透的过程,是社会与个体的有机互动。

第二节　大学生道德社会化的路径选择

大学生道德社会化的根本任务和最终目的在于通过道德教化和道德内化使大学生成为具备社会主义道德品质的公民,优化大学生道德社会化的路径业已成为当下迫在眉睫需要解决的问题。本研究认为,首先应从宏观环境着手,以人为本,优化大学生道德社会化的经济环境、政治环境、文化环境和法制环境;其次是要以社会主义核心价值观来引领大学生道德社会化,更加注重建构大学生道德社会化的价值理论及其文化生态;再次是从家庭教育、学校德育、同辈群体和网络媒介等视角出发,建立大学生道德社会化的社会支持体系和教育引导体系;最后从道德认知、道德情感、道德意志和道德实践等方面入手,充分发挥大学生道德社会化的主体作用,不断提升大学生道德社会化水平。

一、以人为本,优化大学生道德社会化的宏观环境[①]

中华民族素有崇德向善的优良传统。"人无德不立,国无德不兴",就是

[①]　齐亚红.优化社会公德环境:社会公德建设的出路[A].世界城市与精神文明建设论坛,2007.

强调道德对于个人修身立业、社会和谐和国家长治久安的重要作用。"以人为本"是社会和谐和国家长治久安的基础,也是构建社会主义和谐社会和追寻"中国梦"的中心点,我们身处社会道德环境中,恰如生活在大气层里,"道德"似乎是无形无影的,我们却能时时感受到它的存在。在社会学视野中,社会塑造与个体学习共同促进人们价值观念和道德品质形成。社会宏观环境的优化是大学生道德社会化的一项基础性或持续性的工作。所谓社会宏观环境优化,就是借助社会舆论、利益机制和法制保障等,营造出良好的道德氛围,以他律性的外在手段引导道德主体遵守和践行社会主义公民道德的基本要求。

(一)以人为本,优化社会经济环境

1.保证经济持续健康发展

面对世界经济的不稳定性和复杂性,要努力抓住各种机遇,从容应对各类风险和挑战,顺势而为,转变思路,大力推进改革创新,释放巨大的内需动力,激发市场活力,转变经济发展方式,调整经济结构,加强基本公共服务体系建设,着力改善民生,稳扎稳打,稳中求进,切实提高经济发展的质量和效益,保持经济增速在合理区间内进行,避免经济低增长给保持社会和谐稳定和维护社会良好道德风尚带来冲击。

2.建立和完善公正的制度

公平和效率在经济运行体系中存在永恒的矛盾,当前的关键问题是既要兼顾公平,又要保证效率。一方面是通过公正制度的宏观性引导逐步解决在收入分配上居民收入和劳动收入长期偏低的不合理分配格局,切实提升居民可支配收入在国民收入分配中的比重,使之不断与经济发展同步;另一方面是通过完善制度的程序正义解决机会平等的问题,完善社会保障制度,深化资源配置改革,推进就业、教育、医疗等方面公共产品和公共服务的均等化,加强对弱势群体的关心和帮助,解决他们面临的实际问题,切实保障民生安全。

3.建立奖罚分明的社会激励机制

明晰利益边界,坚持最大多数人的根本利益,兼顾不同社会阶层和各方群众的利益。在精神层面激励有德行为,宏观上创造出"不让雷锋吃亏"的合乎人性生长的良好的环境,使得道德行为成为合乎利益的选择;严厉惩治"缺德"行为,要对消极、丑恶、腐败的行为进行谴责和抵制,对导致利益极大损害的不义之举要"杀一儆百"。

(二)以人为本,优化社会政治环境

1.健全民主制度,确保公民正常的政治参与

我国根本的政治制度是以人民当家做主为主要内容的人民民主专政的社会主义政治制度,实行与我国国情相适应的人民代表大会制度、选举制度、司法制度、中国共产党领导的多党合作制度、政治协商制度、民族区域自治制度以及基层群众自治制度等政治制度,已为广大人民群众所接受并认可。实践也证明这些制度对人民参与国家治理、行使民主权利具有根本的保证意义。但是,社会成分的多元化和复杂化,要求不断改革现有的政治体制,同时保障党的执政基础和执政的长期性。这里很重要的一点就是满足公民的政治参与。良好的政治环境除了政治生活、政治实践制度化、规范化之外,主要体现在更好地满足公民的政治需求。随着大学生的政治意识、政治主动性以及政治需求不断增强,需要加大力度,切实保障他们的政治需求在政治生活中得到满足。政治需求的满足可以加强大学生的政治认同。怎样切实保障大学生的政治需求得以满足呢? 一是在加快经济建设、政治建设发展的同时必须要以制度化的形式确立"人民权利"的不可剥夺与不可侵犯;二是不断拓宽政治参与渠道,开辟多方面多层次的政治参与途径,并使政治参与的渠道、途径制度化,赋予人们以充分的条件参与政治生活,不断满足人们的政治需求。

2.转变政府职能,建设服务型政府

当前,转变政府职能,深化行政体制改革,创新行政管理方式,增强政府公信力和执行力已势在必行。一是要加强发展规划、政策标准等制定和实施工作,加强市场监管,加强公共服务的提供;二是加强中央政府宏观调控,明确地方政府公共服务职责,推广政府购买服务,引入竞争机制,通过合同、委托等方式向社会购买事务性管理服务;三是加强社会管理和公共服务,创新公共服务提供方式,明晰权力清单,简政放权,建立在政府职能科学定位基础上的强有力、高效能的政府工作系统,精简机构,按照建立、完善社会主

义公共行政体制和优化政府组织结构的要求,更好地发挥地方的作用,履行为人民群众提供优质公共服务的职责。

3.严惩腐败,维护社会公平正义

从严治党关乎人心向背,反腐倡廉永远在路上。一是反对职务侵占。严禁领导干部利用手中的权力插手招投标活动,牟取私利,这是经济上反腐的一项重要任务。二是逐步推进财产申报和公示制。关于包括领导人和家属子女的财产、在国外定居和经商情况的一些制度,我们要进一步加以完善,这是对干部手中权力的一个最重要的监督。三是公开财政的"三公"经费。要坚决惩治腐败,按照法律对各种腐败现象和腐败分子予以严厉惩处,毫不手软。同时必须坚持维护社会公平正义。公平正义是人类追求美好社会的永恒主题,也是社会发展进步的价值取向。维护社会公平正义:一要继续推动经济社会发展,创造物质条件;二是要不断推动制度创新;三要建立以权利公平、机会公平、规则公平为主要内容的社会公平保障体系,完善包括大学生在内的失业、医疗等社会保障体系。

(三)以人为本,优化社会文化环境

文化环境的主要内容是社会意识形态,其核心是占主导地位的世界观、人生观和价值观。文化环境对大学生的精神世界有着重要的导向作用,通过对认知方式和思维方式的制约,影响着大学生的道德认识和道德信念的发展方向。优化社会文化环境,有利于大学生的健康成长和全面成才,有利于大学生理想信念的树立和道德品质的锤炼,有利于积极向上的社会环境的营造和良好社会风尚的形成。

1.广泛开展"中国梦"学习教育和"最美中国"实践活动

中国梦是中国特色社会主义共同理想的通俗表达,是全国各族人民的"最大公约数",也是大学生应该牢固树立的远大理想。"中国梦"用通俗形象的语言,向人民群众解读了中国特色社会主义,解读了共同富裕,为广大人民群众特别是大学生易于接受,也乐于接受。因此,一要创新教育载体,加强"中国梦"的学习教育,引导大学生坚定理想信念,敢于有梦,勤于筑梦,勇于追梦,善于圆梦。二要深入开展"最美中国"主题实践教育活动,加强感恩教育、诚信教育、法制教育和勤俭节约教育,增强大学生社会责任感,引导大学生成为爱劳动、肯吃苦、有正义感、有奉献精神的"最美人物"。

2.净化网络文化环境和荧屏声频

具体包括：一是严格控制高校周边网吧总量，调整现有存量，优化结构和经营质量，积极主动、及时查处和坚决取缔"黑网吧"，提升服务水平和行业形象。二是采取互联网安全保护技术措施和经营管理技术措施，防止淫秽色情、暴力犯罪等违法有害信息在网吧传播。及时查处、严厉打击网络淫秽色情活动，定期开展专项整治行动，对发现的网上淫秽色情等违法犯罪活动线索及时立案，坚决依法予以查处打击；深入开展文明办网、文明上网活动，及时清除低俗媚俗、格调低下的网上垃圾信息和相关网站；完善网络管防技术，健全搜索引擎安全管理，防止通过搜索引擎传播淫秽色情等违法有害信息；实施网络游戏防沉迷系统。三是加强网络的基础管理，建立和完善市场准入、退出机制和日常监管机制；完善全国统一的网站登记备案数据库、域名数据库和IP地址数据库；积极推进手机实名制；抓紧完善网站实名制，进一步研究网络实名制；抓紧制定出台手机媒体服务管理条例等。四是建立健全严格的节目审查制度和节目播出程序，有效遏制低俗媚俗的广播电视节目播放；制定广告审查细则，健全广告刊播审查制度，有效整治不良广告。

3.开展综合治理，努力提供良好的精神文化产品和文化服务

具体包括：一是建立健全审读把关制度，防止不良出版物流入市场。二是定期组织开展高校周边环境专项检查，加大高校周边环境治理。三是加大政策激励力度，实行重点倾斜、专项资助，鼓励创作者们创作、出版更多适合大学生喜闻乐见的精品力作，丰富大学生的精神世界。四是推进文化基地建设，充分发挥各类爱国主义教育示范基地和公益性文化活动场所对大学生进行思想道德教育的重要作用。

4.构建良好文化业态

具体包括：一是强化政府服务职能，为融合发展营造良好环境。各级政府要充分认识到净化社会文化环境的重要作用，切实增强政治意识、大局意识、责任意识，做到守土有方、守土尽责，把做好这项工作作为不容推辞的责任。二是建立健全社会文化环境工作激励机制，把优化社会文化环境工程

与"美丽中国"活动相结合,强化群众监督的作用,建立举报机制,奖励举报有功人员。三是大力发动行业协会的重要力量,指导建立和完善行业自律公约,通过推进职业道德教育,引导从业人员增强社会责任感,自觉培育和践行社会公德和职业道德。

5.弘扬中华传统道德

中国传统道德包括两个方面的内容:一方面是具有一定阶级性和时代局限性的道德规范。这类道德规范很大一部分是中国传统道德中的糟粕,需要去粗取精、去伪存真。另一方面是具有调节人和人关系的优良的道德规范。像强调集体主义精神、推崇仁爱原则、重视人伦关系、注重知行合一等这些传统道德中的精华,是新的道德体系重建的支撑,是社会主义道德规范的重要组成部分。因此,大学生的道德社会化要有效实现,必须对传统道德进行批判与吸收,坚持古为今用、推陈出新。

道德文化的发展具有时代性和历史传承性,它需要在纷繁混杂的道德取向上,正本清源,去粗取精。正确对待传统文化,要在批判中继承,在继承中批判,要坚持继承和创新的统一。因此,面对多元价值观的冲突须加强大学生传统美德的教育,使他们认识到中华文明的悠久和卓越,同时能吸收外来先进道德,共同构建社会道德规范体系,使大学生的道德社会化步入正确的发展方向。一是要坚持用马克思主义中国化的最新成果武装大学生的头脑,加强理想信念教育,引导其树立正确的世界观、人生观和价值观。二是要以爱国主义为核心的民族精神和以改革创新为核心的时代精神鼓舞大学生的斗志,用社会主义荣辱观引领社会风尚,巩固当代大学生的共同思想道德基础。三是要用社会主义核心价值体系引领社会思潮,尊重差异、包容多元,又要有力地抵制各种错误和腐朽思想的影响,从而在和谐的文化氛围中构建中国特色的社会主义道德规范体系。

(四)以人为本,优化社会法制环境

依法治国是推进道德建设的前提和基础。优化社会法治环境,就要大力加强社会主义法制建设,加大包括立法、执法、司法、守法以及法律监督、法律服务等法制要素的建设,努力做到有法可依、有法必依、执法必严、违法必究。法制环境的好坏,直接关系到大学生对法律的客观感受和态度评价,影响着大学生道德社会化。

1.确立良法

目前,以宪法为核心,以民法、刑法、行政法和三大诉讼法为基础,以各部门法和专业法为支撑的社会主义法律体系已基本形成,法律规范与国际通行规则不断接轨,但还要进一步健全和完善社会主义法律体系。一是进一步加强宪法的刚性,宪法的刚性对社会的和谐稳定至关重要,违宪行为必须严厉制裁;二是加快制定与社会发展相适应的法律制度,尤其是为经济社会发展进程中层出不穷的新生事物立法,为经济社会发展保驾护航;三是不断完善与大学生全面发展相关的法律法规,提高大学生的法律意识,切实保障大学生的成长成才。

2.依法行政

法律法规的公正和权威来源于行政机关的执法行为,依法行政就是确立法律的权威性。一是加强对各级各类领导干部的法制教育,做到不管干部职位多高、功劳多大,法律面前人人平等。二是进一步梳理行政机关以及工作人员的职权,明确集体和个人的权力清单,规范执法程序,完善问责制度,使之各司其职,各负其责,对有法不依、执法不严、失职渎职、滥用职权者依法追究责任。三是强化行政监督机制,防止行政权力滥用。进一步让执法人员的活动受到包括大学生在内的全体社会成员的监督,提高执法人员依法行政的自觉性和培养大学生的法律责任感,在潜移默化中提高大学生的尚法理念和法律能力。

3.司法公正

司法权是实现社会正义的最后防线,因此,在司法环节上,一是坚持司法独立,即法院独立于社会,法官独立,法官的司法活动不受各级党政机关和人民团体的干涉,法院的财力和物力不受政府的控制和干涉。二是提高法官道德素质,加大对法官的准入门槛和培训力度,实现法官对公平正义的维护。三是完善相关的法律司法监督机制,健全相关的责任追究制度,确保司法公平公正。司法公正也有助于培养大学生对法律的信任感。

4.创新社会治理

具体包括:一要改进社会治理方式,做到坚持依法治理、综合治理和源头治理,运用法治思维和法治方式化解社会矛盾,强化道德规范来调节利益关系并解决社会问题,标本兼治、重在治本,健全管理服务平台,及时有效协调人民群众各方利益诉求。二要创新化解社会矛盾体制,健全社会稳定风险评估机制,改革信访工作制度,建立包括心理干预、矛盾调处、权益保障等在内的综合联动机制,及时有效解决群众合理诉求。三要激发社会组织活力,实施政社分开,适合由社会组织提供的公共服务和解决的事项,交由社会组织承担,充分发挥社会组织的依法自治作用。四要健全公共安全体系,包括对食品药品的安全监管,深化安全生产管理体制改革,健全防灾减灾救灾体制等,加强社会综合治理,依法严密防范和惩治各类违法犯罪活动。

二、以社会主义核心价值观引领大学生道德社会化[①]

党的十八大提出要倡导富强、民主、文明、和谐,倡导自由、平等、公正、法治,倡导爱国、敬业、诚信、友善。三个倡导、二十四个字,从三个层面确定了社会主义核心价值观的丰富内涵,明确了国家、社会、公民三个层面的价值目标、价值取向、价值准则。社会主义核心价值观是社会主义核心价值体系的内核,体现社会主义核心价值体系的根本性质和基本特征,反映社会主义核心价值体系的丰富内涵和实践要求,是社会主义核心价值体系的高度凝练和集中表达。青年学生是十分宝贵的人才资源。他们是民族的希望、祖国的未来,担负着实现中华民族伟大复兴"中国梦"的历史重任和使命,他们的思想道德素质、价值观状况关系着国家的前途与命运。在大学生成长成才过程中坚持社会主义核心价值观引领,在教育实践中深化和融入"三个倡导",教育和引导当代青年积极践行社会主义核心价值观,是培养中国特色社会主义合格建设者和可靠接班人的重要任务。

(一)社会主义核心价值观引领大学生道德建设的现实意义

社会主义核心价值观必须反映社会主义制度本质的价值取向,不是要求人民在生活上遵循什么样的生活规范,而是人民生活于其中的社会制度有什么样的价值追求和价值取向。[②] 因此,社会主义核心价值观是在党领导

---

① 詹丽萍.社会主义核心价值观引领大学生思想道德建设研究[J].社会科学战线,2013(9):218—221.
② 韩震.必须区分核心价值观与道德生活价值观——如何凝练社会主义核心价值观之管见[J].中国特色社会主义研究,2012(3):46.

中国人民取得了新民主主义和社会主义革命的胜利,建成小康社会、走向繁荣富强的进程中,不断凝聚精神力量,形成的共同的价值追求。在现阶段,社会主义核心价值观已经作为创建和谐社会的重要任务,融入国民教育,并以此为指导,广泛开展理想信念教育,团结凝聚最广大的人民,共同高举中国特色社会主义伟大旗帜,强调将践行社会主义核心价值观转化为公民共同的自觉。在高等教育领域,用社会主义核心价值观引领大学生道德建设,是高校提升内涵建设,积淀内在品质,培育大学精神的客观要求,对高校优化办学理念,传承办学宗旨,加强校风、学风建设,提升人才培育质量有功能性促进和推动作用,具有紧迫性和必要性。新时期以来,大学生的价值取向、文化观念、生活方式等处于磨合、矛盾和冲突之中,大学生道德社会化面临社会性、国际性、复杂性、现实性等问题,更需要用社会主义核心价值观来引领大学生的成长、成才、成人。

(二)社会主义核心价值观引领大学生道德社会化的实践路径

把社会主义核心价值观纳入国民教育总体规划,贯穿于基础教育、高等教育、职业技术教育、成人教育各领域,落实到教育教学和管理服务各环节,覆盖到所有学校和受教育者。[①] 高等教育是国民教育的重要组成部分,把培育和践行社会主义核心价值观融入大学生思想政治教育全过程,是优化大学生道德社会化的必然选择。

首先,切实把社会主义核心价值观培育和践行融入高校“两课”教学主渠道和大学生思想政治教育工作主阵地的全过程。[②] 思政理论课是对大学生进行社会主义核心价值观培育的主渠道,在大学生社会主义核心价值观培育工作中发挥重要的认知作用,有利于大学生形成对社会主义核心价值观的理论认识。要发挥思政理论课的认知作用,就要积极开展创新教学方法和内容的思想政治理论课教学方法改革,提升思政理论课培育大学生社会主义核心价值观的实效性。要联系改革开放和社会主义现代化建设的实际,联系大学生的思想实际,改变单方面灌输的教学方式,增强教师与学生

---

① 中共中央办公厅.关于培育和践行社会主义核心价值观的意见[N].人民日报,2013-12-24.

② 杨业华.把培育和践行核心价值观融入大学生思想政治教育全过程[N].光明日报,2014-1-15.

的互动,利用网络和科技,采用多媒体教学,根据不同的课程要求,采用专题讲座法、案例分析法等等,增强教学的感染力和吸引力。此外,高校还应统筹规划,协同创新,注重社会主义核心价值观在就业创业课程、职业规划课程、心理健康指导课程以及党团课等教育内容的渗透和结合。在团学的日常教育活动方面,强调在全面、深入上下功夫,将实践社会主义核心价值观纳入大学生思想政治教育全过程,将教育和引导触角延伸到每一名学生,落实到每一个阶段,实现青年大学生自觉运用社会主义核心价值观指导日常学习和生活的目标。

其次,切实把社会主义核心价值观培育和践行融入大学生社会实践教育的全过程。社会实践教育是大学生社会主义核心价值观培育的最有效途径之一。高校应引导大学生在服务他人、奉献社会中升华对社会主义核心价值观的认知理解。发挥社会实践的养成作用应建立以社会主义核心价值观为核心内容的大学生社会实践的长效机制,并以实践课程形式纳入高校整体人才培养计划。一方面,将社会实践与专业学习结合起来,鼓励学生运用自己所学专业知识,参加各类主题教育活动,在实践中加深对国情和党的路线、方针、政策的了解,增强大学生的社会责任感,使社会主义核心价值观真正融入大学生思想政治教育;另一方面,把社会实践与思想品德养成结合起来,大学生在与社会的接触中,学到社会规范和公共道德准则,逐渐养成对社会主义核心价值观的认同,将社会主义核心价值观内化为自己的意志品质,进而转化为自己的行为实践,从而促进社会主义核心价值观的形成。高校要根据教育规律,制订切实可行的实践活动方案,深化实践内容,创新实践方式,使实践教育活动成为大学生学习社会主义核心价值观的动力。

再次,切实把社会主义核心价值观培育和践行融入大学生校园文化建设的全过程。校园文化具有鲜明的导向性、内在的聚合性、强烈的时代性和发展的创新性等重要特征。高校应以社会主义核心价值观引领校园文化的建设,在建设中体现社会主义特点、时代特征和学校特色,着力打造体现社会主义核心价值观的优秀文化品牌,形成良好校园文化环境。一是要将社会主义核心价值观融入校园制度文化建设中。学校所制定的各项规章制度既要充分体现社会主义核心价值观的引导职能和激励职能,又要树立以人为本的理念。二是要将社会主义核心价值观融入校园物质文化建设中。要加强校园基础设施与校园环境建设,如加强校园文化广场等有利于社会主义核心价值观宣传的物质载体建设。要加强校园文化载体建设,用"生活化"的方式宣传社会主义核心价值观的基本内容,使大学生能以一种轻松、自然的愉悦心情受到社会主义核心价值观的熏陶。还可以将社会主义核心价值观融入校园文化标识之中。三是要将社会主义核心价值观融入校园精神文化建设中。通过多种多样的校园文化活动宣传与普及社会主义核心价值观,通过各类校园文化活动,在一定程度上将枯燥抽象的理论说教变得更加具体生动,使大学生活学活用、提升兴趣、挖掘潜能,潜移默化地营造整个大学良好的文化氛围和浓郁的人文气息。开展校园文化活动既要与社会文化紧密相连而又应具有校园特点,最大限度地激发学生积极主动地学习社会主义核心价值观,从而使高校成为发展和传承中国特色社会主义先进文化的主阵地、示范区和辐射源。

(三)社会主义核心价值观引领大学生道德社会化的基本方法

在青年学生中推进社会主义核心价值观建设,以社会主义核心价值观引领大学生道德社会化建设,落细落小落实是基本方法。通过落细落小落实,使社会主义核心价值观的影响像空气一样在校园内无所不在、无时不有,达到"日用而不知"的程度。一是要落细,就是坚持大处着眼、细处入手,持之以恒,润物细无声。要使社会主义核心价值观的培育和践行融入学校办学目标和人才培养的各个环节和大学生学习、工作和生活的全过程中,细化到青年学生的日常生活中,使学生处处都能受到熏陶;要把社会主义核心价值观细化到各项活动中去,使活动常态化,吸引青年学生广泛参与。二是要落小,就是坚持由小到大、由近及远,从具体的方面抓起,从日常的事情抓起。深入开展社会公德、职业道德、家庭美德、个人道德教育,引导学生从小事做起,从具体行为着手,在小事中体现价值取向,在小事中立德行善,在习惯中养成做起,弘扬真善美。三是要落实,就是在落细、落小的基础上抓实,保持务实的态度、实干的精神,使社会主义核心观内化为青年学生的精神追求,外化为他们的自觉行动。要把社会主义核心价值观落实到教育引导中,努力增强学生的认知认同;要把社会主义核心价值观落实到舆论宣传中,努力营造良好的社会氛围;要把社会主义核心价值观落实到实践养成中,通过喜闻乐见的载体增强学生行动的自觉;要把社会主义核心价值观落实到制度保障中,使之成为人们行为规范的基本遵循。

三、建立大学生道德社会化的社会支持体系和教育引导体系

（一）汲取和弘扬传统道德文化精华

传统道德文化是人类精神智慧的结晶,也是人类文明的重要标志。"中国传统道德文化是以实现人、社会、自然和谐统一作为价值理想的文化,为了实现这一理想,又总是将目标集中到人的身心和谐发展上,寄托在个体和谐人格的培养上。"①其强调的是人自身道德的完善与完美,具有鲜明的伦理色彩。借鉴中国传统道德文化资源,探寻古代文化的现代启示,是大学生道德社会化不可回避的现实问题。

钱穆先生说:"中国文化之内涵,主要从理想上创造人,完成人,要使人生符合于理想,有意义、有价值、有道德。这样的人,就必然要具有一个人格,中国人谓之德性。中国传统文化最看重这些有理想与德行的人。"一个具有完美的传统理想德行的人,是个有道德的人。中国传统道德文化在一定程度上是有利于社会的稳定、进步和发展的文化,蕴含许许多多优秀的东西,如"自强不息"的进取精神,"唯变所适"的变革精神,"推己及人"的人生规范,"富贵不能淫、贫贱不能移、威武不能屈"的立身情操,"天下兴亡,匹夫有责"的爱国情怀,"货真价实,童叟无欺"的诚信品格,等等。这些都是我们传统文化中最优秀、最宝贵的东西,经过时代改造和有效汲取也能成为大学生道德修养的标尺。

在大学生中弘扬中国传统道德文化,第一,要厘清概念边界。所谓中国道德精神是指道德文化传统,传统是一种内在精神,中国道德精神是从中国道德文化中抽象出来的、有生命力的、能够而且必然与时代道德融为一体的精神,不可简单地将其等同于具体的古代道德、古代文化,要清醒地认识炒作旧文化、复兴旧道德只能是迂腐的倒退,不可能与现时代接轨。弘扬中国传统道德精神,与借鉴外国、异域的道德文化精华并不矛盾,与道德建设之时代感和创新追求并不矛盾。在学习发达国家先进道德文化的同时,要重

---

① 金雁.中国传统和谐道德教育思想的现代意义与精神蕴涵[J].浙江学刊,2008(2):130.

视大力弘扬中国传统道德精华,以此来创设中国化的德育环境。第二,要坚持批判性继承的原则、立足现实的原则和理论与实践相结合的原则。要用马克思主义的立场、观点和方法,剔除中国传统道德文化中不利于社会发展进步的糟粕内容,系统深入地发掘精华成分;要科学对待中国传统道德文化,要结合社会实际和时代发展的需要,对其进行创造性的转化;要坚持理论联系实际的优良学风,身体力行,真学真用,使中国传统道德文化转化为大学生的道德认识能力和道德实践行为。第三,要构建以"第一课堂"(课堂教学)为主、"第二课堂"(校园文化)为辅、"第三课堂"(社会实践)为补充的传统文化育人体系。要寓教于知,高度重视课堂教学在培育学生中国传统道德文化中的主导功能,更多开设中国传统道德文化的相关课程供学生修读;要寓教于乐,高度重视校园文化在培育学生中国传统道德文化中的熏陶功能,通过举办中国传统道德文化学术讲座和举办各种文化节活动,渗透中国传统道德文化精神,增强大学生的道德修养和人文科学素养;要寓教于行,高度重视社会实践在培育学生中国传统道德文化中的育人功能,创设实践活动环节,培养学生知行合一、求是务实、乐于奉献的中国传统道德精神。

(二)优化家庭道德教育

1.不断改变家庭教育观念,形成科学的教育方式

家庭教育观念的改变包括以下三方面:在指导思想上,从"单纯依靠学校教育"转变为"同步合力教育"。教育是一种社会活动,是全社会的系统工程,它包括学校教育、家庭教育和社会教育,而家庭教育是社会活动的起点,这三者组成的教育是一个有机的整体,它们相互依存,又相互促进,如果处理不好,又会相互牵制、相互抵消,给教育带来不可估量的损失。因此,家长必须改变认为孩子上大学就不用多管了,甚至简单把教育孩子的责任推给高校的观念。这种观念无疑是十分错误的。培育"四有"新人的教育事业,学校、家庭、社会应当协调一致,同步合力,从不同方面,采取不同的方式与途径,对孩子施以教育和影响。只有这样,才能弹奏出和谐协调、节奏明快的教育乐章。

在培养目标上,从"单纯兴家"转变为"为国教子"。不少父母把子女看成"私有财产",仍受着"光宗耀祖"、"传宗接代"、"养儿防老"等传统意识的影响,因而不能把家庭的命运和国家、民族的命运联系在一起。在家庭教育

中,往往忽视对于孩子民族自尊心、自豪感的培养,忽视培养热爱共产党,热爱祖国,热爱中国特色社会主义,立志献身报效祖国,建功立业的公民责任感和使命感。一个有远见的家长,应多将子女的事业前途和国家命运联系起来着想,围绕培养有理想、有道德、有文化、有纪律中国特色社会主义事业的合格建设者和接班人这一目标去教育孩子。

在教育内容上,从"单纯追求智育高分"转变为"培养孩子德才兼备"。渴望儿女成才是天下父母共同心愿。随着社会竞争日趋激烈,只有把孩子培养成高文化高素质人才,才能在社会上不被淘汰。古往今来,人才选拔和使用,都是把"德"放在首位。"没有正确的政治方向,就等于没有灵魂。""德"是方向,是灵魂,是动力。把孩子的思想品德教育放在首位,教育孩子做人的道理,让孩子学会怎样做人,是每一个做家长的首要任务,也是应尽的社会职责。

2.掌握科学的家庭教育方法,科学理智地对孩子施爱

爱子之心,人皆有之。父母爱孩子是天经地义的事情,但作为父母,单纯地爱孩子是不够的,在关心体贴孩子的同时,还应该多抽出时间和孩子交流沟通,静下心来听听孩子内心的想法。"真心的爱就用全部精神培养他们有耐劳作的充沛的精力、纯洁高尚的道德和能在新潮中闯荡不被淹没的力量。"这是鲁迅先生给普天下父母的忠言,值得家长们深思。母亲与孩子血缘最直接,关系也最密切、最亲近,所以母爱是人类最纯洁、最无私、最珍贵的情感。每一个孩子无不享受着母亲给予的幸福和快乐。俗话说:世上只有妈妈好。为此,母爱应做到:关爱孩子要有分寸;培养孩子的自理与吃苦的能力;要将爱藏于心,不露声色;培养孩子的交往合作能力;多鼓励,少批评;言传身教,培养孩子的文明礼貌习惯,等等。父爱可以使人变得刚强、坚毅。父亲在孩子生活中的重要地位是不容忽视的,加强父亲与孩子的交往,对于子女的成长至关重要。为使学生健康成长,家长应该与学校、任课教师沟通,了解孩子的学习生活情况以及心理状态,家长也尽量不要把工作中的不良情绪发泄到孩子身上,要换位思考,尊重理解孩子,对他们多鼓励表扬,多和孩子进行沟通交流。对于孩子碰到的问题,要做到及时分析、及时引导、及时解决,防患于未然,促进子女健康成长。

纵观人类进化文明史,父母是儿女的第一任教师,更是终身的教师。家

庭是人的第一课堂,也是终身的学堂。21世纪是国际竞争更加激烈的时代,科技创新已然成为一个国家的核心竞争力,这需要具有敢于竞争和挑战的素质良好的劳动者和科技人才。而教育是人类未来发展的必要工具,家庭教育更是未来目标实现的保证,家庭教育的好坏将直接关系到大学生的健康成长和整个社会的发展。

(三)重塑高校德育的引导功能

高校德育面对的大学生是鲜活的生命体,而不是简单的、抽象的物体,高校的培养任务要求高校德育不能以模式化的教育方式去塑造大学生个体,要注重大学生所拥有人性的普遍性状和自身独特的人性状态,高校德育要有意识地关怀大学生的生活形态,回归生命本真,关注大学生的生命质量,提升大学生的生命价值。

1.德育目标要注重时代性和多层次

高校德育目标是高校德育教育和人才培养的出发点和落脚点。在当前大学生面对开放的现代社会、多元化的社会文化观念和多样化的生活环境的背景下,包括认知目标、情感目标、行为目标等方向的高校德育目标要符合经济社会发展的趋势和大学生的实际道德状况,体现导向性和层次性的统一。在政治觉悟目标上,对处于不同层次的大学生要以培育和实践社会主义核心价值观为引领,注重学生个体差异,相应地确立"大学生"身份,到"社会公民"身份,到社会主义核心价值观认同与实践,再到"共产主义理想"认同与实践四个目标层次。在服务社会上,第一层级是遵纪守法,即为社会培养讲文明、有礼貌、爱护环境、保护生态资源、具有爱国主义思想的好公民;第二层级是崇尚道德,即为社会培养人格健全、职业道德高尚,具有敬业精神、创新精神、自律能力和社会责任感的社会主义高级专门人才;第三层级忠于理想,即为社会培养一批具有共产主义理想和觉悟、努力创造新的生态文明和大公无私、公而忘私的先进者。

2.高校德育课程和教学要强调生命体验和生命意义

道德教育离不开知识,但道德知识是人们生活经验的概括、抽象与总结。高校德育课程有显性课程和隐性课程,显性课程是指专门的德育学科课程,隐性课程是通过各专业教学和学校生活的各个层面对学生进行的道德渗透。目前显性课程的致命缺陷在于无视道德的生成性、丰富性、复杂性,意识不到道德知识应包含着个体生命的内在性。要改变这一现状,就必须重新设置高校德育的显性课程,构建开放的德育课程体系,凸显德育课程的生活化,使之成为与生活融为一体的完整生命表现。这样,大学道德教育就不再是一副理论研究的架势,而是可以从抽象的道德概念开始,遵循着伦理学和社会科学知识的逻辑,将大学生从学科知识的桎梏中解脱出来,让道德重归生命的轨道;道德教育也不再是道德的控制和灌输,而是在生命的内在体悟中理解和洞悉道德的真义,主动调动自己的体验去活化和内化,并通过创造性的实践活动,实现道德与自己生命需要的内在联系。高校德育就是要激发出大学生的生命潜能,关注大学生自主精神和实践能力等的培养和开发,引导大学生体验道德价值的自我实现,让大学生意识到自己内心深处的冲动和呼声,使大学生在自我觉醒中追求生命的价值,领悟生命的价值和意义,享受生命超越的快乐。

3.高校德育要回归生活世界

社会生活是大学生道德社会化的重要途径。回归生活世界已然是高校德育的重要选择,道德教育要回归生活世界,要立足于大学生的日常生活,但不是要与学生的日常生活保持完全吻合,不是大学生日常生活的简单再现与不断重复,更不是对学生生活旨趣与价值追求的迎合与附和,而是必须要高于大学生的日常生活以实现对日常生活的超越,让大学生根据自己的实际积极自主地思考、体验、探索和领悟生活,真正洞察和明晰自我发展的道德愿望和人生旨趣,并做出更有利于自我本性发展的选择,即更本真的选择。建构可能的生活,追求更值得过的生活。道德教育回归生活世界其根本是回归人的价值世界,回到人的意义世界,建构人的精神家园。

高校德育回归生活世界要从以下几个方面着手。第一,"教育生活世界应找回丢失的校园生活向度"[①]。高校要为学生创造一种有意义的生活氛围,引导学生主动参与真实生活体验,高校德育生活化包括校园文化、校园制度和校园环境的建设,在校园文化上要注重时代性和学生的广泛参与,让大学生在公平的环境中体验和感受道德实践的价值与意义;在校园制度上

---

① 尚靖君.杨兆山.教育生活世界的构建[J].外国教育研究,2012(10):13.

注重面向人生活的合法性,让学生感受到学校对个体生命意义的人文关怀;在校园环境上要注重教育主体的参与性、平等性和灵活性,充分发挥校园环境对大学生道德形成和发展的作用。第二,道德教育要回归学生主体的现实生活世界。立足于大学生个性发展和全面发展,注重大学生个体特征和主体性需要,在德育上既引导大学生如何做事,更要引导大学生如何做人,力求做事做人相统一;要鼓励学生参加生活实践,体验多重角色,在生活实践中学习和成长;要关心学生日常生活需求和学生面临的生活困境,努力解决学生的实际生活困难;要把学生当作主体,倡导师生以平等主体交流和交往。第三,"道德教育要关注虚拟的生活世界"①。网络改变了人的存在方式,重建了人的感觉方式和生活方式,高校德育要关注人在虚拟世界中的体验和经历,正确引导人养成在虚拟世界里的健康生活方式。第四,要从整体性去看待大学生的生活。创设一种有意义的道德生活是对人的生命超越性的形而上的解读,因此,要整合各种社会生活关系,重视学生个性发展,以整体性的社会生活底蕴去培养道德个性发展,追求道德生活的多样性,从整体性上理解生活的丰富内涵,从而有效促进大学生的全面发展。

4.健全德育阵地、施教主体和德育载体合力机制

在德育阵地上,要形成学校、家庭、社会三位一体的高校德育合力机制,创造良好的学校、社会环境和家庭氛围,各自承担相应职责,相互衔接,相互配合,使得大学生在不同的时间段分别接受来自学校、家庭、社会的整合正能量,避免出现"5+2=0"的教育理论怪象。

高校德育教育的施教主体依然是学校。高校要在领导机制、管理模式、队伍建设和大学生自主作用发挥等方面下功夫,形成德育工作齐抓共管的局面。

教师影响、校园文化和社会实践等是高校隐性德育的主要载体。如果高校德育中的各种载体都能很好地发挥作用,那么就能更好地促进大学生的道德社会化,形成合力机制。第一,教师影响。教师在大学生道德社会化中起着重要作用。教师的人格、价值观念、教学方法以及态度等,都会影响大学生道德社会化,这其中的主要原因在于教师是大学生德育教育的风向

---

① 尚靖君,杨兆山.教育生活世界的构建[J].外国教育研究,2012(10):15.

标,教师的一言一行对大学生的德育教育都有着至关重要的作用。第二,校园文化。校园文化是指学校的全体教职工和学生在长期的办学实践中慢慢形成的具有学校特色的群体意识,以及体现、承载这种群体意识的行为方法和物质形态,良好的校园文化能促进高校学生的德育教育,能够引导学生养成良好的行为道德习惯。第三,社会实践。社会实践是大学生对于社会生活的一种初步认识,也是大学生慢慢去接触这个社会、融入社会的重要一步,有助于大学生接触社会、了解社会、认识国情、锻炼能力、增长知识和增强社会责任感,培养大学生现代公民道德意识和道德精神。

(四)发挥同辈群体的榜样示范作用

1.正视和尊重同辈群体的存在

大学生基于他们情感、兴趣的需求都有其归属的群体,虽然每个群体的类型和规模不同,但在实际中,这些群体是真实存在的,也是不可阻止的。既然有这样的同辈群体存在,高校在正视同辈群体存在的同时,也要关注和尊重同辈群体的发展,既要让大学生有自主选择和决定的空间,又要引导他们学会自我约束和自我管理。只有充分地了解并理解同辈群体存在的实质,才能发挥正规教育以及其他各种社会化手段的作用,也才能使教师和学生进行合理的沟通,不会形成隔阂、对立现象,才能使教育效果事半功倍。

2.重点对同辈群体核心人物进行教育

在任何一个群体中都有核心人物的存在,同辈群体也不例外。这些核心人物在同辈群体中具有较强的权威性和号召力,他们的思想作风、能力素质对其他成员都有很大的影响。只有注重对核心人物的培养,才能促使大学生群体向着积极、健康的方向发展,达到事半功倍的教育效果。因此,在学生日常的管理中对于核心人物的培养至关重要。核心人物不仅可以发挥其自身人物的积极性,而且也可以通过加入党团组织的形式,发挥其榜样作用和示范性,从而影响到整个群体。

3.以社会主义核心价值观引领同辈群体文化发展

同辈群体是大学生在人际交往过程中的重要组成部分,它在大学生全面发展、成长成才过程中发挥着特定的功能。由于群体结构的差异,每个群体的功能也不尽相同。只有在了解大学生同辈群体实质和特点的基础上不断优化其群体的结构,才能引导同辈群体发挥正面功能。群体由于其传递的文化性质不同而具有不同特点,应加以区别教育。此外,对大学生的世界观、人生观和价值观有着重要影响的同辈群体文化,高校已经有相对完善的教育理论体系。因此,应该有效地利用这一体系,用社会主义核心价值观、社会主义理论体系武装大学生头脑,积极引导群体文化的发展。

4.重视对网络同辈群体的引导和教育

网络是大学生生活的一个重要组成部分。网络以其良好的交互性、便捷的沟通,吸引了大量的大学生。最近几年已经出现了许多网络同辈群体,网络同辈群体以网络为平台,群体的大小、规模不一,群体内成员大都兴趣爱好相近。各个成员之间大多通过网络游戏、网络聊天、网络论坛或其他网络通信工具实现群体之间信息获取、情感交流、意见表达。与此同时,网络同辈交往也可能带来一些不利影响,这些不利影响主要表现为:在网络交往中出现的一些反社会主流文化等消极的价值和理念将影响大学生的价值判断;网络同辈群体各成员之间的素质差异较大,大学生容易受到不良文化的影响;大学生在网络中过于沉溺网络活动,对其学业和生活造成影响。因此,高校应主动占领网络思想政治教育的高地,培养大学生合理、规范利用网络的意识。总而言之,高校应高度重视校园网络建设,利用校园网络进行思想教育,如开辟思想政治教育主题专栏等,充分发挥校园网络先进文化的载体和辐射的功能,倡导健康、科学、文明的生活方式。

(五)发挥网络媒介的道德建设正能量

网络是把"双刃剑"。网络在带给大学生包括增强社会的自主性、促进知识技能的学习、拓宽人际互动的范围、提供广阔的角色演绎空间等在内的正面影响和作用之外,网络道德缺失也会造成传统价值观的道德偏离。而行为角色的道德缺失,情感恋爱的道德异化也使大学生道德社会化发生偏离。在网络化环境下,对大学生网络道德的引导是优化大学生道德社会化的重要途径。

1.完善网络道德法规

相较于传统社会的道德,网络环境缺少他人的干预、管理和控制,所以网络道德要求大学生具有更多自觉的网络道德意识,自觉遵守网络道德,履行作为一个公民应尽的社会责任。我国从 1981 年起,相继出台了一系列关于完善网络安全和净化网络环境的法律法规,但是针对网上有害信息的监管还相对乏力。

"法律的存在能够帮助预防不道德和破坏行为,法律作为道德规范的基准,使得大部分人可以在此道德范围内进行他们的活动。没有界限,就很难确保没有影响和侵犯别人的情况。"①道德作为人的行为隐形的"约束力量",需要结合法律法规显性的"约束力量",在长期的磨合中,内化于心。因此,为了预防大学生网络犯罪,可以通过建立健全网络道德规范,加快立法的步伐,在大学生中加大对于网络法律法规的宣传力度,通过网络法律意识的增强来最终实现对大学生网络道德的有效引导。

建立、健全网络法规,防堵有害信息的侵蚀,使网络行为纳入有效监管,真正实现网上社会的法治化。对于我国立法部门而言,需要借鉴国外的先进经验,在分析整理国内外网络道德建设的相关经验和研究成果以及各国政府的相关政策法规、各大网站的使用条款和服务规则的基础上,取其精华,去其糟粕,为网络道德法规的构建提供有力保障。"有法可依,有法必依,执法必严,违法必究",在建立健全道德法规的基础上,政府管理部门要依法对网络道德建设进行有效的干预,加强网络行为的监控机制,确立网络行为和网络主体的对应关系,对一些大型网站和针对大学生群体的网站进行重点监控,对网络信息进行依法监控,禁止在网络上传播低俗、媚俗等违反网络法律法规的内容。在依法对信息采取过滤和封堵的基础上,通过建立良性的举报机制,加强信息的管理和监控,在高校等大学生群体集中的地方,安装绿色软件,使用防火墙技术,通过"立、疏、堵"结合的方式,加强对大学生网络道德的引导和网络道德的构建。

2.加强网络舆论引导

网络舆论是公众在网络上公开表达的对某种社会现象或某些公共事务的具有一定广泛性和倾向性的一致意见。青年大学生具备基本的知识基础,网络提供给他们一个自由表达个人观点、抒发个人情绪的平台,满足了他们作为"意见领袖"的角色体验。而网上短信、即时通信、博客、微博等多

---

① [英]尼尔·巴雷特.数字化犯罪[M].沈阳:辽宁教育出版社,1998:103.

种信息传播渠道,为网络舆论的滋生提供了有利的条件。网络舆论大多由网络媒体中的言论、论坛和新闻跟帖等共同汇集而成。由于网络传播媒介的特性和网络舆论更新的频繁性,网络舆论对人们尤其是大学生的思想和认知有很大的影响。

在转型期的社会,由于存在一定的社会矛盾,极小部分人会把自己对社会的不满和不信任通过网络平台进行宣泄,这既不利于社会稳定,也会使大学生对社会的现状和道德认知产生一定的误解。因此,结合网络特征和社会实际情况,对网络舆论进行有效引导非常必要。

做好网络舆论的引导工作,需要对网络舆情做出监测分析。对信息采集给出采集数据,对舆论话题开展包括倾向性、趋势性等在内的检测,提高信息的准入条件。在网络的虚拟空间内,开展合理的议题设置和议题融合,较为恰当地对议题进行注意力和专注度的安排。高度关注和善于发挥正面、良性的社会议题的优化作用,同时,要提高网络引导主体的公信力,善于利用传统媒体发布权威信息,杜绝发布虚假、臆测和含糊其辞的信息,对于散播谣言、恐怖信息、扰乱社会秩序的不良信息及时依法进行处理。让大学生能够拥有一个良性的网络环境,不断优化网络道德,对大学生道德品质的提升有着重要意义。

3. 建设优质网站资源

网络技术的快速发展和成熟,已深刻影响到大学生学习、生活的方方面面,成为一种新的生活模式。面对网络环境中存在的不足,在做出建立健全网络道德法规、加强对网络舆论的有效引导等在内的预防措施和规避方法的同时,需要主动出击,占领网络阵地。

结合大学生对未知领域探索的好奇心,可以通过建立一批政治性较强的易于被大学生接受的网络平台来对青年学生进行道德教育,传达爱国主义精神和社会主旋律,从而提高大学生群体的政治敏感度和参政议政热情;也可以建立起专门为大学生服务的社会性网站。在网络平台中,提供包括心理疏导、情感疏导等在内的帮助,解决大学生成长成才过程中面临的疑惑和问题,完善大学生的人格;通过建立具有人文社科知识的专业网站,为大学生网络道德建设提供良好的人文环境和思想领地,提升青年学生的人文素养和道德情操;创建适合大学生的绿色游戏网站,寓教于乐,杜绝网游成瘾和网络冷暴力的产生,通过建立优质的网站资源,为大学生群体提供良好的网络道德环境,彰显网络道德建设的优势。

4.进行网络技术创新

网络技术的创新,为大学生网络道德的构建提供了技术支持。"深化网络信息控制技术研究,建立网络行为的技术监督。加快网络信息研究,净化网络信息是网络道德建设的技术保证。净化网络信息,必须对网络及网络信息进行有效的管理,及时清除通过计算机网络传播反动、色情和不利于青少年健康成长的电子信息,从技术上解决网络管理的难题。"[①]网络技术的创新能将基于网络环境下所产生的道德失范遏制在源头。通过采取一定的监督管理措施,加强网络管理技术在网络道德维护中的必要性。

在网络传播中,最本质的内容即为网络信息。"提升网络技术,构筑信息海关,加强信息管理与信息资源建设,重视改进技术,'扬善抑恶',加强研究能防止政策诽谤和色情暴力等有害信息的软件操控系统,加强网上信息操控,建立发挥正向舆论的网络信息平台,特别是追踪、掌握信息侵害者真实身份,利用防火墙的隔离作用及信道的加密功能来预防对个人信息安全的侵害。"[②]对信息的过滤选择,有效实现了对网络的控制技术在网络信息的方面的应用。

(六)以道德责任为核心推进大学生的公德建设和私德建设

在社会道德生活中,依据不同的生活领域,有公德和私德之分。公民在公共生活、职业生活、家庭生活中的道德是公德,即社会公德、职业道德、家庭美德。个人品德即私德。社会公德、职业道德和家庭美德与个人品德紧密相连、相互促进。社会主义道德建设最终要落实到个人品德上,加强个人品德建设贯穿于社会公德、职业道德和家庭美德的始终。党的十八大提出,要加强社会公德、职业道德、家庭美德、个人品德教育,弘扬中华传统美德,弘扬时代新风,引导人们自觉履行法定义务、社会责任、家庭责任。因此,公德建设和私德建设是当前道德建设的双重任务,也是大学生道德社会化的必由之路。

---

① 步德胜,侯会.网络对青年道德社会化的挑战与对策浅析[J].洛阳大学学报,2006(3):116—118.

② 张凤华.高校德育网络环境与大学生的社会化[J].法制与社会,2009(3):236—253.

1.加强大学生的社会公德建设,促进大学生社会责任感提升

社会公德是社会主义道德建设的基础,是人们在社会公共生活中应当遵循的基本道德,是维持社会公共生活正常、有序、健康进行的最基本条件。它具有基础性、普遍性、全民性、公认性以及继承性等特点,它涵盖了人与人、人与社会、人与自然之间的关系,在社会中具有广泛的调节作用。

大学生具有较高的文化知识和科学素质,对宣传、维护社会公德负有义不容辞的责任。加强大学生社会公德建设,要从文明礼貌、助人为乐、爱护公物、保护环境、遵纪守法等主要内容着手,提升他们的公共责任文化素养。第一,集体责任感。集体是许多人合起来的有组织的社会有机体,跟"个人"相对。集体的特点在于,其成员之间有一定的利益关系、权利和义务关系以及一定的组织系统。在集体中,成员之间彼此建立稳定、合作和相互友爱的关系。对大学生来说,他们所在的学校、院系、班级、社团组织、宿舍等都是一个集体。集体责任就是他们要能够正确处理他们作为一个个体与这些集体的关系,使自己的个人行为符合集体的规范。当个人利益与集体利益发生矛盾时,应以集体利益为重。在集体中,行使好自己的权利,承担并完成集体赋予的任务,有集体荣誉感,主动参与所在集体举办的各类集体活动,努力为集体增光添彩。第二,社会责任感。社会责任感对国家、民族、社会来说举足轻重,是大学生成才的必然要求。简单来说,一个人为了人类的繁荣和进步,为了祖国的繁荣富强和他人的生存和发展所承担的责任和使命就是社会责任。大学生理应要对国家负责,具有高度的政治责任感和历史使命感,要热爱祖国,维护国家统一和祖国尊严,反对民族分裂;要热爱中国传统文化,大力传承民族精神;要认清基本国情,坚定共产主义理想信念,忠于宪法;要关心时事政治,分析国际形势,认识社会发展规律;要遵守国家和地方政府颁布的法律法规。第三,他人责任感。社会的存在是因为有个人和他人的存在。在与他人的关系中,个人的行为是否有益于他人的发展,是否有碍于他人的自由,都存在着伦理方面的要求,只有每个人对他人的存在和发展具有道德责任心,才能找到发展自己的机会,人不仅要对自己负责,更要对他人负责。就大学生来说,与人交往应做到一视同仁,切忌嫌贫爱富;遇事多商量,与人和睦相处;要抱着心诚意善的动机和态度,相互理解、接纳和信任,重信用、守承诺;要热爱他人,富有怜悯心和同情心,以关心他

人为乐,敬老爱幼,尊重妇女,关怀残疾人,遇到别人有困难时真诚提供帮助,不做伤害他人的事。第四,生态责任感。全球一体化的今天,地球是人类共同的家园,个人和国家的存在其实是一个整体的存在,从生态环境到人的精神状态都面临前所未有的困境。对大学生来说,要具有全球生态环境意识,关注大范围的全球环境问题,要关注全球的社会经济发展和全人类的未来发展,努力为世界和平和人类幸福做出贡献;要树立可持续发展意识,从现实环境出发,尊重自然,用爱护自然的活动取代征服自然的行为。生态责任是大学生义不容辞的责任,要增强大学生保护环境的责任心和使命感,促使大学生积极参加生态环境保护活动。

2.加强大学生的职业道德建设,促进大学生职业责任感提升

职业生活是人类最主要的社会生活领域。职业道德是社会道德体系的重要组成部分,它是社会道德在职业活动中的具体表现,其在职业领域的作用是其他道德所无法替代的。良好的职业道德会成为大学生规避社会风险的有效屏障,优化职业生涯的坚实基础,创造幸福人生的有力保证。因此加强大学生的职业道德建设具有十分重要的意义。当然,大学生目前的主要任务是学习,对大学生进行职业道德教育主要应该加强学生主动学习的责任心,这应该成为大学生职业责任教育的首要任务。

3.加强大学生的家庭美德建设,促进大学生家庭责任感提升

家庭是人的道德社会化最早的地方,是引导个人走上社会的桥梁,担负着个人与社会中介的作用。家庭美德是社会成员在家庭生活中应该遵循的行为准则,是存在于家庭中的高尚道德规范。加强大学生的家庭美德教育对社会和大学生个体都有着积极的作用。就大学生而言,家庭是大学生成长与发展的重要群体,在家庭里,父母和长辈关爱着他们,寄希望于他们。大学生理应在接受这些无私馈赠的同时,承担起对家庭的责任。对大学生进行家庭美德教育,除了要对他们进行尊老爱幼、男女平等、夫妻和睦、勤俭持家、邻里团结等这些普适教育以外,还要对大学生进行家庭责任感的教育,让他们孝敬父母,关心长辈和兄弟姐妹,在维系家庭和睦等方面承担起力所能及的责任。

4.加强大学生的个人品德建设,促进大学生自我责任感提升

我们所讲的私德也就是个人品德,是一定社会的道德原则和规范在个

人思想和行为中的体现,是一个人在其道德行为整体中所表现出来的比较稳定的、一贯的道德特点和倾向。私德包含着未来社会道德发展的趋势,是人类道德生活中最活跃、最生动、最有生命力的内容。公德与私德的区分是相对的,二者有着紧密的内在联系,构成了辩证统一的道德整体。公德水平的提高依赖于私德涵养的高低,私德不好,公德建设也就成了无根之木、无源之水。

随着现代社会公共生活领域的日益扩大,人们的各项活动关系到生活安全、社会秩序、社会公益的方方面面,私德建设也显得比以往任何一个时刻都重要。就大学生而言,新形势下加强个人品德建设也是势在必行。首先是自我责任感的提升。大学生要有责任认识能力和责任实践能力,也就是要有对自己负责的勇气和独立承担责任的能力。对自己负责,就是要保护自己和发展自己,对自己的生命存在和生命意义负责,要完成人生的使命,实现人生的价值,建立正确的道德观,重视个人自身修养。其次是理想信念的培育。理想信念教育是大学生个人品德建设的核心,加强大学生理想信念教育事关中华民族伟大复兴"中国梦"的实现。通过理想信念教育,要使大学生坚持中国共产党领导不动摇,坚持走中国特色社会主义道路不动摇。要让大学生自觉地把个人理想同祖国命运紧密联系起来,树立为实现中华民族伟大复兴奋斗不止的远大志向。再者是爱国情怀的培养。爱国,是至高无上的品德,是民族的灵魂。站在新的历史起点,走在复兴道路上的中国机遇与挑战并存。现实亟须以爱国主义为核心的民族精神来凝心聚力。加强大学生的个人品德建设,要加强对其爱国主义的教育。要让大学生们正确认识祖国的历史和现实,增强爱国的情感和振兴祖国的责任感,树立民族自尊心与自信心;弘扬伟大的中华民族精神,高举爱国主义旗帜,锐意进取,自强不息,艰苦奋斗,顽强拼搏,真正把爱国之志变成报国之行。最后是诚信意识的教育。诚信是我国公民道德建设的重要内容,在大学生中开展诚信道德教育非常必要。加强大学生个人品德建设,要把诚信道德教育作为核心内容,把诚信教育融入大学生学习生活的方方面面。要在校园内努力营造诚信为本、操守为重、守信光荣、失信可耻的良好氛围,使大学生讲诚信、守承诺,诚心做事、诚实做人。

四、充分发挥大学生道德社会化的主体能动性

道德是一种生命活动,需要通过个体的生存体验和生命体悟去把握,道德自我只有在人的自觉的生命实践活动中才能产生。因此,大学生道德社会化应该重视大学生首先作为"人"的存在。大学生道德社会化就是要让学生在丰富与复杂的生命活动中追求真实的生命成长,在生命的体验中领悟道德的真谛,自我追求德性的提高与完善。大学生道德社会化理想图景的实现,以其运行机制而言,是由外化到内化、内化与外化互动的循序渐进、循环往复的过程。"自古以来的道德教育都强调,唯有促进本人的觉悟才能奏效,别无他途。片面的灌输只会引起逆反心理,不可能造就独立思考、自我负责的人格——具备充分的自主性和责任感的人。"①虽然,社会宏观环境的优化和社会支持体系的有效引领,为大学生道德社会化的顺利实现提供了良好的外化条件,但是,大学生主体意识的充分发挥仍然是实现大学生道德社会化的关键所在。"所谓主体意识,就是人作为主体对自己所处主导地位、作用和价值的自觉意识。"②只有发挥大学生主体意识的作用,外在的社会要求和道德规范才能被他们自觉自主地接受。苏霍姆林斯基曾说过:"只有能够激发学生进行自我教育的教育,才是真正的教育。"③这也是对人的主观能动性的强调。因此,马克思主义人学理论也要求大学生道德社会化必须以人为本,在道德生活中,培养和锻炼学生的道德主体能力,从而不断提升大学生的道德素养。

（一）强化教育,提高大学生道德认知

知为行之先。道德认知是社会的道德要求转化为个人内在品德的首要环节,是道德形成的基础。加强对道德的学习教育,让大学生明白我们所倡导的道德的内容和要求,提高他们的道德认识,是对大学生开展道德建设的首要环节。要使大学生具备正确的道德认知能力,应从课堂教学、生活体验和交往互动等方面实现。

---

① 钟启泉,黄志成.西方德育原理[M].西安:陕西人民教育出版社,1998:29.
② 中共中央党校哲学教研部.当代哲学前沿问题探索[M].北京:中共中央党校出版社,1996:23.
③ 陈麦池.大学教育与大学生社会化[J].安徽工业大学学报,2004(5):137—139.

1.贴近生活,引导大学生深刻领会道德内涵

充分发挥高校理论课德育内容对实践的指导作用,激发大学生主动提升道德认知能力的热情。包括"两课"、专业课在内的课堂教学是高校德育的基本载体,是学生接受知识的主阵地。在课堂中,要充分发挥学生的主体意识,摒弃说教式的教育模式和远离学生生活的教育内容,从现实的身边的道德事例出发,围绕日常生活中那些可探讨、可操作的事例进行引导教育,在给予学生可理解、可接受的真实资源的过程中引发大学生的情感投入。降低抽象、空洞的道德概念的理解难度,鼓励大学生将对道德知识的理解与具体的道德案例相结合,通过替代强化、深化自身对道德知识的认知并形成相应的道德经验,强化大学生对道德知识的理解与把握。

高校教师,尤其是"两课"教师,其道德素质能力的高低,也直接关系到大学生道德认知的水平,必须要抓好提升教师道德素质这个关键环节,把大学生的道德认知能力与师德建设相结合。在师德建设中突出开展社会主义核心价值观教育活动,提高高校教育队伍整体的思想政治道德素质,使他们真正做到既教书又育人,自觉把社会主义核心价值观融入高校各门课程之中。既言传又身教,以良好的师德师风影响学生、教育学生、感染学生,提高大学生的道德认知水平和思想道德修养。

2.因势利导,提高大学生的道德鉴别能力

目前,仅靠道德知识的传授来满足大学生道德认识是远远不够的,学生在现实生活中遇到的道德困惑和问题也应作为道德教育的重要切入点。还应选择合适的道德情境并围绕道德情境设置问题,来取代传统说教式的德育环节,在提高大学生道德鉴别能力的思考训练上下功夫。

加强对学生社会现实问题的鉴别能力训练。在训练上可以设置一些真实的道德两难问题,通过与学生的平等对话和交流,引导他们对道德问题做出正确的判断和选择,实现学生对道德知识的理解、认同和吸收,引导大学生在面对形形色色的思想观念、价值取向时,能够具有正确的道德判断能力及道德推理能力,从而形成良好的道德认知。

在德育实践中,要遵循大学生道德认知发展的基本规律及认知的本质,强化大学生的推理训练,鼓励大学生对道德问题进行理性思考和哲学探究,促进学生形成成熟、公正的道德判断,培养大学生的道德认知能力。

3.明确是非,强化大学生主流道德观念

在教育教学过程中,要尊重大学生的主体意识,尊重他们选择接触各类道德伦理价值体系的权利。同时,也要引导大学生形成主流价值观念。主流道德观念在当前就是社会主义核心价值观,对大学生主流道德观念的引导和培育要贯穿第一课堂的主渠道和第二、三课堂的主阵地。在课堂教学中,要将专业知识的传授和主流的道德观培育结合在一起,要避免非主流价值体系的干扰,引导大学生在专业学习过程中认识并逐步接受主流价值观念;在日常思想政治教育活动中,要将各类有代表性的真实案例渗透到学生的校园文化和日常生活中,及时全面地向大学生传递正能量,使大学生逐步认同主流道德观念,并身体力行。

4.依托生活体验,训练大学生道德认知能力

道德起源于社会交往实践。大学生现有的认知经验来源于社会活动和交往,来源于实践。因此,要重视大学生在实践活动中对道德认知的自我建构、自我判断和自我选择。在德育实践中,要积极引导大学生从自身实际出发,主动观察社会、接触社会,关注社会热点、难点,关心弱势群体。通过对社会现象的接触,社会人群的交流,社会问题的感触,用已经具备的道德认知去剖析道德问题,并在实践中体现出相应的道德意识,达到知行合一。同时,还要鼓励大学生走出教室,走出校园,走进社会,引导大学生积极参加党团活动、校园文化活动、志愿公益活动、社会实践活动等。在生活实践体验中直面社会中的道德问题,感悟生活的真谛,使他们在多角色情境体验中发挥道德主体的主观能动性,在实践体验中得到道德判断能力和道德选择能力的提高,不断纠正道德认识上的误区和偏差。

总之,通过强化训练大学生的道德判断、道德推理和道德选择,使大学生的道德认识逐渐合乎社会道德规范和道德取向,并保证道德情感和道德意志的不断协调,促进大学生的道德社会化。

(二)强化示范,增进大学生道德情感

道德情感是人对道德原则、道德规范在心理上、情绪上的认同和共鸣,是人对道德理想、道德建构的向往,是道德形成的内在动力。根据大学生情感的丰富性、多样性、不稳定性的特征,可以采取情境引导、知育教化、美育

熏陶等尊重道德主体的方式,培养大学生高尚的道德情感。

1.设情置境,使大学生的道德情感走向逻辑升华

情感产生于特定的情境中。在道德教育过程中,教育者要具备掌控情境的能力,通过设定情境来激发大学生作为道德主体的情感,引导他们道德情感的走向。情感是与理性相对而言的,并不会无缘无故地产生,是人在面对客观事物时,自觉地自然而然地产生的。因此,教育者合情合理、情理交融地进行引导,晓之以理,动之以情,才能将这种情感升华为道德情感,才能将感性的情感经由理性的逻辑升华以完成道德情感的凝聚。

2.以知启智,使大学生道德情感由自发走向自觉

自然情感的生发方式是自发的,其特征是盲目地对善恶有心理体验,是道德主体依据自身好恶做出的行为选择,具有局限性和偏私性。而道德情感的生发方式是从自发走向自觉,是对道德知识与行为产生的情感,对道德行为与道德关系自觉认识与评价的结果。道德情感它不是自然好恶,而是理性情感,它更加自觉自为,更为理性,普适性更强。它一方面是压抑各种自私自利而产生的不快和痛苦,另一方面又因之而感到高兴和自豪。通过对大学生进行道德教育,开启智慧,教化自然,可以拓展大学生对自身的认识和理解,使大学生从自然情感走向道德情感。

3.以美怡情,使大学生道德情感由被动走向主动

"爱美之心人皆有之",情感是行为的动力,美感是情感的动力。对美的追求与向往能够促使大学生道德情感由被动接受向主动参与转变。在道德情感涵育的逻辑中,理性只能为情感把握方向。理性的认同代替不了情感的共鸣,美育为大学生主动自愿地涵养道德情感提供了动力,就是以爱美之心作为大学生道德情感涵育的切入点,以美好的事物作为大学生道德情感涵育的载体,使大学生在美的陶冶中自觉完成对善的热爱与追求、对恶的痛恨与唾弃。

(三)强化锻炼,坚定大学生道德意志

道德意志是人们在履行道德义务或决定道德行为的过程中,自觉自愿地做出抉择、克服困难的顽强力量和坚持精神。道德意志是道德认识向道德行为、道德品德转化的关键,也就是道德形成的关键。道德意志的培养并

不是一蹴而就的,也不是孤立的。① 当代大学生大多是称之为"90后"的独生子女,由于生活环境的影响,他们有部分人贪图享乐、怕吃苦、缺乏坚定的道德意志。因此,磨炼他们坚定的道德意志能力就显得十分必要。培养大学生坚强的道德意志②,可以从以下几个方面抓起。

1.立足实际,培养大学生道德意志的自觉性

人类社会是一个纷繁复杂的综合体,是一个色彩缤纷的大舞台,各种思想、各种现象都会在这个综合体里和大舞台上表现。尤其在改革开放和发展社会主义市场经济的新形势下,经济大潮的冲击,域外文化的渗入,负面典型的影响,不道德现象随处可见。一个人,如果没有坚强的道德意志,就不能在日常生活、工作实践中区别优劣、辨别真伪,就不能克服困难、迎难而上,就不能坚持善良和正义,抵制邪恶和私欲,也就难以形成高尚的道德品质。促进大学生进行大学生道德意志培养的主动自觉性,要结合道德意志的形成特点和大学生自身实际,动员全部力量,通过正确的教育引导和运用榜样的力量,使大学生产生锻炼道德意志的愿望,提高道德自觉性。大学生要自觉地从正确的道德认识出发,从养成一种好的习惯开始,日积月累,坚持不懈;要自觉地长期地监督自己,鞭策自己,严格要求自己。

2.不断坚持,形成大学生道德意志的果断性

大学生道德意志的果断性是需要长期反复的磨炼和培养的。强化已有的道德意志的需求,通过社会实践并不断总结经验,培养大学生道德意志的果断性,特别是侧重培养他们在是非严重混杂、正确与错误势力相对均衡的问题面前权衡利弊、处理问题的果断性,既要让大学生在是非面前避免犹豫不决,又要避免其不假思索草率从事。

3.注重锻炼,增强大学生道德意志的自制力

当代大学生培养顽强的道德意志,关键是自制力。目前,大学生的自制力大多数已达到较高水平,但还是需要不断培养与强化。要有计划、有目的地对他们进行道德教育,使他们逐步提高约束自己行为的能力。这项工作

---

① 黄惠萍.当代大学生道德意志培养探析[J].佳木斯教育学院学报,2012(11):50—51.
② 张宏.论大学生道德意志的培养[J].中国高教研究,2001(4):76.

需要从两个方面加强。一方面高校要主动地把学校的教育教学活动变成培养意志力的实践活动,为学生创设道德情境,搭建锻炼意志自制力的平台,通过对大学生严格要求,指导他们进行自我锻炼,使他们学会自我评价、自我监督和自我控制。另一方面大学生也要善于抑制自己的情感冲动,控制自己的实践行为,最大限度地发挥自身优势,创造条件,扬长避短。

(四)强化引导,锻炼大学生道德实践

"道德行为,是人们在道德认知、情感、意志和信念的支配和调节下,在实际活动中履行道德原则和规范的实际行动。"[①]大学生道德社会化的关键在于使学生由道德他律走向自律,最终落脚点势必要在大学生良好的道德实践能力的培养上。

1.实境参与,提升大学生道德实践能力

一个人的道德品质,只有在付诸行动、付诸道德实践时,才能真正形成,才能不断巩固、成熟、提升,成为人生整体行为的一贯倾向和稳定特征。大学生道德社会化的水平,主要是看在道德实践中,面对真实的道德境遇和道德冲突所做出的自主道德选择和自觉道德行为。检验大学生道德社会化水平的唯一标准是道德实践,促进大学生道德社会化最有效的途径也是道德实践。大学生道德社会化的实现只有从道德实践出发,在道德实践中进行,以道德实践为基础,才能取得良好的效果。

大学生道德社会化的实践性要求大学生要积极地参与到道德实践中来,参与到道德行动中来,"勿以善小而不为,勿以恶小而为之",直到个体自觉养成良好的道德行为习惯,达到自觉遵守道德规范,自发产生道德情感的境界。实践证明,大学生正是通过人与人的交往,通过对道德规范的不断认识,才深切领略到真正符合人性的东西,体验到更深刻的自我肯定、自我完善的需要,体验到尽责的神圣与精神的愉悦。校园、家庭、社会都是大学生道德实践的主要场所。

2.强化三项结合,提升大学生道德实践能力

具体表现为:首先,做到课堂内与课堂外的结合。其次,做到校内与校

---

① 葛贤平.论大学生道德社会化的主体能力及建设[J].思想教育研究,2005(4):26—29.

外结合。让学生走出校门,融入社会,使道德社会化活动植根于社会的土壤之中。再次,做到外在监督与内在自省相结合。要培育道德行为习惯,需要外在监督,如果认为做道德的事未必有好的回报,就会出现"英雄流血又流泪"的现象。道德实践,并不只是做利他的事情,同时也做利己之事。内在自省体现在良心的驱动。大学生的良好德行,除了外在监督外,还依靠内心的自觉自愿、自我决定、自我选择。大学生道德实践活动,必须发挥大学生作为道德主体的能动性,践行"修己、克己"、"见贤思齐"、"日三省吾身"等优秀理念,激发大学生提高道德实践的热情,不断提高自身的素养,成为品质高尚之人。大学生只有通过道德实践,才能使道德内化成自觉的行动,由外在的监督变成内在自发的道德行为习惯,在实践中养成良好的道德德行,从而发展自我、完善自我、超越自我,不断修身养性,成为一个品德高尚、全面发展的大写的人。

3.建立道德实践评估体系,提升大学生道德实践能力

作为道德实践活动的参与者与主导者,如何使大学生满足其学习要求并使其积极参与实践活动,是决定道德实践活动成败的关键。脱离了学生这个道德实践主体,再好的道德实践方法也会成为空谈。建立大学生道德实践评估体系,将评估结果记录在案并载入档案,是调动大学生道德实践积极性的良好举措。在大学生的道德实践过程中,通过建立评估标准,记录学生行为表现,并广泛传播各类典型事例,使大学生从内心深处认识到道德实践的重要性,进而在学习生活中严格要求自己,积极参加道德实践活动,完善自身道德不足,形成人人守德、人人"践行"的良好氛围是大学生道德社会化过程中的应然诉求。

要客观认识高校道德实践的现状,不断总结成功的道德实践经验,扬长避短,吸收世界各国的优秀道德实践经验,批判性地继承与发展,多方协同,多渠道创造大学生的道德实践机会,创新思路,充分发挥大学生的积极性,最大限度地发挥道德实践活动的实效性。同时要深刻认识到道德实践的重要性,达到道德教育和道德实践的均衡发展,引导大学生真正实现知行合一。

自觉道德实践的养成,要从自我做起,人人严格对照道德规范要求,自

查、自省、自勉、自警、自励,多检查自己存在的不足和问题,"取法乎上",少对比落后的人。要从小事做起,从日常生活常识、常用文明礼仪做起。大事不糊涂,坚持原则;小事不马虎,讲求风格。要从细节做起。道德往往体现在细节之中。社会公德要从不乱吃、不乱说、不乱吐抓起;职业道德要从不迟到、不早退、不懒惰抓起;家庭美德要从尊老爱幼、勤俭持家抓起;个人品德要从守时守言、遵守承诺抓起。

结　　语

　　大学生作为国家建设、社会发展、民族进步的中流砥柱,其道德和道德社会化的状况直接关系到整个中华民族的未来。本研究针对这一现实困境,提出了研究的目标、对象、内容和方法。本研究主要采取文献研究法、综合分析法、调查实证法等社会科学研究方法开展研究,通过对国内外相关理论和实践研究的梳理及对新中国成立以来我国高校德育政策文本的梳理,界定了道德社会化的内涵,探讨了大学生道德社会化的理论基础、目标愿景。同时,根据理论研究目标和大学生道德社会化的现实特点,分别从整体自评、道德内容、道德形成的逻辑与时代发展状况等多个维度出发,编印了《当代大学生道德社会化研究调查问卷》,对浙江省七所高校千余名大学生的道德社会化现状进行实证调研和个案访谈,在掌握第一手数据资料的基础上,着重从家庭教育、高校德育、同辈群体和网络媒介等方面对大学生道德社会化的相关影响因素进行理性分析和深入探讨,并提出促进和优化大学生道德社会化的有效路径。

一、研究小结

　　(一)构建了以马克思主义人学为理论基础的大学生道德社会化问题研究模式

　　道德是具有社会性存在的人的必然本质,是人必须具有的本质特征,具有重要的社会历史调节机制的作用。但是道德不是与生俱来的,而是社会存在发展的结果,道德是人不同于自然存在物的本质特征之一。道德存在于人的社会之中,不是抽象的超时空的教条,而是活生生的有血有肉的每个人的现实表现。离开人类社会积淀的历史条件和人类自身的发展,谈道德和道德社会化就显得空洞和虚无。因此,当代大学生道德社会化,必须紧紧联系马克思道德社会化理论的人学转向背景,从"见物不见人"的历史抽象"道德空场"中走出来,构建现实和理想的道德图景,以实现"人的自由而全面的发展"为核心的道德社会化任务。

(二)建立了由低到高的大学生道德社会化的目标体系

本研究提出,大学生道德社会化应当建立"大学生"特定身份认同与实践的基础目标,"社会公民"认同与实践的主要目标,"社会主义核心价值观"认同与实践的主导目标,"共产主义理想"认同与实践的理想目标。

(三)大学生道德社会化有来自宏观层面的影响,也有来自微观层面的影响

宏观层面的影响主要包括全球化、社会转型和高等教育改革;微观层面的影响主要来自家庭教育、学校教育、同辈群体和网络媒介等方面。学生调研数据显示,微观层面的主要影响因素排序依次是:家庭教育、学校教育、同辈群体、网络媒介。

(四)调查结果显示,当前大学生整体道德状况总体较好,大学生道德社会化总体水平较高

具体情况如下:

第一,从自评角度,大学生对个人、大学生群体和教师的道德水平充满自信,对社会整体道德偏向乐观。大学生对自我、大学生群体、教师和社会的道德状况的主观评价结果是:大学生对自身的道德水平评价最高,平均得分是 8.15 分,在道德他评上,对高校教师的道德评价平均得分是 7.40 分,对大学生群体道德水平也给予了 7.04 分的高分,对社会道德水平评价平均得分为 6.32 分。均高于调查设置的平均值 5.5 分。

第二,从内容维度看,大学生在社会公德、职业道德、家庭道德和个人品德方面与社会主流道德观念趋向一致。其中,大学生社会公德状况呈正面特征,与社会主流道德价值期望基本契合;大学生对现行基本的职业道德价值认同度较高,但存在对己对人尺度不一的现象;大学生对传统家庭美德认

可度高,但在婚恋观上有功利倾向;大学生个人品德状况较好,但存在一定的利己倾向。在内容维度"四德"中:社会公德得分最高,平均分为 3.87;其次是个人品德,平均分为 3.47;再次是家庭美德,平均分为 3.45;最后是职业道德,平均分为 3.40。各项内容得分均高于问卷设置的均值。

第三,从逻辑维度看,大学生道德现状存在"知高、情中、行低"的局面。其中:道德认知,平均分为 3.65;再次是道德情感,平均分为 3.46;最后是道德行为,平均分为 2.83。

第四,从时代维度看,大学生对传统道德文化的认同高于对转型期道德文化的认同。大学生的传统血脉还是根深蒂固,对传统的道德价值认可度高。从调研数据看,总体上传统道德平均分 4.30,转型期道德平均分 3.28。可见传统道德对大学生的道德社会化影响也较大。

第五,调查中还发现,在大学生道德社会化过程中,在道德内容、逻辑结构和时代维度上,受到人口学变量影响差异较显著。不同性别大学生"道德内容"上存在显著差异,男生的"道德内容"得分均显著高于女生,而且在家庭美德、职业道德、个人品德上的差异极其显著;不同学科门类的大学生在家庭美德、职业道德上存在显著差异($P<0.05$),在家庭美德方面,工科高于文科($t=0.698,P<0.05$),职业道德上,理科高于文科($t=0.489,P<0.05$);不同年级大学生在家庭美德、职业道德和个人品德上存在极其显著的差异($P<0.001$);独生子女与非独生子女在家庭美德和职业道德上存在显著的差异($P<0.001;P<0.05$),独生子女得分均显著高于非独生子女等等。同时也发现当代大学生在道德社会化进程中显现出四个特征:功利性、矛盾性、差异性和多元性。

第六,针对调查结果显现的问题,文章从高校教育的角度提出建议措施。针对性别差异,要分别实施道德教育;针对年级差异,建议全程实施道德教育;针对独生子女和非独生子女、生源地不同等差异,建议分类实施道德教育;针对传统道德价值认知高于转型期的道德价值认知现状,提出重现代道德观念教育和进行从传统道德向现代道德观念转换教育等。

(五)提出促进和优化大学生道德社会化的有效路径

具体包括:一是以人为本,优化大学生道德社会化的宏观环境;二是以社会主义核心价值观引领大学生道德社会化;三是建立大学生道德社会化的社会支持体系和教育引导体系,包括对社会、家庭、高校、网络等方面的有效治理和有机协同;四是充分发挥大学生道德社会化的主体能动性,不断提高大学生自身道德修养。

二、研究展望

(一)对大学生道德社会化问题的研究虽然尝试质和量的研究方法相结合,但仍存在不少可以提升的空间

在理论研究方面,以马克思主义人学理论贯穿首尾的研究模式需要相当的学术底蕴和功力。由于笔者理论功底较浅,在实际研究过程中显得心有余而力不足。

在调查研究方面,对研究工具的理解还不够深刻,使用也不够娴熟。一是在第一部分的人口学背景中,担心牵涉个人隐私,没有涉及预计对学生道德社会化有较大影响的"父母亲的学历和职业"的问题;二是在具体问卷内容和道德的不同维度划分上,也可能因为能力的局限存在不够科学合理之处;三是测试对象主要来自浙江省本科院校,未涉及浙江省内高职院校和其他地区的学校,样本的代表性受限,有待以后进一步扩大测试样本的选取范围,增强研究结论的推广性;四是采用问卷调查和收集数据虽然能够在较短的时间内获得较多信息,但缺点在于易受到被试样本主客观及不可控因素的影响,部分被试样本可能存在社会赞许效应,从而导致结论的偏差。这些思想和技术上的遗憾,都将成为后续研究中需要汲取的经验和教训。

(二)"90后"大学生道德社会化是高校德育工作者共同关心的话题,关于"90后"大学生道德社会化的问题研究,还仅仅是开始,我们始终在路上

由于社会发展迅速,对大学生道德社会化的影响形态不断显现,如何更全方位、立体化地认识大学生道德社会化的影响因素,包括从理论和实证角度来把握,还可进一步研究。另外,对大学生道德社会化的理论基础和历史沿革的梳理还可以进一步拓展。

本研究虽然在理论研究、问题调研和逻辑推演等方面做了些基础工作,但是每一部分都是一个宏大的工程。在优化大学生道德社会化的有效路径研究中,虽然有一定的理论和现实依据,但基本停留在理论分析和一般推理,相对泛化,缺乏实证支撑;提出的些许对策,更多只是设想和建议,有些

内容在当前环境下尚缺乏操作性和有效性,这些都有待于实践的进一步检验。

这些问题的存在和研究的不足,是笔者在后续研究中可继续着力之处。总之,大学生道德社会化问题的研究是人类发展的永恒话题,对此问题的关注和研究将一直在前进的路上。

参考文献

英文文献

[1] Durkeim E. Moral Education：A Study in the Theory and Application of the Sociology of Education. ed. by E. K. Wilson and H. Schnurer, New York：Free Press，1951：61-86.

[2] Holstein C. Development of Moral Judgment：A Longitudinal Study of Males and Females[J]. Child Development，1976，47：51-61.

[3] Hursthouse R. Normative Virtue Ethics, in Crisp, R.（ed.），How Should OneLive. Oxford：Clarendon Press，1996.

[4] Hobhouse L T. Morals in Evolution，3rd. ed.[M]. 1908.

[5] Nussbaum. The Fragility of Goodness. Cambridge：Cambridge University Press，1986.

[6] Peters R S. Moral Development and Education. London：Geode Alland Unwin Ltd，1981.

[7] Richard H H，Glen D F，John P. Models of Moral Education：An Appraisal，1980.

[8] Walker L J. A Longitudinal Study of Moral Reasoning[J]. Child Development，1989(60)：157-166.

著作

[1] 安德智,等.伦理道德理论探索[M].北京:中国经济出版社,2007.

[2] 安继民,刘国建.绿色世界的构思——青年学描述[M].武汉:湖北人民出版社,1989.

[3] 陈殿林.青年亚文化对大学生思想政治教育的影响机制研究[M].北京:光明日报出版社,2010.

[4] 陈正良.冲突与整合——德育环境的系统构建[M].北京:中国社会科学出版社,2005.

[5] 崔平.道德经验批判[M].上海:上海文化出版社,2006.

[6] 崔宜明.道德哲学引论[M].上海:上海人民出版社,2006.

[7] [德]赫尔穆特·施密特.全球化与道德重建[M].北京:社会科学文献出版社,2001.

[8] [德]黑格尔.逻辑学(下卷)[M].北京:商务印书馆,1976:438.

[9] [德]卡尔·施密特.论断与概念[M].朱雁冰译.上海:上海人民出版社,2006.

[10] [德]康德.实践理性批判[M].北京:商务印书馆,1960.

[11] 邓小平文选(第三卷)[M].北京:人民出版社,1993.

[12] 邓泽球,等.当代大学生与社会和谐发展[M].厦门:厦门大学出版社,2007.

[13] [俄]普列汉诺夫.唯物主义史论丛[M].北京:生活·读书·新知三联书店,1961.

[14] [法]爱弥尔·涂尔干.道德教育[M].上海:上海人民出版社,2006.

[15] [法]卢梭.社会契约论[M].北京:商务印书馆,1980.

[16] [法]让-保罗·萨特.存在主义是一种人道主义[M].周煦良,汤永宽译.上海:上海译文出版社,2006.

[17] 费梅苹.次生社会化:偏差青少年边缘化的社会互动过程研究[M].上海:上海世纪出版集团,2010.

[18] 费孝通.费孝通论文化与文化自觉[M].北京:群言出版社,2005.

[19] 风笑天.社会学导论[M].武汉:华中科技大学出版社,2008.

[20] 冯培.中国高校学生事务管理模式创新[M].北京:中国人民大学出版

社,2009.

[21] [古希腊]亚里士多德.政治学[M].北京:商务印书馆,1965.

[22] 郭本禹.道德认知与道德发展——科尔伯格的理论与实践[M].福州:
福建教育出版社,1999.

[23] 胡林英.道德内化论[M].北京:社会科学文献出版社,2007.

[24] 湖北大学中国思想文化史研究所.中国文化的现代转型[M].武汉:湖
北教育出版社,1996.

[25] 黄向阳.道德教育原理[M].上海:华东师范大学出版社,2000.

[26] 黄育馥.人与社会——社会化问题在美国[M].沈阳:辽宁人民出版
社,1986.

[27] 黄宗良,林勋健.经济全球化与中国特色社会主义[M].北京:北京大学
出版社,2005.

[28] [加]罗伯特·韦尔,凯·尼尔森.分析马克思主义新论[M].北京:中国
人民大学出版社,2002.

[29] 贾馥茗.教育的本质——什么是真正的教育[M].北京:世界图书出版
公司,2006.

[30] 建国以来重要文献选编(第17册)[M].北京:中央文献出版社,1997.

[31] 蒋笃运,等.高校德育新论[M].郑州:河南医科大学出版社,1997.

[32] 蒋海升.青少年网络道德建构研究[M].济南:山东大学出版社,2011.

[33] 焦国成,等.公民道德论[M].北京:人民出版社,2004.

[34] 教育部思想政治工作司组.大学生思想政治教育研究方法[M].北京:
高等教育出版社,2010.

[35] 教育大辞典(第5卷)[M].上海:上海教育出版社,1990.

[36] 金盛华.社会心理学[M].北京:高等教育出版社,2005.

[37] 李大兴.超越——从思辨大学到实证大学[M].北京:人民出版
社,2006.

[38] 李辉,等.大学生环境适应优化理论与方法[M].北京:人民出版
社,2010.

[39] 李建周.心理学[M].北京:高等教育出版社,1991.

[40] 李萍.现代道德教育论[M].广州:广东人民出版社,1999.

[41] 李萍,钟明华.文化视野中的青年道德社会化[M].广州:中山大学出版社,2003.

[42] 李琼.世界经济学新编[M].北京:经济科学出版社,2000.

[43] 李泽厚.中国现代思想史论[M].天津:天津社会科学院出版社,2003.

[44] 梁启超.饮冰室合集(文集之三):爱国论[M].北京:中华书局,1899.

[45] 列宁全集(第60卷)[M].北京:人民出版社,1990.

[46] 列宁全集(第12卷)[M].北京:人民出版社,1959.

[47] 列宁选集(第2卷)[M](第2版).北京.人民出版社,1995.

[48] 林滨.全球化视野中的伦理批判与道德教育的重构[M].北京:人民出版社,2007.

[49] 林红.道德完善视阈下的个体发展研究[M].广州:广东人民出版社,2010.

[50] 林岳新.多元文化背景下青少年价值观培养研究[M].北京:中国社会科学出版社,2011.

[51] 刘川生.大学生日常思想政治教育实效性研究[M].北京:北京师范大学出版社,2009.

[52] 刘敬鲁.海德克尔人学思想研究[M].北京:中国人民大学出版社,2001.

[53] 刘卓红,钟明华,等.开放德育论:大学生思想政治教育传承借鉴与批判创新研究[M].北京:人民出版社,2008.

[54] 鲁洁.道德教育的当代论域[M].北京:人民出版社,2005.

[55] 鲁洁.德育社会学[M].福州:福建教育出版社,1998.

[56] 鲁洁,王逢贤.德育新论[M].南京:江苏教育出版社,1994.

[57] 罗国杰.伦理学百科全书·伦理学原理卷[M].长春:吉林人民出版社,1993:395.

[58] 罗国杰.伦理学[M].北京:人民出版社,1989.

[59] 罗洪铁.大学生成才理论与实践[M].北京:人民出版社,2010.

[60] 马抗美.大学德育新视野——理论思考与实践研究[M].北京:中国政法大学出版社,2005.

[61] 马克思恩格斯全集(第4卷)[M].北京:人民出版社,1958.

[62] 马克思恩格斯全集(第 3 卷)[M].北京:人民出版社,1956,1960,1972,
 1995,2002.

[63] 马克思恩格斯全集(第 20 卷)[M].北京:人民出版社,1971.

[64] 马克思恩格斯全集(第 25 卷)[M].北京:人民出版社,1974.

[65] 马克思恩格斯全集(第 31 卷)[M].北京:人民出版社,1998.

[66] 马克思恩格斯全集(第 42 卷)[M].北京:人民出版社,1979.

[67] 马克思恩格斯全集(第 39 卷)[M].北京:人民出版社,1974.

[68] 马克思恩格斯全集(第 44 卷)[M].北京:人民出版社,1982.

[69] 马克思恩格斯全集(第 28 卷)[M].北京:人民出版社,1973.

[70] 马克思恩格斯全集(第 23 卷)[M].北京:人民出版社,1972.

[71] 马克思恩格斯全集(第 1 卷)[M].北京:人民出版社,1956,1972,
 1995,2009.

[72] 马克思恩格斯全集(第 26 卷第三册)[M].北京:人民出版社,1974.

[73] 马克思恩格斯全集(第 46 卷)(上)[M].北京:人民出版社,1979.

[74] 马克思恩格斯全集(第 46 卷)(下)[M].北京:人民出版社,1980.

[75] 马克思恩格斯选集(第 2 卷)[M].北京:人民出版社,1995.

[76] 马克思恩格斯选集(第 1 卷)[M].北京:人民出版社,1995.

[77] 马克思恩格斯选集(第 3 卷)[M].北京:人民出版社,1995.

[78] 马克思.1844 年经济学—哲学手稿[M].北京:人民出版社,1985.

[79] 毛泽东选集(第四卷)[M].北京:人民出版社,1966.

[80] [美]A.班杜拉.思想和行动的社会基础——社会认知理论[M].林颖,
 王小明等译.上海:华东师范大学出版社,2001:552.

[81] [美]弗吉利亚斯·弗姆.道德百科全书[M].长沙:湖南人民出版
 社,1988.

[82] [美]科尔伯格.道德教育的哲学[M].魏贤超,柯森等译.北京:商务印
 书馆,2000.

[83] [美]莱斯特·瑟罗.资本主义的未来[M].北京:中国社会科学出版社,
 1998:80.

[84] [美]米歇尔·鲍曼.道德的市场[M].肖君,黄承业译.北京:中国社会
 科学出版社,2000.

[85] [美]乔治·洛奇.全球化的管理：相互依存时代的全球化趋势[M].胡延红译.上海：上海译文出版社,1998.

[86] [美]希拉·斯劳特,拉里·莱斯利.学术资本主义[M].北京：北京大学出版社,2008.

[87] [美]约翰·华生.行为主义导读//行为主义[M].李维译.北京：北京大学出版社,2012:6.

[88] 孟子[M].长春：吉林文史出版社,2004.

[89] 苗力田,李毓章.西方哲学史新编[M].北京：人民出版社,1990.

[90] 欧阳康.社会认识论[M].昆明：云南人民出版社,2002.

[91] 潘玉腾.现代思想道德教育论[M].福州：海风出版社,2003.

[92] 庞世伟.论"完整的人"——马克思人学生成论研究[M].北京：中央编译出版社,2009.

[93] 平章起,杨桂华,李磊,等.青年社会学[M].北京：解放军出版社,1988.

[94] 戚万学.冲突与整合——20世纪西方道德教育理论[M].济南：山东教育出版社,1995.

[95] 戚万学,唐汉卫.现代道德教育专题研究[M].北京：教育科学出版社,2005.

[96] 秦宣.构建社会主义和谐社会专辑[M].北京：中国人民大学出版社,2005.

[97] 邱柏生,刘军,陈艳红.高等思想政治教育的生态分析[M].北京：人民出版社,2009.

[98] 邱吉.道德内化论[M].北京：民族出版社,2004.

[99] 邱伟光,张耀灿.思想政治教育学原理[M].北京：高等教育出版社,1999.

[100] 沈壮海.思想政治教育有效性研究[M].武汉：武汉大学出版社,2001.

[101] 盛云,段志锦.1999—2009大学生特点十年变迁与学生工作问题研究[M].辽宁：东北财经大学出版社,2009.

[102] 十一届三中全会以来重要文献选读（下）[M].北京：人民出版社,1987.

[103] 时蓉华.现代社会心理学[M].上海：华东师范大学出版社,1989.

[104] [苏联]吉塔连科.马克思主义伦理学[M].北京:中国人民大学出版社,1984.

[105] 苏振芳.道德教育论[M].北京:社会科学文献出版社,2006.

[106] 苏振芳.网络文化研究——互联网与青年社会化[M].北京:社会科学文献出版社,2007.

[107] 檀传宝.学校道德教育原理[M].北京:教育科学出版社,2000.

[108] 唐凯麟,龙兴海.个体道德论[M].北京:中国青年出版社,1993.

[109] 唐凯麟.伦理学[M].北京:高等教育出版社,2001.

[110] 陶淑慧.大学生社会认识与个性成长[M].沈阳:辽宁大学出版社,2010.

[111] 万斌.万斌文集(第三卷):历史哲学[M].杭州:杭州出版社,2004.

[112] 万斌.万斌文集(第四卷):政治哲学[M].杭州:杭州出版社,2004.

[113] 王国新,戚立夫.青少年犯罪心理学[M].长春:吉林教育出版社,1990.

[114] 王金华.大学生道德养成教育研究[M].武汉:华中师范大学出版社,2008.

[115] 王双桥.人学概论[M].长沙:湖南大学出版社,2004.

[116] 魏雷东.和谐社会视阈下的公民道德建设研究[M].北京:中国社会科学出版社,2011.

[117] 吴殿朝.中国当代大学生违法犯罪原因研究——基于"社会腱"视角的分析[M].北京:中国社会科学出版社,2010.

[118] 夏征农.辞海缩印本[M].上海:上海辞书出版社,1989.

[119] 辛立洲.大学生社会学[M].南宁:广西科学技术出版社,1988.

[120] 荀子[M].北京:中华书局,2007.

[121] 杨雄.关注改革开放后出生的一代——华东地区大学生调研报告[M].上海:上海社会科学院出版社,2008.

[122] 叶奕乾,等.个性心理学[M].上海:华东师范大学出版社,1993.

[123] [英]伯纳德·威廉斯.道德运气[M].徐向东译.上海:上海译文出版社,2007.

[124] [英]罗素.罗素道德哲学[M].李国山译.北京:九州出版社,2004.

[125] [英]洛克.教育漫话[M].北京:人民教育出版社,1985.

[126] [英]尼尔·巴雷特.数字化犯罪[M].沈阳:辽宁教育出版社,1998.

[127] [英]休谟.人性论.下册[M].关文运译.北京:商务印书馆,1962.

[128] [英]休谟.自然宗教对话录[M].陈修斋,曹棉之译.北京:商务印书馆,1989.

[129] 俞世伟,白燕.规范·德性·德行:动态伦理道德体系的实践性研究[M].北京:商务印书馆,2009.

[130] 俞文钊,管理心理学(第3版)[M].人连:东北财经大学出版社,2008.

[131] 袁贵仁.马克思的人学思想[M].北京:北京师范大学出版社,1996.

[132] 曾超新,李建华,等.道德心理学[M].长沙:中南大学出版社,2002.

[133] 张鸿雁.网络环境与高校德育发展[M].北京:首都师范大学出版社,2009.

[134] 张鸿雁.网络环境与高校德育发展[M].北京:首都师范大学出版社,2009.

[135] 张昆.大众媒介的政治社会化功能[M].武汉:武汉大学出版社,2003.

[136] 张琼,马尽举.道德接受论[M].北京:中国社会科学出版社,1995.

[137] 张秋山.大学生社会角色时代变迁[M].北京:人民出版社,2007.

[138] 张世英.哲学导论[M].北京:北京大学出版社,2002.

[139] 张文喜.马克思论"大写的人"[M].北京:社会科学文献出版社,2004.

[140] 郑兴东.受众心理与传媒引导[M].北京:新华出版社,1999.

[141] 郑永廷,李小鲁.素质德育论:大学生的现代适应与综合素质培养研究[M].北京:人民出版社,2008.

[142] 中共中央党校马克思主义理论教研部,中国马克思主义研究基金会.马克思主义关于人的学说[M].北京:人民出版社,2011.

[143] 中共中央党校哲学教研部.当代哲学前沿问题探索[M].北京:中共中央党校出版社,1996.

[144] 中国大百科全书(社会学卷)[M].北京:中国大百科全书出版社,1992.

[145] 钟启泉,黄志成.西方德育原理[M].西安:陕西人民教育出版社,1998.

[146] 周晓虹.现代社会心理学[M].南京:江苏人民出版社,1991.

[147] 朱小蔓.教育的问题与挑战:思想的回应[M].南京:南京师范大学出版社,2000.

[148] 朱永新,陶新华,倪祥保.大学生与现代社会[M].北京:高等教育出版社,2004.

期刊

[1] 安建文,黎颜科.新时期大学生道德状况与教育对策[J].甘肃教育学院学报(社会科学版),2004(1):83—86.

[2] 白志贤,周峰,谭园园.青少年学生道德社会化的环境影响因素与优化[J].教学与管理,2009(33):42—43.

[3] 柏正杰等.对新时期大学生道德榜样教育的思考[J].社科纵横,2008(12):161—163.

[4] 班华.德育理念与德育改革——新世纪德育人性化走向[J].南京师范大学学报(社会科学版),2002(4):73—80.

[5] 毕明生.试论贴近大学生生活实际的高校德育[J].思想理论教育导刊,2009(8):81—83.

[6] 步德胜,侯会.网络对青年道德社会化的挑战与对策浅析[J].洛阳大学学报,2006(3):116—118.

[7] 蔡应妹.论道德能力的涵义及其特征[J].浙江师范大学学报(社会科学版),2006(6):77—80.

[8] 曹连海.中国传统家庭伦理道德教育的社会价值[J].中共济南市委党校学报,2003(4):103—106.

[9] 曹清燕.论思想政治教育的人学意蕴[J].求实,2011(4):85—87.

[10] 陈蓓.当前大学生思想道德建设现状及解决措施[J].理论与改革,2007(4):117—118.

[11] 陈炳.论高校德育目标[J].当代青年研究,2006(6):52—54.

[12] 陈大河.青少年道德社会化的环境塑造[J].理论学习,2003(7):18,47.

[13] 陈桂生.聚焦"德育目标"[J].教育发展研究,2008(15):1—6.

[14] 陈华兴,唐晓燕.道德自觉何以养成——"最美现象"从"盆景"到"风

景"、"风尚"的形成机制探索[J].浙江学刊,2013(6):150—155.

[15] 陈化水.论思想政治教育社会化——人学视野下之可能、必要与实现[J].山西财经大学学报(高等教育版),2009(2):11—15.

[16] 陈麦池.大学教育与大学生社会化[J].安徽工业大学学报,2004(5):137—139.

[17] 陈梅香.论独生子女大学生道德社会化的实现途径[J].学校党建与思想教育,2009(35):34—35.

[18] 陈宁.当代大学生道德情感现状调查及教育研究——以上海市部分高校为例[J].思想教育研究,2011(6):89—92.

[19] 陈平,林钟烈.关于人的社会化及大学生社会化研究的四点理论偏失与纠正[J].广州大学学报(社会科学版),2011(4):28—31,55.

[20] 陈强.学生道德品质形成机制探析[J].现代教育科学,2003(5):12—14,22.

[21] 陈清华.大学生思想政治教育社会化的必然性[J].学校党建与思想教育,2007(11):40—41.

[22] 陈瑞瑞,牛秀平.社团活动与大学生社会化的关系研究[J].教育理论与实践,2006(8):23—25.

[23] 陈文昆.大学生过度社会化及对高校思想政治教育的影响[J].社会科学论坛(学界观察),2010(1):176—179.

[24] 陈晓强.当代大学生道德行为的特征及成因剖析[J].苏州大学学报(哲学社会科学版),1993(3):54—55,38.

[25] 陈燕.马克思实践人学的理论探析[J].世纪桥,2009(11):44,67.

[26] 陈泽环.全球化与伦理学的与时俱进——读施密特《全球化与道德重建》[J].宁波党校学报,2002(3).

[27] 陈正良.同辈群体对青少年的影响[J].宁波大学学报(教育科学版),2004(5):61—63.

[28] 陈正祥.当代大学生的责任道德教育[J].中国青年政治学院学报,2005(4):36—40.

[29] 成云雷.当代中国道德建设中的榜样作用[J].毛泽东邓小平理论研究,2005(5):69—73,34.

[30] 迟希新."人化"教育——道德教育价值取向的必然选择[J].湖南师范大学教育科学学报,2004(5):43—45.

[31] 楚丽霞.网络社会中青少年德性的创造[J].当代青年研究,2000(3):25—28.

[32] 褚凤英,张宜美.现实的人:思想政治教育研究的出发点——兼论思想政治教育研究的人学范式[J].探索,2006(3):99—101.

[33] 崔永学.论转型时期道德环境的特点及其优化[J].社会科学战线,2008(8):256—258.

[34] 戴春平,罗士俐,刘宇,等.当代大学生道德社会化影响因素分析——高职院校学生道德教育中"身边人"影响存在的问题及对策分析[J].学理论,2010(25):214—218.

[35] 戴木才,彭柏林.简论家庭的伦理道德功能[J].长沙电力学院学报(社会科学版),2000(1):11—15.

[36] 丁长银.网络与大学生道德观[J].临沂师范学院学报,2007(3):137—138.

[37] 丁玉霞.网络对大学生道德的负面影响及高校教育的对策[J].兰州学刊,2003(4):180—181.

[38] 董虹凌,戴黍.大学生网络道德行为状况问卷调查与分析[J].第一军医大学分校学报,2003(2):19—131.

[39] 董俊.论大学生道德社会化的实现路径[J].经济与社会发展,2007(8):193—194,215.

[40] 董俊.我国独生子女大学生道德社会化的现状及特点[J].经济与社会发展,2010(7):144—147.

[41] 窦炎国.论道德认知[J].西北师范大学学报(社会科学版),2004(6):15—20.

[42] 杜坤林.大学生诚信道德缺失现象的多维探析[J].当代青年研究,2009(9):29—31.

[43] 杜坤林.当代大学生道德价值观构建的路径及其实现[J].中国高等教育,2011(12):52—53.

[44] 杜坤林.公民道德价值观生成机制与培育路径研究[J].学校党建与思

想教育,2013(2):32—34.

[45] 杜振吉.儒家孝的思想与当代家庭道德建设[J].道德与文明,2005(1):62—65.

[46] 方益权.论高校德育目标的科学定位[J].兰州学刊,2003(2):118—119.

[47] 费长江,成华,豆小红.大学生道德能力培养模式及其路径选择[J].学校党建与思想教育(学工视窗),2012(3):52—53.

[48] 冯增俊.科尔伯格道德认知发展建构观的探讨[J].外国教育研究,1994(2):1—5,29.

[49] 高凯.大学生榜样教育社会化的制度分析[J].煤炭高等教育,2011(3):79—81.

[50] 高中建,孟子焱.社会认同视角下同辈群体对德育的促进分析[J].中国成人教育,2011(20):48—50.

[51] 高中建,孙嵩.青少年同辈群体道德养成分析[J].教育探索,2009(2):90—91.

[52] 葛晨虹.公民道德建设需要核心价值观[J].思想政治工作研究,2012(12):16.

[53] 葛晨虹,袁和静.当前中国社会道德问题与道德重建(中国人民大学伦理学与道德建设研究中心)[J].道德与文明,2012(1):157—158.

[54] 葛桦.试论主体性道德选择教育[J].青岛科技大学学报(社科版),2008(2):116—119.

[55] 葛贤平.论大学生道德社会化的主体能力及建设[J].思想教育研究,2005(4):26—29.

[56] 龚长宇.道德社会化探析[J].伦理学研究,2009(6):50—54.

[57] 龚长宇.道德社会学的三个维度[J].江汉论坛,2011(8):46—49.

[58] 龚长宇.国外道德社会学研究述要[J].世界哲学,2011(3):120—129.

[59] 龚长宇,胡书芝,罗忠勇.道德行为事实:道德社会学的研究对象[J].湖南师范大学社会科学学报,2009(4):59—62.

[60] 龚长宇.我国道德社会学的发展及理论建构[J].道德与文明,2008(5):86.

[61] 龚长宇,张寿强.走向实证的道德研究:30年的回顾与思考[J].伦理学研究,2008(5):31—36.

[62] 龚长宇,郑杭生.道德社会学的缘起管窥[J].学术界,2008(4):50.

[63] 龚春明,王军强.城乡差别视角中农村籍大学生思想道德素质调研报告——以江西H高校为个案的透视[J].国家教育行政学院学报,2011(12):77—80.

[64] 郭建新.论核心价值体系道德认同的依据和路径[J].马克思主义研究,2009(11):65—70.

[65] 郭立,肖代怡.论当代大学生道德社会化的任务和途径[J].和田师范专科学校学报,2006(5):55.

[66] 郭俗丹.浅谈新媒体环境下大学生思想政治教育的创新[J].教育探索,2011(7):121—122.

[67] 韩庆路,陈蓝田.转型期的家庭道德建设和家庭德育[J].天津市教科院学报,2001(3):33—36.

[68] 韩庆祥,庞井君.马克思的人学理论——对马克思的思想体系的一种新解释[J].中共中央党校学报,1997(1):35—44.

[69] 韩庆祥,庞井君.马克思的人学理论:对马克思思想体系的一种新解释[J].中共中央党校学报,1997(1):35—44.

[70] 韩震.必须区分核心价值观与道德生活价值观——如何凝练社会主义核心价值观之管见[J].中国特色社会主义研究,2012(3):46.

[71] 韩中谊.道德实践的神圣化——王阳明"致良知"的比较哲学解读[J].孔子研究,2011(3):55—64.

[72] 何建华.论社会转型期的道德认同[J].中共浙江省委党校学报,1996(6):7—10.

[73] 何婧云,闵容.非正式群体对大学生社会化的影响[J].湖北经济学院学报(人文社会科学版),2008(5):177—178.

[74] 侯卫国,李献忠.大学生思想道德状况的调查分析与思考[J].福建高教研究,2005(4):51—53.

[75] 胡传明,陈施施.后物欲时代大学生道德困境解析与路径选择[J].南昌大学学报(人文社会科学版),2010(5):142—148,153.

[76] 胡建新.网络与青少年:一个充满变量的社会化过程[J].湖南师范大学社会科学学报,2003(3):55—58.

[77] 胡琦,陈海燕.基于生命之维的大学生社会化德育范式构建[J].学校党建与思想教育,2010(10):30—32.

[78] 胡婷,秦俊,王琳.近20年青年大学生责任意识教育的演变与挑战[J].高等教育研究,2002(3):93—96.

[79] 胡伟军,李松柏.文化差异对农村大学生道德社会化的影响[J].广东农业科学,2009(12):336—337,347.

[80] 胡晓莺.试论德育过程的内外化关系[J].教育评论,1996(5):17—19.

[81] 胡余波,徐兴,赵芸,等.手机媒体的大学生思想政治教育模式探索[J].中国青年研究,2010(8):100—103.

[82] 黄本玉.当代大学生道德失范与道德责任教育[J].潍坊学院学报,2006(1):151—153.

[83] 黄必春.生活化道德教育:大学生道德社会化的根本需求[J].产业与科技论坛,2007(10):113—115.

[84] 黄必春.网络交往对大学生社会化的影响[J].学校党建与思想教育,2006(4):42—44.

[85] 黄翠新.道德实践:大学生德性培养之路径[J].钦州学院学报,2009(2):65—68.

[86] 黄发友.新时期加强大学生道德建设中的社会化问题刍议[J].福建医科大学学报(社会科学版),2005(2):7—11.

[87] 黄国波.论当代大学生社会化中的家庭教育[J].福建论坛(社科教育版),2009(4):148—150.

[88] 黄华.基于社会文化理论的道德认同教育[J].教育理论与教育实践,2013(7):50—52.

[89] 黄惠萍.当代大学生道德意志培养探析[J].佳木斯教育学院学报,2012(11):50—51.

[90] 黄珊萍,何诚.转型时期大学生道德社会化问题及对策[J].技术与市场,2011(5):272.

[91] 黄映芳.论转型期道德教育的哲学定位[J].浙江学刊,2006(1):

204—206.

[92] 贾灵充.大学生道德越轨现象的社会学分析[J].教育探索,2010(24):
169,177.

[93] 江荔仙.社团活动对大学生社会化的重要作用[J].发展研究,2006(6):
86—87.

[94] 姜朝晖.论榜样人格在社会主义核心价值体系建构中的功能和作用
[J].毛泽东邓小平理论研究,2008(2):56—58.

[95] 蒋海升.在新媒体环境下加强对大学生价值方向的引导[J].思想政治
工作研究,2011(3):27—29.

[96] 焦焕章,徐恩方.关于国外学校德育的若干考察[J].比较教育研究,
1995(5):10—14.

[97] 金诚,邓和平.试论大学生道德社会化的制度性与开放性[J].扬州大学
学报(高教研究版),2007(6):66—68.

[98] 金诚,邓和平.学生道德社会化的生成机制及其特性[J].教育探索,
2007(1):102—103.

[99] 金诚.转型时期大学生道德社会化的运行原则和践道性[J].教育探索,
2008(3):104—105.

[100] 金雁.中国传统和谐道德教育思想的现代意义与精神蕴涵[J].浙江学
刊,2008(2):130—133.

[101] 景枫.社会道德建设的实现路径探析[J].河北师范大学学报(哲学社
会科学版),2012(6):153—156.

[102] 孔祥渊.重要他人对个体道德社会化的影响:社会学视角[J].中国德
育,2012(2):48—51.

[103] 寇瑞东,崔素芳.大学生思想道德素质教育的内容与途径[J].河北师
范大学学报(教育科学版),2003(3):83—85.

[104] 匡和平.马克思人学视阈下的思想政治教育社会化[J].理论导刊,
2009(6):64—66.

[105] 旷平昌,周良荣,等.建国六十年我国道德榜样的历史变迁及其现实意
义[J].精神文明导刊,2009(13):8—10.

[106] 蓝红.论大学生道德情感的培养[J].江苏高教,2001(5):49—51.

[107] 乐海霞.社会转型视角:大学生社会化研究的重要维度[J].湛江师范学院学报,2012(1):48—50.

[108] 黎开谊.时代语境下提高大学生思想政治教育时效性的路径选择——兼论大学生社会主义核心价值体系教育[J].中国青年研究,2011(10):103—106.

[109] 李兵.试论道德的人学基础[J].思想战线,2009(3):48—52,75.

[110] 李炳毅.网络道德建设:新时期大学生道德建设的重要内容[J].兰州大学学报(社会科学版),2002(4):165—168.

[111] 李辉.关于当前大学生道德社会化存在的问题及德育对策[J].才智,2010(6):253.

[112] 李季.青少年社会化的"第一影响源"[J].教育创新,2000(4):2—8.

[113] 李建华.友善何以成为一种核心价值观[J].伦理学研究,2013(2):1—3.

[114] 李萌.谁是中国第一所大学[J].民生周刊,2012(21):50.

[115] 李萍.责任教育:高校德育的一个全新课题[J].中国地质大学学报(社会科学版),2005(2):77—80,88.

[116] 李卫东.独生子女与非独生子女大学生道德状况比较研究[J].广西教育学院学报,2000(4):27—32.

[117] 李先军,胡群星.试论学生道德选择能力的培养[J].教育科学研究,2007(10):5—57.

[118] 李湘云.无痛道德:现代社会的新道德图景[J].青海社会科学,2010(3):127—130.

[119] 李晓元.德育在大学生社会化中的价值[J].现代教育科学,2007(4):36—38.

[120] 李岩,曾维伦,何海涛.新媒体环境下的大学生思想政治教育新载体探析[J].重庆邮电大学学报(社会科学版),2010(5):21—26.

[121] 李彦.论道德的工具性[J].中州学刊,1995(3):58.

[122] 李耀臻.和谐社会视野中的大学德育环境建设[J].中国高教研究,2005(11):14—16.

[123] 李颖.从众心理对大学生道德社会化的影响[J].教育评论,2004(3):

26—29.

[124] 梁家峰.人学视野内的大学生思想政治教育[J].思想教育研究,2008
(5):35—38.

[125] 梁凯.加强中华传统美德教育提高大学生思想道德素质[J].西南民族
大学学报(人文社科版),2005(3):364—366.

[126] 廖小平.个人品德建设:道德建设的个体维度[J].道德与文明,2008
(2):22—25.

[127] 林晓.论高校德育之魂:大学生道德内化[J].内蒙古农业大学学报(社
会科学版),2009(1):175—176,185.

[128] 林钟烈.论大学生社会化过程中生命教育的缺失与补救[J].理论界,
2011(1):194—196.

[129] 刘爱章.当代大学生道德状况和价值选择的不良变化动因及对策[J].
山东省青年管理干部学院学报,2006(3):37—39.

[130] 刘丙元.人的多重存在:本真道德教育的人学前提[J].当代教育科学,
2011(23):3—6.

[131] 刘超良.制度:德育的环境支持[J].教育科学,2004(4):13—15.

[132] 刘创.德育目标:内涵、功能与实现[J].求索,2004(3):147—150.

[133] 刘春雪.同辈群体对青少年道德社会化影响的心理机制研究[J].湖北
社会科学,2008(9):187—189.

[134] 刘凤娟.马克思主义人学思想与当代思想政治教育[J].保定学院学
报,2009(2):81—83.

[135] 刘海春.论思想政治教育价值的人本回归[J].思想教育研究,2004
(4):19—21.

[136] 刘建军.接受理论对思想政治教育的启示[J].教学与研究,2000(2):
70—74.

[137] 刘经纬,冯丹,徐飞亮.生态位道德:人类道德的新视野[J].学术交流,
2012(1):27—30.

[138] 刘先义.接受理论:教育研究的新领域[J].教育理论与实践,1998(2):
1—6.

[139] 刘雅政.当代大学生道德素质的现状分析及对策[J].漯河职业技术学

院学报,2007(4):32—34.

[140] 刘亦工.论道德内化的心理机制及其特征[J].伦理学研究,2007(3):
42—45.

[141] 刘永琴.当前大学生思想政治状况及对策[J].广东行政学院学报,
2001(3):65—68.

[142] 刘永艳.荀子"教化"论在大学生道德社会化中的价值[J].河北大学学
报(哲学社会科学版),2000(1):53—56.

[143] 刘增惠,冷文勇.马克思的人学和"以人为本"的科学发展观[J].理论
月刊,2006(12):19—21.

[144] 刘志坚.大学生道德社会化的问题及其干预[J].当代教育论坛,2008
(7):39—41.

[145] 刘志山.当前我国高校德育的困境和出路[J].华中师范大学学报(人
文社会科学版),2005(3):136—140.

[146] 卢昌军.新媒体视野下的大学生思想政治教育策略[J].学校党建与思
想教育,2011(23):42—43.

[147] 卢泓,徐光芳.青少年反向社会化的动力机制探析[J].山东省青年管
理干部学院学报,2008(6):44—46.

[148] 卢少求,王淑芹,张起.首都大学生诚信道德状况调查[J].青年研究,
2008(1):10—17.

[149] 鲁洁.关系中的人:当代道德教育的一种人学探寻[J].教育研究,2002
(1):3—9.

[150] 路琳.论大学生道德文化意识的培养[J].当代青年研究,2008(11):
45—49.

[151] 吕刚.传媒暴力:青少年犯罪的重要诱因[J].中国青年研究,2001(1):
12—14.

[152] 吕祥.论高等教育转型期大学生个体道德建设[J].扬州大学学报(高
教研究版),2006(6):38—40.

[153] 栾颖娜,王明明,姜海洋.新时期我国高校思想政治教育工作改革和发
展的模式研究——以马克思主义人学为视角[J].成人教育,2010(5):
60—61.

[154] 罗沉思.关于加强信息网络道德建设的思考[J].成都教育学院学报,
2005(11):105—108.

[155] 罗许成,龚上华.人如何生存:对人本质的价值追问[J].烟台大学学报
(哲学社会科学版),2005(1):13—17.

[156] 骆郁廷.论大学生思想政治教育的社会化趋势[J].思想政治教育研
究,2008(3):1—4.

[157] 马建国.道德外化论的发展及其研究意义[J].河北师范大学学报(哲
学社会科学版),2012(1):28—31.

[158] 马进.论道德行为形成的四要素、四阶段模式[J].道德与文明,2009
(2):45—47.

[159] 马奇柯.社会公德、职业道德、家庭美德、个人品德关系论析[J].学术
交流,2008(2):47—50.

[160] 马文.马克思的实践人学探析[J].河南广播电视大学学报,2010(1):
10—11.

[161] 马向真.人格面具与道德认同危机[J].江苏社会科学,2007(4):
30—32.

[162] 马一平.大学生过度社会化的弊端及矫正[J].现代教育管理,2011
(9):111—113.

[163] 闵容.大学生社会化问题研究综述[J].湖北经济学院学报(人文社会
科学版),2011(2):146—147.

[164] 明照凤.网络背景下的青年道德社会化[J].山东省青年管理干部学院
学报,2004(6):36—38.

[165] 缪建东.社会变迁中的家庭道德教育[J].山东理工大学学报(社会科
学版),2003(6):78—81.

[166] 聂坤.思想政治教育的人学转向[J].党政论坛,2010(10):38—39.

[167] 欧飞兵.当代德育价值取向的马克思主义人学检视[J].学校党建与思
想教育,2011(1):82—83.

[168] 潘涌.反思与重构:人化教育及其时代使命[J].教育理论与实践,2008
(9):7—9.

[169] 彭进清.高校大学生道德现状与特点分析[J].湖南商学院学报,2006

(1):98—100.

[170] 彭兰.重视大学生社会责任感的培养[J].中国青年政治学院学报,1999(2):20—24.

[171] 彭淑仪.论和谐社会的高校德育路径选择——"生本德育"的理念关照下的道德社会化[J].经济研究导刊,2011(21):308—310.

[172] 彭希林.新时期大学生道德状况分析与对策研究[J].思想理论教育导刊,2002(3):29—31.

[173] 彭晓宽.大学生思想政治教育社会化:特点、问题与对策[J].黑龙江史志,2009(14):151—152.

[174] 戚建良.大学生思想道德素质存在的问题及教育对策[J].常熟高专学报,2001(6):38—39.

[175] 齐敏,许凤华.马克思主义人学视角下的思想政治教育[J].思想政治教育研究,2008(4):91—93,96.

[176] 齐雪峰,王丙琴.社会支持与大学生道德发展的关系[J].山西大同大学学报(社会科学版),2011(6):82—84.

[177] 齐亚红.优化社会公德环境:社会公德建设的出路[J].天府新论,2008(2):254—259.

[178] 邱淑永.论大学生道德现状与对策[J].学术论坛,2009(19):196.

[179] 秋石.正视道德问题加强道德建设——三论正确认识我国社会现阶段道德状况[J].求是杂志,2012(7):10—14.

[180] 遒斌.浅谈生活消费水平同社会道德的关系[J].实事求是,1984(6):24—27.

[181] 曲宏涛.大学生道德社会化特殊性的思考[J].济源职业技术学院学报,2007(1):43—45.

[182] 阙贵频.大学生道德社会化主要隐忧问题透析[J].学术论坛,2008(7):197—201.

[183] 尚靖君,杨兆山.教育生活世界的构建[J].外国教育研究,2012(10):13.

[184] 尚九玉.论中国传统道德理想人格及其现代价值[J].社会科学辑刊,1999(2):43—48.

[185] 社会实践呼唤人学——访韩庆祥博士[J].哲学动态,1994(6). 21—24.

[186] 沈壮海.论高校德育的人本追求[J].思想理论教育导刊,2009(11): 85—90.

[187] 石莉莉.浅析当代大学生的道德困惑[J].科技创新导报,2008(2): 239—240.

[188] 石远鹏,李创斌.科尔伯格道德教育理论评析[J].教育研究,2006(8): 119—120.

[189] 史晓华.新时期学生责任意识教育的思考[J].山东电力大学学报, 2003(2):35—36.

[190] 宋冬林.汲取儒家道德文化精华 塑造大学生和谐人格[J].中国高教 研究,2007(10):83—85.

[191] 宋劲松.论网络社会情境中的思想政治教育社会化[J].求实,2010 (5):70—73.

[192] 苏如娟,陈义新.大学生道德社会化现状及存在问题透析[J].辽宁教 育学院学报,2003(5):38—39.

[193] 苏晓离.评对马克思道德思想的一种曲解[J].哲学研究,1992 (10):16.

[194] 孙晖.回归人的本质的社会化发展——马克思主义视角下人的现代化 理论浅析[J].湘潮,2008(7):35—36.

[195] 孙梅.关于当前大学生道德现状与道德建设的思考[J].江西教育学院 学报(社会科学),2012(4):92—95.

[196] 孙少平.德育过程的外铄与内化[J].教育发展研究,2001(7):57—60.

[197] 孙伟平,贾旭东.关于"网络社会"的道德思考[J].哲学研究,1998(8).

[198] 孙文学,柴国珍.道德实践:人学思想对当前德育的启示[J].山西财经 大学学报(高等教育版),2001(3):74—80.

[199] 覃琴.由药家鑫事件谈大学生道德素质[J].西安社会科学,2011(2): 154—155.

[200] 谭娟晖.大学生理想信念教育中同辈群体的参与模式研究[J].教育评 论,2012(1):63—65.

[201] 唐明燕.转型期家庭道德建设的困境与出路[J].山东社会科学,2002
(5):73—74.

[202] 唐亚豪.论高校德育目标的内涵、功能及其实现[J].经济与社会发展,
2005(2):172—174.

[203] 唐跃旺,廖小平.当代大学生道德情感的培养策略[J].中南林业科技
大学学报(社会科学版),2013(2):126—129.

[204] 陶佳,魏玲.谈网络虚拟同辈群体对青少年的积极影响[J].才智,2012
(33):288.

[205] 田庆军.大学生网络思想政治教育社会化探析[J].沈阳师范大学学报
(社会科学版),2010(3):99—100.

[206] 完颜华.中国公民家庭道德观现状调查报告[J].中州学刊,2006(6):
118—122.

[207] 万斌.论道德调节作用的主体性[J].华北水利水电学院学报(社科
版),1994(1):20—23.

[208] 万光侠.新世界观的崛起:马克思的实践人学理论[J].烟台大学学报
(哲学社会科学版),1998(3):10—14.

[209] 万健.大学生道德认知与道德行为脱节的对策研究[J].高等农业教
育,2009(9):29—31.

[210] 万美容,杨昕.学校德育与社会环境矛盾关系之论析[J].中国教育学
刊,2007(2):40—41,70.

[211] 汪頔.新媒体对"90后"大学生思想政治教育的新挑战[J].思想教育
研究,2010(1):71—74.

[212] 汪慧.新媒体与青年道德社会化[J].山东青年政治学院学报,2013
(2):21—26.

[213] 王朝闻.全球化问题综述[J].江南论坛,2001(2):25.

[214] 王德强,唐雪雷,李志刚.大学生社会化家庭影响因素的分析及教育对
策研究[J].教育与职业,2009(29):164—166.

[215] 王焕成.新媒体环境下大学生思想政治教育发展的新趋势[J].当代教
育论坛(管理研究),2010(8):36—38.

[216] 王吉,刘训飞.网络中的虚拟同辈群体刍议[J].边疆经济与文化,2006

(4):110—111.

[217] 王建华.高等教育中的道德危机[J].教育发展研究,2009(11):40—44.

[218] 王健.论高校德育在大学生道德社会化中的作用[J].职业时空,2007(1):56.

[219] 王静.大学生社会化问题新探析[J].西安外国语学院学报,2004(3):94—95.

[220] 王利华.新时期独生子女大学生道德社会化略论[J].学校党建与思想教育,2009(17):40—41.

[221] 王林.当代大学生道德失范的主要表现及心理归因[J].东北农业大学学报(社科版),2005(2):57—58.

[222] 王庐云.当前我国大学生社会道德能力的培养[J].广西大学学报(哲学社会科学版),2008(1):130—132.

[223] 王敏.论思想政治教育接受规律[J].理论与改革,2001(3):117—118.

[224] 王荣发.论思想道德教育与接受[J].思想理论教育,2001(4):43—45.

[225] 王仕杰.德育的人学立场与生命观照[J].黄冈师范学院学报,2011(2):77—81.

[226] 王素珍.论大学生道德行为养成教育在高校德育创新中的价值[J].吉林华侨外国语学院学报,2009(2):1—4.

[227] 王腾.高校德育目标建构的历史溯源与时代审视[J].南通大学学报(教育科学版),2007(1):30—33,66.

[228] 王为全,陆翠岩.大学生道德社会化问题的研究[J].高教研究:现代教育科学,2009(2):117—119.

[229] 王贤卿.社会主义核心价值体系的认同路径探析[J].毛泽东邓小平理论研究,2011(2):12—16,83.

[230] 王晓华.传统道德文化与当代大学生道德建设[J].思想政治教育研究,2008(5):90—92.

[231] 王晓丽.人学观视阈下德育范式发展探析[J].理论与现代化,2013(1):41—45.

[232] 王延中.对当代大学生道德观念与道德行为的思考[J].吉林广播电视

大学学报,2008(1):38—39.

[233] 王艳.大学生道德情感的生成与涵育[J].高校辅导员学刊,2012(2)：6—9.

[234] 王一鸣,孙金波,吴国生.大学生道德失范及对策分析[J].山东省青年管理干部学院学报,2007(3):44—46.

[235] 王云强,郭本禹.当代大学生道德认知研究的新进展[J].教育探索,2011(8):115—117.

[236] 王志军,杨柏.从哲学人化到人化哲学[J].黑龙江教育学院学报,2001(2):5—7.

[237] 王智慧.思想政治教育实践性的人学阐释[J].思想教育研究,2010(5):104—107.

[238] 王卓慧.从一个侧面看当代大学生道德状况——关于大学生课前擦黑板情况的调查[J].当代青年研究,2002(5):28—30.

[239] 韦莉明.论当代大学生道德选择困境及应对措施[J].广西教育学院学报,2008(1):30—33.

[240] 韦兆钧.人性化:当代德育的人学底蕴[J].社科纵横,2007(11):150—151.

[241] 魏传光,葛畅.德育:人学的视界[J].扬州大学学报(高教研究版),2004(3):74—77.

[242] 魏传光.马克思主义人学的现代价值[J].求实,2006(6):4.

[243] 吴发科.道德的内化表征及表象外显形式探析[J].思想教育研究,2002(1):19—21.

[244] 吴俊.论家庭教育对个体道德社会化的影响[J].苏州丝绸工学院学报,2000(4):69—74.

[245] 吴康宁.学生同辈群体的功能:社会学的考察[J].上海教育科研,1997(8):5—6,47.

[246] 吴小军,周围.传统道德榜样教育与现代道德榜样教育比较初探[J].南华大学学报(社会科学版),2010(2):24—27.

[247] 吴亚荣.同辈群体及其对青少年社会性发展的影响[J].北京青年政治学院学报,2009(1):32—34.

[248] 吴永成.高校大学生道德认知教育的策略[J].西南民族大学学报，2003(10):259—261.

[249] 吴云.促进大学生道德失范行为转化的途径与方法[J].中国高教研究,2006(2):91.

[250] 吴云.当代大学生道德失范现象原因剖析[J].淮北煤炭师范学院学报（哲社版),2006(6):164—166.

[251] 伍志燕.自由与意愿:道德行为的前提[J].河北青年管理干部学院学报,2012(4):89—92.

[252] 向宇婷,董娅.当代大学生思想政治教育方法理念的人学化发展及取向[J].思想政治教育研究,2010(1):54—57.

[253] 肖群忠.道德究竟是什么[J].西北师范大学学报,2004(6):1—6.

[254] 肖群忠.论"道德功利主义":中国主导性传统伦理的内在运行机制[J].哲学研究,1998(1):13—17.

[255] 肖学斌,朱莉.新媒体对大学生思想政治教育的影响及应对[J].思想教育研究,2009(7):54—56.

[256] 谢晖.当代青年的道德表现与体系重构[J].当代青年研究,2012(4):30—34.

[257] 谢惠媛.大学生道德认知状况调查[J].高教探索,2005(5):72—74.

[258] 谢相勋,彭巧胤.试论新媒体视野下大学生思想政治教育路径创新[J].学校党建与思想教育,2011(11):71—72.

[259] 徐红新,张金波.试论家庭伦理道德建设[J].河北大学学报（哲学社会科学版),2000(5):142—144.

[260] 徐美英,郭亮.同辈群体在大学生思想政治教育工作中的效用研究[J].科学咨询（科技·管理),2011(4):34—35.

[261] 徐雅芬.大学生思想道德现状分析与思考[J].理想信念教育导刊,2006(12):45—47.

[262] 许书枝.当代大学生的道德失范与道德重建[J].教育园地,2005(6):84—46.

[263] 许小主.社会转型时期大学生道德社会化面临的困境及其原因[J].全国商情（经济理论研究),2008(19):98—99.

[264] 薛永苹.论大学生的社会化与高校思想政治教育优化[J].思想教育研究,2009(4):24—26.

[265] 杨凤.大学生思想政治教育社会化的双重境遇[J].韶关学院学报(社会科学),2009(5):158—161.

[266] 杨凤.人学视域下的思想政治教育社会化[J].党史文苑,2008(18):66—69.

[267] 杨桂华.论道德社会化[J].道德与文明,1990(6):24—25.

[268] 杨红英.心理阻抗视角下大学生道德社会化探析[J].思想教育研究,2010(6):45—48.

[269] 杨雷,魏长领.中国古代家庭道德教育今析[J].郑州大学学报(哲学社会科学版),1998(4):51—54.

[270] 杨倩.思想政治教育社会化的时代诉求与发展趋势[J].教育探索,2011(6):130—131.

[271] 杨韶刚.什么是有道德的人——当代心理学向科尔伯格提出的挑战[J].教育理论与实践,2003(4):48—51.

[272] 杨威,张会静.思想政治教育社会化功能的时代困境与实现路径[J].思想政治教育研究,2012(3):19—22.

[273] 杨蔚,陈文杰,林建成.人的可持续发展的人学辨义[J].北京交通大学学报(社会科学版),2010(4):95—98.

[274] 杨晓慧.新媒体与思想政治教育新思路[J].高校理论战线,2009(7):43.

[275] 杨雪冬.价值、责任和勇气:重建道德秩序的担当[J].学习时报,2007(6):1—2.

[276] 杨玉春.试论大学生道德社会化过程中的环境问题和对策[J].河南机电高等专科学校学报,2005(4):53—55.

[277] 杨振舫.大学生人生价值观教育面临的问题和对策[J].河北职业技术学院学报,2006(2):67—68.

[278] 姚俊,张丽.网络同辈群体与青少年社会化[J].当代青年研究,2004(4):24—27.

[279] 叶芳云,王博.我国高校德育目标的演变过程及存在的问题[J].社会

科学论坛,2005(12):109—112.

[280] 叶文明,张永峰.以德修身,塑造新世纪大学生形象[J].四川轻化工学院学报,2002(1):65—68.

[281] 叶育登,等.寓主体性教育于养成教育问题探析[J].教育与职业,2009(23):68—69.

[282] 衣俊卿.论人的存在——人学研究的前提性问题[J].学习与探索,1999(3):48—54.

[283] 宜凤云.论个体道德意识的心理机制[J].苏州大学学报(社会科学版),2005(2):43—48.

[284] 易法建.家庭功能与大学生社会化的研究[J].青年研究,1998(6):34—38.

[285] 易法建.论道德内化[J].长沙电力学院学报,1998(2):25—29.

[286] 易法建.论道德认知[J].求索,1998(3):74—77.

[287] 易小明.道德内化概念及其问题[J].伦理学研究,2011(5):42—46,68.

[288] 易小明,赵静波.道德内化中的主体张扬[J].北京师范大学学报,2006(5):92—97.

[289] 尹记远.高校思想政治教育应与信息网络时代同步[J].云南高教研究,2001(1):53—56.

[290] 于春江,王军.青少年家庭道德社会化问题及其对策[J].安徽工业大学学报(社会科学版),2008(4):148—149.

[291] 于秋波.人的世俗化与德育的人化[J].思想政治教育研究,2001(2):16—17.

[292] 于姗姗.试论网络传播与大学生社会化[J].理论界,2009(4):199—200.

[293] 于雪梅,郭代习.马克思主义人学思想视角下的新时期高校思想政治教育[J].党史文苑,2011(10):62—63.

[294] 余慧.同辈群体对大学生思想政治教育的影响[J].福建论坛(社科教育版),2009(10):110—111.

[295] 余京华.马克思唯物史观的双重维度——科学性与道德性的统一及其

研究意义[J].巢湖学院学报,2009,11(5):20—23.

[296] 余妍霞.困境与突破:新媒体与 90 后大学生道德社会化[J].宿州学院学报,2012(10):36—39.

[297] 袁晓妹,王天恩.人性自由:思想政治教育的逻辑起点[J].南通大学学报(社会科学版),2011(5):101—102.

[298] 曾庆璋.当代大学生道德社会化研究——科尔伯格道德发展理论的借鉴与超越[J].湖北广播电视大学学报,2011(02):43—44.

[299] 曾文音.当前大学生思想道德素质教育状况分析及对策研究[J].新课程·教育学术,2010(6):111.

[300] 曾晓强.道德认同研究进展与德育启示[J].重庆工商大学学报(社会科学版),2011(4):150—155.

[301] 詹丽萍.社会主义核心价值观引领大学生思想道德建设研究[J].社会科学战线,2013(9):218—221.

[302] 詹丽萍,孙堂厚.社会主义核心价值观引领大学生思想道德建设研究[J].社会科学战线,2013(9):218—221.

[303] 张风华.高校德育网络环境与大学生的社会化[J].法制与社会,2009(3):236—253.

[304] 张海山.提升大学生公民道德素质路径研究[J].赤峰学院学报(哲学社会科学版),2011(12):203—205.

[305] 张宏.论大学生道德意志的培养[J].中国高教研究,2001(4):76.

[306] 张华.论道德教育向生活世界的回归[J].华东师范大学学报(教育科学版),1998(1):25—31,60.

[307] 张怀承.论中国家庭模式及其道德价值[J].湖南师范大学社会科学学报,1994(6):50—54.

[308] 张家军.论学生同辈群体的作用及其实现机制[J].当代教育科学,2009(11):47—51.

[309] 张军.网络道德含义释析——兼论网络道德主体的建构[J].前沿,2004(11):144—147.

[310] 张雷,于清亮.学校变革的道德目标探析[J].教育学术月刊,2013(3):76—69.

［311］张起明,等.当代大学生道德现状分析与对策[J].河北职业技术学院
　　　学报,2002(1):34—37.

［312］张群,胡海波.马克思哲学视阈中"物化能力"和"人化需要"[J].马克
　　　思主义研究,2013(1):14.

［313］张人杰.若干德育问题上经由比较后的发现[J].华东师范大学学报
　　　(教育科学版),2002(4):1—9.

［314］张人杰.学生道德社会化构成要素研究进展与困惑[J].教育发展研
　　　究,2006(16):1—8.

［315］张人杰.学生道德社会化内容的应有之义:"共享"抑或"多元"[J].教
　　　育研究,2007(6):20—25.

［316］张澍军,郭凤志.论人学视域的德育目的[J].社会科学战线,2004(5):
　　　172—177.

［317］张澍军.社会化的德育与德育的社会化[J].思想教育研究,2003(8):
　　　7—8.

［318］张卫东.论社会环境对大学生道德观念和道德行为的影响[J].山东省
　　　青年管理干部学院学报,2006(4):78—80.

［319］张卫伟.试析道德社会的生成机理[J].中共山西省委党校学报,2010
　　　(1):46—48.

［320］张香兰.当前大学德育的"实体"人学观及其批判[J].江苏高教,2008
　　　(3):113—115.

［321］张晓明.美国大学的道德教育[J].高等教育研究,1992(1):20—
　　　35,87.

［322］张晓阳.生活德育的人学视野——人及人的生活与道德境况探析[J].
　　　江苏教育研究,2011(7):17—21.

［323］张新玉.道德实践:道德教育的本体[J].社会科学战线,2006(4):
　　　294—295.

［324］张旭新.当代大学生道德需要调查与启示[J].海南师范大学学报(社
　　　会科学版),2010(6):160—163.

［325］张艳芬,牛秀萍.大学生社会化问题及对策分析[J].教育理论与实践,
　　　2009(7):16—18.

[326] 张艳秋.浅析高等教育大众化阶段大学生社会化教育的途径[J].中国轻工教育,2007(1):82—84.

[327] 张耀灿,曹清燕.思想政治教育研究的人学取向探析[J].思想理论教育导刊,2006(12):38—41.

[328] 张耀灿.略论思想政治教育研究范式的人学转换[J].广西教育学院学报,2010(1):73—75.

[329] 张正华,董其勇.互联网对大学生道德社会化的消极影响分析[J].医学教育探索,2006(6):576—577.

[330] 赵常林.简论马克思"人化自然"思想[J].北京大学学报(哲学社会科学版),1986(1):69—74.

[331] 赵敦华.谈谈道德起源问题[J].云南大学学报(社会科学版),2005(3):15.

[332] 赵复查.走向实践生存——教育变革的人学路径[J].韩山师范学院学报,2008(4):82—89.

[333] 赵金昭.论我国高校德育目标[J].江苏高教,2004(5):56—57.

[334] 赵倩,赵霞.大学生道德社会化任务探索[J].江苏广播电视大学学报,2004(2):73—75.

[335] 赵滟.大学生过度社会化的特征及其对高校思想政治教育的影响[J].江西青年职业学院学报,2011(2):27—29.

[336] 赵志毅.当代大学生道德认知状况研究报告[J].南京师范大学学报(社会科学版),2001(6):58—134.

[337] 郑畅,马若龙.论德育过程的内外化关系[J].兰州大学学报(社会科学版),2003(2):130—133.

[338] 郑富兴.话语伦理学与学校道德教育[J].比较教育研究,2002(12):12—17.

[339] 郑吉春,蔡晓宇.90后大学生价值取向的特征与引导[J].北京印刷学院学报,2011(5):24—28.

[340] 郑明哲.贫乏的道德性——现代性道德的症结与出路[J].浙江学刊,2009(5):5—10.

[341] 郑晓艳,郝淑媛,关晓梅,等.关于研究生个体道德社会化微观机制建

设的思考[J].吉林省教育学院学报,2011(12):80—81.

[342] 周斌.高校德育目标定位的层次性问题思考[J].四川教育学院学报,
2000(5):3—4,37.

[343] 周俊波.江苏省大学生道德知行现状调查分析[J].江苏高教,2004
(4):91—93.

[344] 周前程.人性观:政治哲学的逻辑起点[J].上海行政学院学报,2008
(2):16—20.

[345] 周围.道德实践与大学生道德素质的培养[J].衡阳医学院学报,2000
(2):91—94.

[346] 周围,等.青年志愿者活动与大学生道德素质的培养[J].南华大学学
报,2002(2):15—19.

[347] 周围,朱丹彤.大学生道德社会化途径刍议[J].南通工学院学报(教育
科学版),2001(1):74—75.

[348] 朱培霞.青少年同辈群体道德影响机制探论[J].学校党建与思想教
育,2012(29):22—24,27.

[349] 朱旗.大学生社会化障碍的原因透视[J].广西青年干部学院学报,
2006(1):35—37.

[350] 朱巧香.论家庭道德环境对个体道德的影响[J].学术交流,2004(3):
12—14.

[351] 朱猷武.学生道德形成的学校教育因素[J].烟台师范学院学报,2002
(4):105—106.

[352] 朱蕴丽,卢忠萍.生态道德教育:大学教育新理念[J].江西社会科学,
2007(11):210—213.

[353] 诸凤娟,杜坤林.冲突与重构:当代大学生道德价值观建设的反思[J].
理论导刊,2012(2):76—78.

[354] 邹正生.论增强当代大学生道德教育的实效性[J].零陵学院学报(教
科版),2003(2):175—177,183.

[355] 邹正生,全晓红.大学生道德认识与道德实践分离及对策[J].湖南环
境生物职业技术学院学报,2003(2):173—176.

学位论文

[1] 曹红战.试析我国当前家庭教育对青少年思想道德教育的影响[D].硕士学位论文,长春:东北师范大学,2007.

[2] 代祺.我国城市青少年从众、不从众和反从众消费行为研究[D].成都:西南交通大学,2007:12.

[3] 戴岳.找回失去的"道德自我"——生命·实践立场下个体道德自我培育的研究[D].博士学位论文,重庆:西南大学,2009.

[4] 邓素碧.论新时期大学生道德建设[D].硕士学位论文,重庆:西南师范大学,2004.

[5] 冯艳菊.现阶段大学生道德实践问题分析及对策研究[D].硕士学位论文,石家庄:河北师范大学,2008.

[6] 管琪琪.全球化视野下大学生道德价值观的变化及引导[D].硕士学位论文,南京:南京师范大学,2012.

[7] 何维.论道德社会化[D].硕士学位论文,长沙:中南大学,2007.

[8] 胡梦恒.网络环境下大学生思想政治教育研究[D].硕士学位论文,武汉:湖北工业大学,2011.

[9] 黄立坚.青少年价值观教育存在的问题分析及对策探讨[D].硕士学位论文,上海:华东师范大学,2003.

[10] 黄晓凤."90后"大学生道德社会化及其与人际信任的相关研究[D].硕士学位论文,福州:福建师范大学,2012.

[11] 金家新.政治社会化取向的大学生公民道德教育研究[D].博士学位论文,重庆:西南大学,2013.

[12] 李怀玲.论个体的道德社会化[D].硕士学位论文,长沙:中南大学,2006.

[13] 李欢.我国大学生道德失范现象探析[D].硕士学位论文,长春:吉林大学,2013.

[14] 李尽晖.当代大学生道德责任教育研究[D].博士学位论文,西安:陕西师范大学,2007.

[15] 李耀臻.论大学生道德选择教育[D].博士学位论文,武汉:华中科技大

学,2005.

[16] 连晶.同辈群体对青少年学生道德社会化的消极影响及教育干预研究 [D].硕士学位论文,重庆:西南大学,2009.

[17] 林楠.大学生道德教育接受心理研究——兼论大学生情感性道德教育 模式[D].硕士学位论文,福州:福建师范大学,2003.

[18] 林晓.后现代语境下大学生道德社会化研究[D].硕士学位论文,福州: 漳州师范学院,2010.

[19] 刘宝卿.论青少年道德社会化的环境影响[D].硕士学位论文,武汉:华 中师范大学,2005.

[20] 刘丙元.当代道德教育价值危机审理——道德教育本真的丧失与回归 研究[D].博士学位论文,济南:山东师范大学,2008.

[21] 刘仁贵.论道德蜕化与道德内化、道德外化的关系[D].硕士学位论文, 吉首:吉首大学,2008.

[22] 刘晓倩.网络文化境遇下青少年道德认知研究[D].硕士学位论文,济 南:山东师范大学,2011.

[23] 刘秀峰."90后"大学生的人生观及其引导[D].博士学位论文,武汉:华 中科技大学,2012.

[24] 吕瑛.马克思人学理论的逻辑构成[D].硕士学位论文,呼和浩特:内蒙 古大学,2006.

[25] 马纯红.皮亚杰与科尔伯格道德发展理论的比较研究[D].硕士学位论 文,长沙:湖南师范大学,2003.

[26] 马国艳.论青少年道德社会化与德育环境的优化[D].硕士学位论文, 沈阳:辽宁师范大学,2002.

[27] 马建国.道德外化与高校外化德育研究[D].博士学位论文,石家庄:河 北师范大学,2012.

[28] 齐波.马克思的人学理论及其现代意义[D].硕士学位论文,哈尔滨:黑 龙江大学,2005.

[29] 戎永青.当代大学生思想发展变化及其特点研究[D].硕士学位论文, 长春:长春理工大学,2007.

[30] 尚靖君.学校道德教育生活性研究[D].博士学位论文,长春:东北师范

大学,2013.

[31] 史宁.复杂思维视野下的高校德育系统研究[D].博士学位论文,沈阳:辽宁师范大学,2009.

[32] 宋德勇.现代思想政治教育的人学解读[D].博士学位论文,北京:北京交通大学,2011.

[33] 孙胜.大学生道德社会化中的实践探讨——科尔伯格道德认知发展理论的应用研究[D].硕士学位论文,哈尔滨:哈尔滨工程大学,2007.

[34] 谭敏 马克思人学视阈下道德教育转向研究[D].硕士学位论文,重庆:西南大学,2011.

[35] 唐虹.当代大学生道德困惑致因及破解[D].硕士学位论文,牡丹江:牡丹江师范学院,2011.

[36] 陶丽.思想政治教育视阈下的大学生成长轨迹研究[D].博士学位论文,沈阳:辽宁大学,2010.

[37] 田庆军.大学生思想政治教育社会化研究[D].博士学位论文,沈阳:辽宁大学,2010.

[38] 万峰.网络文化对大学生伦理道德影响的研究[D].博士学位论文,上海:上海师范大学,2009.

[39] 汪艳.同辈群体对大学生道德社会化影响及对策研究[D].成都:成都理工大学,2011.

[40] 王健.论高校德育与大学生道德社会化[D].硕士学位论文,南京:南京师范大学,2006.

[41] 王丽.大学生道德教育过程实效性研究[D].硕士学位论文,成都:电子科技大学,2006.

[42] 王颖.思想政治教育价值取向研究[D].博士学位论文,北京:首都师范大学,2009.

[43] 吴小军.新时期大学生道德榜样教育研究[D].硕士学位论文,南京:南京大学,2010.

[44] 吴云.当代大学生道德失范研究[D].硕士学位论文,南京:南京师范大学,2004.

[45] 邢有男.马克思人学视野与人的全面发展[D].硕士学位论文,哈尔滨:

黑龙江大学,2001.
[46] 熊孝梅.中学生思想道德素质的实证研究[D].武汉:华中师范大学,2013:45.
[47] 许婷婷.和谐社会背景下加强大学生道德教育的研究[D].硕士学位论文,大庆:东北石油大学,2011.
[48] 严爱军.当代大学生的道德素质状况分析和对策思考[D].硕士学位论文,武汉:华中师范大学,2003.
[49] 杨光玮.网络时代与高校德育社会化问题研究[D].硕士学位论文,西安:西安电子科技大学,2005.
[50] 杨姝.网上聊天:挑战大学生道德社会化[D].硕士学位论文,广州:广州大学,2006.
[51] 杨洋.生命视域下的传统道德与高校德育变革[D].博士学位论文,重庆:西南大学,2009.
[52] 银川江.社会转型期青少年道德社会化新途径探析[D].硕士学位论文,成都:西南交通大学,2009.
[53] 尹寒.大学生道德认知现状调查及研究——以华中科技大学200名统招本科生为例[D].硕士学位论文,武汉:华中科技大学,2009.
[54] 尹建丽.网络对大学生社会化影响的实证研究——以苏州市SD为例[D].硕士学位论文,苏州:苏州大学,2009.
[55] 余芳.同辈群体与"90后"大学生成才研究[D].华中师范大学硕士论文,2012:2—3.
[56] 曾昭皓.德育动力机制研究[D].博士学位论文,西安:陕西师范大学,2012.
[57] 张夫伟.迷失与追寻——选择与道德教育的哲学之思[D].博士学位论文,南京:南京师范大学,2006.
[58] 张静.大学生社会公德教育研究[D].硕士学位论文,延吉:延边大学,2012.
[59] 张娟.当代中国大学生道德知行不一现象研究[D].硕士学位论文,成都:西南财经大学,2007.
[60] 张磊.大众传媒对大学生道德社会化的促进研究[D].硕士学位论文,

大连:大连理工大学,2009.

[61] 张黎黎.论学校德育环境对青少年道德社会化的影响[D].硕士学位论文,重庆:重庆师范大学,2011.

[62] 张时佳.当代社会道德变迁与大学生道德教育[D].硕士学位论文,北京:北京交通大学,2007.

[63] 张泰来.论大学生道德社会化[D].硕士学位论文,长沙:湖南师范大学,2006.

[64] 张玉洋.大学生德育社会化研究——在高校思想政治理论课视角下的省思[D].硕士学位论文,沈阳:辽宁师范大学,2010.

[65] 赵敏.新媒体视阈中的大学生道德教育创新研究[D].博士学位论文,济南:山东大学,2012.

[66] 赵兴兰.社会转型期大学生道德社会化问题及其对策研究[D].硕士学位论文,成都:西南财经大学,2008.

[67] 郑金福.当代大学生道德社会化研究[D].硕士学位论文,福州:福州大学,2004.

[68] 郑晓艳.农村籍大学生道德社会化问题研究[D].博士学位论文,长春:吉林大学,2009.

[69] 朱磊.当代大学生道德社会化的途径和方法研究[D].硕士学位论文,武汉:武汉大学,2005.

[70] 卓礼刚.全球化背景下大学生思想政治教育社会化研究[D].硕士学位论文,重庆:西南政法大学,2010.

[71] 邹念.思想政治教育推进大学生道德社会化研究[D].硕士学位论文,重庆:西南大学,2013.

报纸

[1] 邝正.新世纪中国文化五人谈[N].光明日报,1999-12-30.

[2] 杨业华.把培育和践行核心价值观融入大学生思想政治教育全过程[N].光明日报,2014-1-15.

[3] 中共中央办公厅.关于培育和践行社会主义核心价值观的意见[N].人民日报,2013-12-24.

网络论文

[1] 中国互联网络信息中心.第33次中国互联网络发展状况调查统计报告[R/OL].[2014-3-5].http://www.cnnic.net.cn/hlwfzyj/hlwxzbg/hl-wtjbg/201403/t20140305_46240.htm.

[2] 习近平.青年要自觉践行社会主义核心价值观——在北京大学师生座谈会上的讲话[EB/OL].[2014-5-4].http://news.xinhuanet.com/politics/2014-05/08/c_126477806.htm.

[3] 胡锦涛.在省部级主要领导干部提高构建社会主义和谐社会能力专题研讨班上的讲话[EB/OL].新华网[2005-2-19].http://news.xinhuanet.com/newscenter/2005-06/26/content_3138887.htm.

[4] 温家宝.讲真话 察实情——同国务院参事和中央文史研究馆馆员座谈时的讲话[EB/OL].新华网[2011-4-14].http://news.xinhuanet.com-food2011-04/18/c_121315452.htm.

[5] 刘奇葆.在全社会大力培育和践行社会主义核心价值观[EB/OL].人民网[2014-5-30].http://politics.people.com.cn/n—0305/c1001-24528829.html.

[6] 刘云山.着力培育和践行社会主义核心价值观[EB/OL].人民网[2014-5-30].http://opinion.people.com.cn/n—0117/c1003-24154736.html.

[7] 中共中央办公厅日前印发的《关于培育和践行社会主义核心价值观的意见》[EB/OL].新华网[2013-12-23].http://news.xinhuanet.com/politics/2013-12/23/c_118674689.htm.

[8] 国家统计局.中华人民共和国2013年国民经济和社会发展统计公报[EB/OL].[2014-2-24].http://www.stats.gov.cntjsjzxfb/201402/t20140224_514970.html.

其他文献

[1] 联合国教科文组织国际教育发展委员会.学会生存:教育世界的今天和明天[Z].上海:上海译文出版社,1979.

附件：

当代大学生道德社会化研究调查问卷

亲爱的同学：

　　您好！为了准确地了解当代大学生在学习、生活、道德等方面的真实情况，我们组织了这次问卷调查。调查不记姓名，只用于研究，我们会充分保证您所填写的信息安全。您提供的真实信息对我们很重要，希望您能如实回答您的实际情况和真实想法，请您对正反面所有问题全部作答，不要遗漏。

　　谢谢您的大力合作！

《当代大学生道德社会化研究》课题组

2013 年 6 月

1. 您的基本情况（请在括号中画"√"）

（1）性别：　　　A. 男（　　）　B. 女（　　）

（2）政治面貌：　A. 共青团员（　　）　　B. 中共党员（　　）

　　　　　　　　C. 其他（　　）

（3）专业隶属：　A. 理科（　　）　B. 工科（　　）　C. 文科（　　）

（4）年级：　　　A. 一年级（　　）　B. 二年级（　　）

　　　　　　　　C. 三年级（　　）　D. 四年级（　　）

（5）独生子女：　A. 是（　　）　B. 否（　　）

(6)大学期间担任过班或班以上学生干部: A.是(　　) B.否(　　)

(7)家庭所在地:A.城市(镇)(　　) B.农村(　　)

并对如下作对应选择:

(8)月生活费(元):A.600以下(　　) B.600~1200(　　)

C.1200~2000(　　) D.2000以上(　　)

(9)周上网时间:A.20小时以上(　　) B.14~20小时(　　)

C.6~13小时(　　) D.6小时以下(　　)

(10)每学期阅读课外书:A.1本及以下(　　) B.2~4本(　　)

C.5~10本(　　) D.10本以上(　　)

2.如果以10分为最高分,以1分为最低分(请打整分,不设小数点)

(1)您认为自己的道德水平能得多少分? (　　)

(2)您认为当代大学生整体道德水平能得多少分? (　　)

(3)您认为现在的社会道德水平能得多少分? (　　)

(4)您认为当前高校教师的道德水平能得多少分? (　　)

(5)您认为当前高校德育教材能得多少分? (　　)

(6)您认为当前高校德育教学方式能得多少分? (　　)

(7)您认为当前德育教学效果能得多少分? (　　)

(8)您认为当前国家政治文明能得多少分? (　　)

(9)您认为当前国家经济水平能得多少分? (　　)

(10)您认为当前人民生活水平能得多少分? (　　)

3.以下是一些观点的陈述,请在最符合或最接近您观点的选项下面画"√"

项目	完全同意	基本同意	无所谓	基本不同意	完全不同意
(1)我认为天下兴亡,匹夫有责					
(2)我认为己所不欲,勿施于人					
(3)我认为一日为师,终身为父					
(4)我认为一屋不扫,何以扫天下					
(5)我觉得家和万事兴					

续表

项目	完全同意	基本同意	无所谓	基本不同意	完全不同意
(6)我认为勿以善小而不为,勿以恶小而为之					
(7)我觉得授人玫瑰,手有余香					
(8)我认为无规矩不成方圆					
(9)我赞同货真价实,童叟无欺					
(10)我认为各人自扫门前雪,休管他家屋上霜					
(11)我认为参加义务献血是件非常有意义的事情					
(12)我捡到别人东西总是会想办法归还					
(13)我经常会主动参加社会上的公益活动					
(14)我认为只有共产党领导,才能实现中国的现代化					
(15)我认为在大学期间争取入党对就业有帮助					
(16)只要有机会,我就会通过各种方式了解时事政治					
(17)只要有机会,我也会考试作弊					
(18)遇见老人倒在地上,我愿意提供帮助					
(19)在公交车上我愿意给老弱孕残让座位					
(20)我养成了每次吃饭总是争取"光盘"行为的习惯					
(21)我欣赏爱情只在乎曾经拥有,不在乎天长地久					
(22)我认为即使父母做得不对,儿女也要顺从父母的意愿					
(23)我觉得如果恋人患了绝症,治愈可能性不大,我会终止我们的关系					
(24)我养成了每周至少给家里打一次电话的习惯					
(25)我感到在汶川地震生死关头,一位老师丢下学生逃出教室是可耻的行为					
(26)我有时会抄袭别人作业或者学术成果					

续表

项目	完全同意	基本同意	无所谓	基本不同意	完全不同意
(27)我认为社会制度的公正比个人美德更重要					
(28)进入大学学习和生活以来,我的道德水平不断提高					
(29)我认为网络只是工具,与道德无关					
(30)如果合法权利遭受侵害,即使维权成本很高,我仍会依法维权					
(31)我觉得在社会上办事情,不送礼是很难办成的					
(32)我觉得为了应付老师上课点名,替同学签到是仗义的表现					
(33)我认为假冒伪劣的现象是市场经济的必然结果					
(34)我会对生活垃圾进行分类处理					
(35)我支持对道德败坏者进行"人肉搜索"					
(36)寝室没有人的时候我一定会随手熄灯					
(37)我有时会在网络上匿名揭露他人隐私					
(38)我会投诉或者举报网络不良信息					
(39)我认为高等教育大众化导致了大学生道德水平滑坡					
(40)我觉得社团组织是学生道德教育的有效阵地					
(41)我觉得创业教育有助于提高大学生道德水平					
(42)我认为教师是大学生灵魂的工程师和道德楷模					
(43)我发现课堂道德教育和社会道德现实存在严重脱节					
(44)我觉得大学生的道德水平关键在学生自身修养					
(45)我经常向身边的同学学习他们的经验					
(46)我认为校园文化是一本品德书					

续表

项目	完全同意	基本同意	无所谓	基本不同意	完全不同意
(47)我会在学生宿舍使用大功率电器					
(48)我愿意在上课前主动去擦黑板					
(49)只要我有空,我一般都会打扫宿舍卫生					
(50)我认为在经济全球化的今天,道德滑坡是全世界的趋势					

4.排序题(请将您认可的字母填入括号)

(1)您认为影响大学生道德水平的主要因素是什么?请按照影响力的大小从高到低排序。

A.政治制度 B.社会风气 C.文化环境 D.市场经济体制

E.学校环境 F.班级风气 G.网络 H.明星 I.偶像 J.书报

K.朋友 L.老师 M.家长 N.个人自律

请填入序号:第一位(   );第二位(   );第三位(   );第四位(   )

(2)就以下影响大学生道德水平的四项因素,请按照您认为的影响力大小从高到低排序。

A.学校教育 B.家庭教育 C.同辈朋友 D.网络环境

请填入序号:第一位(   );第二位(   );第三位(   );第四位(   )

(3)请选出4种你认为最有效的大学生道德教育方法,按照效果从高到低排序。

A.专业课程教学 B.思想品德课 C.家长身教 D.校风校训熏陶

E.课外阅读 F.榜样示范 G.社会实践 H.专题讲座 I.党团活动

J.校园文化 K.创业教育 L.社团活动 M.心理健康教育

请填入序号:第一位(   );第二位(   );第三位(   );第四位(   )

(4)您觉得什么因素对自身今后的发展影响较大,请选择前四项并排序。

A.家庭条件 B.自身外表或智力 C.老师的水平 D.学校的档次

E.学校对学生的组织和管理 F.学校的硬件设备 G.同学、朋友的影响

H.社会的发展和变化 I.自身的拼搏和努力 J.个人的道德水平

K.机遇和运气

请填入序号:第一位( );第二位( );第三位( );第四位( )

一(5)请您对下列事件关注度从高到低进行排序(前四项)。

A.中国共产党召开第十八次全国代表大会 B.习奥"庄园会晤"

C.各地 PX 项目事件 D.4.20 雅安地震 E.复旦大学学生黄某投毒案

F.莫言获诺贝尔文学奖 G.H7N9 禽流感 H.菲律宾海警枪杀台湾渔民

I.杭州"最美司机"吴斌 J.朝鲜核试验 K.700 万毕业生的就业最难年

L.重大节假日小客车可免收通行费 M.神十升空

N.《钓鱼岛是中国的固有领土》白皮书发布

O.埃及神庙浮雕"到此一游"事件

请填入序号:第一位( );第二位( );第三位( );第四位( )

(6)下列电视栏目,请按您的兴趣度从高到低进行排序。

A.《新闻周刊》 B.《中国财经报道》 C.《星光大道》 D.《足球之夜》

E.《佳片有约》 F.《道德观察》 G.《军事科技》 H.《影视同期声》

I.《百家讲坛》

请填入序号:第一位( );第二位( );第三位( );第四位( )

(7)大学生下列行为表现,请您按最反感程度从高到低进行排序。

A.赌博行为 B.打架斗殴 C.上课迟到、早退、旷课 D.买饭插队

E.乱刻乱画、破坏公物 F.上课接电话、发短信 G.在宿舍玩牌、喝酒

H.在外通宵上网,夜不归宿 I.捡到别人东西占为己有

J.公众场所男女交往不得体 K.考试作弊 L.偷窃

请填入序号:第一位( );第二位( );第三位( );第四位( )

(8)您觉得目前的道德教育存在哪些问题?

A.目标空洞 B.手段落后 C.理念过时 D.德育在教学中没有地位

E.教育者自身水平不高 F.教育内容与社会实际脱节

G.德育效果无法测评

请填入序号:第一位( );第二位( );第三位( );第四位( )

(9)您心目中的榜样、模范的排序是:

A.知识渊博,学识高超 B.职业诱人,工作出色 C.容貌出众,外表堂堂

D.家世显赫,背景深厚 E.道德高尚,品质良好 F.收入丰厚,待遇优越

请填入序号:第一位( );第二位( );第三位( );第四位( )

(10)您觉得自身目前最需要在哪些方面提高?

A.待人处事　B.专业学识　C.道德修养　D.外形外貌

E.应对各类考试的技巧　F.赚钱发财的本事　G.创新创业的能力

请填入序号:第一位( );第二位( );第三位( );第四位( )

再次感谢您的密切配合! 祝您学习进步! 事事梦圆!

索　引

致　谢

年不惑,知不知。

本书是我的博士论文,基本保持了论文的全貌。

论文写作春秋四载有余,即将完成出版之际,眼前清晰浮现的全是那些值得感激和回味的匆匆岁月,更有那些值得感恩和感谢的可亲可敬之人。窗外夏日暖阳,绿荫红墙,风景如画,静坐陋室,感慨良多。

首先,我要由衷感谢恩师万斌教授。十余年来,从硕士到博士阶段的学习,从鼓励报考到学业指导,从论文选题确定到逻辑框架修正,从引导处事到教诲为人,时常感受着导师那深邃哲学思维的学术气度和举重若轻的人格品质。每每面对奔波杭甬两地的求学与工作冲突、学业修习与行政事务之间的矛盾压力,万老师理性睿智的宽容和鼓励,都会让我振奋精神,充满信心,坚定前行。衷心祝愿导师阖家安康! 幸福如意!

感谢一直来帮助和鼓励我的马建青教授。马老师严谨治学的态度和谦逊为人的品格,十多年来对我的专业学习、业务工作,都给予了莫大的支持和帮助,我将铭刻于心。还要感谢给予我学业指导和帮助的段志文教授、张应杭教授、张继昌教授等。同时要感谢浙江大学马克思主义学院的王瑾、宇正香、洪光、喻嘉乐等老师,感谢你们一直来对我的无私帮助。

感谢我的老师和领导蒋建军教授。蒋老师不仅给予我从博士报考的鼓励和论文选题的指导,还在论文写作期间,多次帮我审阅论文,提出了诸多中肯的建议。同时,在我处理学习和工作事务时给予了很多的宽容、支持和帮助。

感谢我的同事和同学们。感谢谢荣光对我博士论文选题的启发；感谢丁守年、郑小方、周娟等，放弃许多休息时间与我一起收集资料、开展问卷调研和观点探讨等；感谢梅庆生、李光勤、向娴华，以及已调离学校的吴承龙、吕迪、易立新等，在资料收集、问卷编制、文字校对等方面给予我诸多有效帮助；感谢牟微微对我英语学习的多次指导和帮助。还有部门的所有同事们，是你们的无私付出，让我既能认真完成岗位工作，还能安心完成学业。感谢陪我度过博士阶段愉快学习的同学和师兄弟们，尤其是杨华、贝静红、祝秀香、朱美燕、罗许成、吴旭红、李鸿浩、胡乃岩、龙国存、胡小平、谢晖等等，是你们时常在学习和工作中给予我及时帮助。感谢蔡卓琦、朱伊琳、胡鸽、李安怡和陈敏丹等学生助理在资料的收集等过程中给予的帮助。

感谢我工作战线的好友。丽水学院的邱素英、杭州师范大学的沈威、浙江农林大学的王晨、宁波工程学院的楼文斌、浙江大学宁波理工学院的楼文军，感谢你们在问卷调研中给予的无私帮助。

感谢我的家人。多年来，因为你们的默默支持和付出，才使我得以摆脱诸多生活杂事的牵绊，潜心学业并顺利完成博士论文。每每在艰难写作之时，眼前总是浮现出女儿眯眼的可爱笑容，让我有了完成学业和踏实工作的强大精神动力。

本书得到了浙江省哲学社会科学重点研究基地（浙江省中国特色社会主义理论研究中心）项目和2016年度宁波市社会科学学术著作出版资助项目的资助，感谢评审专家的厚爱，感谢浙江省社科院陈华兴等老师的支持和鼓励。

最后，要再次感谢多年来默默关心和帮助我完成博士学业和论文出版的所有人。无法逐一致谢，祝你们健康幸福！

王伟忠

2016 年 6 月

273

图书在版编目（CIP）数据

当代大学生道德社会化问题研究 / 王伟忠著. —杭州：
浙江大学出版社，2016.6
　ISBN 978-7-308-15836-7

　Ⅰ.①当… Ⅱ.①王… Ⅲ.①大学生－道德－社会问
题－研究－中国 Ⅳ.①D669

　中国版本图书馆 CIP 数据核字（2016）第 108718 号

当代大学生道德社会化问题研究

王伟忠 著

责任编辑	黄兆宁	
责任校对	杨利军	
封面设计	十木米	
出版发行	浙江大学出版社	
	（杭州市天目山路 148 号　邮政编码 310007）	
	（网址：http://www.zjupress.com）	
排　　版	杭州中大图文设计有限公司	
印　　刷	杭州杭新印务有限公司	
开　　本	710mm×1000mm　1/16	
印　　张	17.5	
字　　数	269 千	
版 印 次	2016 年 6 月第 1 版　2016 年 6 月第 1 次印刷	
书　　号	ISBN 978-7-308-15836-7	
定　　价	45.00 元	